Die Brautflüsterin

SANNA LINDSTRÖM
mit ANITA VETTER

Die Brautflüsterin

Eine bewegende Reise durch Tränen und Träume

Eden BOOKS

Für meine Mutter Annika, die mit allem, was sie ist, schon immer die Frau für mich war, die ich einmal sein möchte.

Inhalt

Der schönste Beruf der Welt 7

Zurück auf Anfang 11

Wer kein Blut sehen kann, sollte nicht Medizin studieren 29

»Vill du gifta dig med mig?« 49

Vom Suchen und Finden einer neuen Heimat 55

Eine schwedisch-stürmische Hochzeit 67

Überleben 81

»Wenn du das machst, dann machst du es richtig!« 111

Wenn die Ateliermiete nur für zwei Monate reicht 119

Der richtige Schnitt für dein Traumkleid 133

Das schönste Kleid deines Lebens 161

Zwei Ateliers, aber nur eine »Sanna« 169

Aller guten Dinge sind drei 195

Zehn Tipps für deine perfekte Hochzeit 207

Der Mutter-Ehefrau-Unternehmerin-Ich-Spagat 221

Epilog 247

Danksagung 251

Der schönste Beruf der Welt

Ich durfte schon viele magische Brautmomente miterleben. Keinen von ihnen werde ich je vergessen. Manche bleiben mir besonders im Gedächtnis, weil sie mich noch lange beschäftigt haben. Wie dieser hier: Eines Tages kam eine Braut zur Anprobe, die sehr zurückhaltend war. Sie erzählte mir, was sie für Probleme mit ihrem Körper hatte und dass sie deshalb keine Vorfreude, sondern vor allem viel Angst vor der Anprobe mitbrachte. Kurz gesagt: Sie wollte die Brautkleidsuche einfach hinter sich bringen und hoffte, wenigstens irgendein Kleid zu finden, in welchem sie nicht allzu schlecht aussehen würde.

Nachdem wir uns lange unterhalten hatten, wusste ich, dass diese Brautkleidsuche eine Herausforderung sein würde. Obwohl ich keine Zweifel daran hatte, dass es ihr Traumkleid gab. Ich musste jedoch überlegen, wie ich möglichst sanft vorging, damit sie nicht »zumachte« und aufgab. Also fing ich mit einem Kleid an, von dem ich wusste, dass es ihr gut stehen würde. Es hatte einen Schnitt, der ihre Proportionen gut zur Geltung brachte und von ihr ungeliebte Körperstellen kaschierte. Ich hoffte, sie würde sich darin wohlfühlen. Ich wäre auch schon mit einem »nicht unwohl fühlen« zufrieden gewesen. Ein Schritt nach dem anderen.

Als die Braut sich das erste Mal im Spiegel sah, war es, als ob ein Teil einer großen Last von ihr abfallen würde. Sie sagte nur ein Wort: »Wow!« Es stellte sich zwar heraus, dass es noch nicht ihr Kleid war. Sie fühlte sich auch nicht wie die schönste

Frau der Welt. Aber sie fühlte sich schöner und wohler, als sie es je für möglich gehalten hatte. Die Braut entspannte sich, und ich sah, dass Hoffnung in ihr aufkeimte, doch noch ein Traumkleid zu finden. Es war nur ein Funke. Aber ich sah ihn sofort. Daraufhin wagte ich den nächsten Schritt mit einem anderen Kleid. Ich legte eine winzige Schippe drauf und schlug ihr eines vor, bei dem sie etwas skeptischer war. Aber sie vertraute mir und probierte es an. Mit jedem Kleid ließ sich die Braut mehr und mehr fallen. Mit jedem Kleid erwachte auch ein Stück Freude an der Suche in ihr. Man merkte, dass sie sich Körperteil für Körperteil etwas mehr lieben konnte.

Als ich ihr das vierte Kleid vorschlug und sie sich darin zum Spiegel drehte, passierte etwas mit ihr. Sie weinte nicht, sagte auch nichts, aber ihr Blick war plötzlich ganz anders. Die Braut stand wie versteinert auf dem Podest und starrte sich an. Ihr Blick veränderte die Stimmung im Raum. Niemand sagte etwas, es war fast schon unangenehm still. Ich konnte nicht richtig deuten, was vor sich ging. Ihr Blick und ihre Körpersprache waren schwer zu lesen. Sie stand einfach da, vollkommen ruhig. Irgendwann fing sie an, sich zur einen und zur anderen Seite zu drehen. Aber auch das tat sie sehr langsam, wie in Zeitlupe. Während dieser Zeit, die sich für mich wie eine Ewigkeit anfühlte, wandte sie nicht ein einziges Mal den Blick von sich ab. Irgendwann hielt ich es nicht mehr aus, ich musste wissen, was los ist. Also fragte ich sie vorsichtig: »Was geht in deinem Kopf vor?«

Sie sprach noch einen langen Moment kein Wort. Dann sagte sie, ohne den Blick vom Spiegel zu wenden: »Ich weiß nicht so richtig, was ich sagen soll. Aber ich hätte nie im Leben gedacht, dass ich so schön aussehen kann. Ich kann einfach nicht aufhören, mich anzuschauen.«

Ich bekomme jetzt noch Gänsehaut, wenn ich an diese Anprobe denke. Jeder im Raum fing an zu weinen. Weil jeder sehen konnte, dass dort ein Mensch auf dem Podest stand, der sich zum ersten Mal im Leben richtig liebenswert fand. Wir haben alle gespürt, dass dieses Kleid für sie viel mehr war als nur ein Traumkleid. Es war ein Schlüssel zu einer Tür. Als sie durch diese Tür hindurchgegangen war, sah sie sich mit anderen Augen. Sie legte die Härte ab, mit der sie sich immer betrachtet hatte. Sie fand ein Stück neues Selbstbewusstsein, klein wie ein junger Trieb, der aber stark genug war, zu einer wunderschönen Blume heranzuwachsen. In diesem Moment dachte ich einmal mehr, wie glücklich ich mich schätzen konnte, diesen absoluten Traumberuf gefunden zu haben.

Zurück auf Anfang

Mein Name ist Sanna Lindström. Ich bin dreißig Jahre alt und komme ursprünglich aus Schweden. Auf Schwedisch bedeutet Sanna »wahr« und »wahrhaftig«, und genau das möchte ich mit meiner Geschichte auch sein. Vor sechs Jahren bin ich nach Deutschland ausgewandert. Das war ein riesiger Schritt für mich, der alles andere als einfach war. Aber ich tat es aus dem wohl besten Grund, den man dafür haben kann: die große Liebe. Drei Jahre zuvor bin ich während eines Urlaubs in Vietnam Simon begegnet. Es war ganz klischeemäßig die Liebe auf den ersten Blick. Nachdem wir drei Jahre in einer Fernbeziehung gelebt hatten, traf ich 2014 die große Entscheidung, meine Heimat zu verlassen und nach Deutschland zu ziehen. Im selben Jahr heirateten wir. Mittlerweile sind Simon und ich nicht mehr nur zu zweit, denn seit 2019 gibt es auch noch unseren Sohn Liam.

Das sind nur ein paar der großen Eckpunkte meines Lebens, doch natürlich gibt es noch viel mehr. Vor vier Jahren habe ich mich als Brautmodendesignerin selbstständig gemacht und wenig später ein Brautmodengeschäft in Ratingen eröffnet. Heute betreibe ich gemeinsam mit meinem Mann mehrere Ateliers in Nordrhein-Westfalen. Einige kennen mich vielleicht aus dem Fernsehen: Ich bin die fröhliche Schwedin mit den blonden Locken und dem »niedlichen Sprachfehler«, die in der VOX-Sendung *Zwischen Tüll und Tränen* zu sehen ist. Mehrmals im Monat begleiten mich ein paar Kameras bei der

Arbeit und filmen mich dabei, wie ich Bräuten bei der Suche nach ihrem Traumkleid für den schönsten Tag ihres Lebens helfe. Während der Aufzeichnungen lächle ich in die Kameras und bin der Sonnenschein, der in seiner pastellfarbenen Welt herumtanzt. Die Zuschauer vor den Bildschirmen sehen eine unbeschwerte, gut gelaunte Schwedin, die alles dafür tut, verliebten Frauen ihre Brautkleidträume zu erfüllen.

Was allerdings nicht im Fernsehen zu sehen ist und was nur wenige wissen, ist, dass mein Weg bis hierhin alles andere als »pastellig« war. Dass hinter dem strahlenden Lächeln, das so viele von mir kennen, sehr viel mehr steckt als nur Sonnenschein. Denn es gab einen Tag in meinem Leben, der alles verändert hat. Dieser Tag war nur der Anfang eines langen und schmerzhaften Weges. Doch so merkwürdig es sich manchmal auch für mich selbst anfühlt: Ich bin tatsächlich die fröhliche Schwedin, die in *Zwischen Tüll und Tränen* zu sehen ist. Ich spiele das nicht vor.

In diesem Buch soll es um beides gehen – um die hellen, glücklichen und strahlenden Momente, aber auch um die schwere Zeit in meinem Leben. Denn das, was ich durchmachen musste, hat meine Perspektive auf das Leben und mich selbst für immer verändert. In diesem Buch geht es um meinen Weg von Schweden nach Deutschland, um die große Liebe, um Familie und den Spagat, den man hinbekommen muss, wenn man gleichzeitig Mutter und Unternehmerin sein will. Es geht darum, wie viel Angst es machen kann, einen vorbestimmten Weg zu verlassen, um auf unbekannten Pfaden echte Erfüllung zu suchen – mit dem Wissen, diese nur möglicherweise zu finden. Es geht darum, dass man auf diesem Weg vielleicht beängstigenden Hindernissen begegnet, aber auch darum, dass selbst die dunkelste Stunde und jede vergossene Träne wichtige Schritte sein können. Denn es ist der ganze Weg, und nicht nur die Abschnitte, die in der Sonne liegen, der am Ende zu der Antwort auf die Frage führt, wer man ist und was man auch im Leben von anderen zu bewirken vermag. Und natürlich geht es auch immer wieder um das, was mich und so viele andere Frauen auf der Welt begeistert und glücklich macht: Brautkleider.

Doch ich will nicht vorgreifen. Beginnen wir einfach am Anfang.

Ich bin am 2. März 1990 in Uppsala in Schweden geboren. Genau, Uppsala, diesen Ort gibt es tatsächlich. In Deutschland bekomme ich oft lustige Reaktionen, wenn ich von meiner Heimatstadt erzähle. »Upsala!« sagt man hier, wenn etwas herunterfällt. Mein Uppsala jedoch ist die viertgrößte Stadt in Schweden. Das sagt nicht besonders viel aus, denn die Städte in Schweden sind kleiner als in Deutschland. Uppsala zählt nur rund 170.000 Einwohner und ist damit in etwa so groß wie Oldenburg. Uppsala ist eine wundervolle Stadt, und ich hätte mir keinen besseren Ort für mein Aufwachsen wünschen können. Es ist die perfekte Mischung aus Stadt und Land. In Uppsala fahren alle Fahrrad, und ich konnte wirklich überall mit dem Rad hin. Jeder Ort in Uppsala und alle Freunde waren nur ein paar Minuten entfernt. Ich fuhr bei jedem Wetter, typisch schwedisch eben. Selbst wenn dreißig Zentimeter hoher Schnee liegt, treten wir, bewaffnet mit Spikes, in die Pedale. Meinen Führerschein machte ich erst, als ich nach Deutschland kam.

In Uppsala kennt jeder jeden. Es fühlt sich zumindest so an. Wenn ich eine deutsche Stadt nennen müsste, die mich an meine Heimatstadt erinnert, fällt mir Münster ein. In Uppsala gibt es ein Stadtzentrum, von dem alles ausgeht, und genau wie Münster ist Uppsala eine vom Studentenleben geprägte Universitätsstadt. Es ist immer viel los, aber es gibt ebenso viel Natur. Die Natur, die ich meine, ist nicht die bekannte Landschaft, die man auf Bildern von Nordschweden sieht. Uppsala liegt eher in der Mitte des Landes. Dennoch sind es die typisch schwedischen Wälder und Felder, die man auch hier findet. Mein Elternhaus lag nah an einem solchen Wald. Diese Nähe zur Natur hat mich sehr geprägt, ich könnte fast sagen, dass ich im Wald aufgewachsen bin. Von kleinsten Kindesbeinen an habe ich mit meiner Familie Ausflüge in die Natur gemacht. Oft war es mein Vater, der meine Brüder und mich zu Abenteuerausflügen mitnahm. Wir waren Klettern oder haben im Wald ein Feuer gemacht, gegrillt und geschnitzt. Es gibt Bilder, auf denen wir Kinder durch die Gegend laufen und gefährlich große Schnitzmesser an unseren Hosen hängen haben. Heute würde man sich darüber wundern – so kleine Kinder und Messer? –, aber in Schweden gehörte das dazu. Für mich war jeder Ausflug ein spannendes Abenteuer. Alles kam mir unendlich groß vor. Als ich vor ein paar Jahren zu den Abenteuerorten meiner Kindheit zurückkehrte, stellten sich die riesigen Berge als kleinere Hügel heraus, die ich locker mit ein paar Schritten besteigen konnte. Damals aber, ausgestattet mit der Kletterausrüstung, die mein Vater für uns gekauft hatte, waren diese Hügel für mich nichts anderes als die schwedische Ausgabe der Alpen. Was habe ich unsere Ausflüge geliebt!

Es sind aber nicht die Abenteuer in Uppsala, die mir als Erstes einfallen, wenn ich an meine Kindheit denke. Stattdessen denke ich an einen besonderen Ort, der im südschwedischen Skåne liegt, sechs Autostunden von meinem Elternhaus entfernt: Skegree. Dort wohnten meine Großeltern. In Skegree verbrachten wir unsere Sommer und viele Weihnachtsfeste. Für mich war das der tollste Ort auf der Welt. Noch heute bekomme ich eine wohlige Gänsehaut, wenn ich an die schönen Zeiten dort denke. Gegen Skegree ist Uppsala eine Weltstadt: Es ist ein winziger Ort mit nichts drum herum als Wiesen und Felder. Ich erinnere mich an die riesigen Mohnfelder mit den roten Blumen. Sie haben sich geradezu in mein Gedächtnis gebrannt. Die Vorfreude auf die Sommer dort begann schon, wenn wir unsere Sachen packten und ins voll beladene Auto stiegen. Meine armen Eltern, was haben wir drei Kinder uns im Auto gestritten! Meine beiden älteren Brüder und ich haben uns innig geliebt, was uns aber nicht daran gehindert hat, uns mit aller Leidenschaft zu zanken. Vor allem im Auto. Mein Vater bekam nicht selten den ein oder anderen Tritt in seinen Sitz, während er den Wagen steuerte. Die Fahrten nach Skegree waren also nicht immer ruhig und einfach. Dafür waren es aber die Pausen: Wir tranken jedes Mal O'boy, ein Kakaogetränk, das alle Kinder in Schweden kennen. Und bis heute kann ich mich an den besonderen Geschmack der Eiersandwiches erinnern, die unsere Mutter vorbereitet hatte. Die Brote waren in schönes altes Brotpapier gewickelt. Das Knistern, wenn ich mein Brot mit dem geschnittenen Ei auspackte, habe ich noch heute im Ohr. Es ist mit einem wunderbaren Gefühl verbunden.

Wenn es auf den Fahrten ruhiger wurde und ich aus dem Fenster schaute, konnte ich sehen, wie sich die Landschaft veränderte. Mit jeder Veränderung stieg die Vorfreude, denn ich wusste: Wir kommen Oma und Opa und einem weiteren tollen Sommer immer näher! Es gab Landmarken, nach denen wir Ausschau hielten. Da war die kleine Steinkirche am Rand von Skegree, in der meine Eltern geheiratet hatten. Dieser idyllische Platz hat mich geprägt, denn er ist mit so vielen Erinnerungen verbunden. Wenn ich an meine Großeltern denke und die Sommer, die wir zusammen mit ihnen verbracht haben, sehe ich immer diese Steinkirche vor mir. Vielleicht ist das der Grund, warum auch ich unbedingt in einer solchen Kirche heiraten wollte. Wenn wir sie sahen, wussten wir: Jetzt ist es bald so weit. Sofort hielten wir Ausschau nach der nächsten Landmarke: einem großen Schornstein. Dieser gehörte zum Grundstück meiner Großeltern, auf dem eine Töpferei stand. Er war riesig und deshalb schon von Weitem zu sehen. War der Schornstein ins Blickfeld gekommen, handelte es sich nur noch um wenige Minuten. Die letzten Felder zogen an den Autofenstern vorbei, und dann waren wir auch schon da. Oma und Opa warteten auf dem gepflasterten Hof auf uns. Hinter ihnen stand ihr niedriges, aber großes Haus mit den grünen Fensterrahmen. Sobald das Auto gehalten hatte, rissen wir die Türen auf und rannten ihnen entgegen. Das war der Anfang des Sommers, ein tolles Gefühl!

Das Erste, was meine Brüder und ich taten, nachdem wir unsere Großeltern begrüßt hatten, war, zum Smultron-Feld zu rennen. Smultron ist eine Art Beere, so ähnlich wie Erdbeeren. Wir hockten im Feld, pflückten die Früchte und sammelten sie auf Stroh, während unser kleiner Hund Tessy um uns herum hüpfte. Tausend Erinnerungen habe ich an all das, was diesen Ort für mich so besonders macht. Wir spielten Piraten, trugen Fußballmatches aus, kletterten auf Bäume und sorgten uns um nichts. Es war wie aus einem Bilderbuch.

Natürlich fand der Großteil meiner Kindheit in Uppsala statt. Auch hieran habe ich die besten Erinnerungen. Wir wohnten in einem Haus mit großem Garten in einer tollen Nachbarschaft. Die Straße, an der unser Haus lag, war ruhig. Trotzdem war das Stadtzentrum schnell zu erreichen. Auf der Straße spielten immer Kinder, so auch wir. Wir, das sind meine Brüder Tobias und Andreas und ich. Tobias ist der älteste von uns, gefolgt von Andreas und schließlich mir. Zwischen uns liegen jeweils nur eineinhalb bis zwei Jahre. Ich liebte es, die kleine Schwester meiner coolen großen Brüder zu sein! Wir verbrachten unsere Kindheit eng zusammen und haben bis heute eine innige Beziehung zueinander. Vielleicht auch deshalb, weil uns nicht viele Jahre trennen.

Ansonsten lebte ich inmitten von Nachbarskindern und Schulfreunden. Vielleicht lag es an meinen Brüdern, aber als Kind war ich kein typisches Mädchen-Mädchen. Im Gegenteil: Ich war sehr jungenhaft und wollte nie so richtig einsehen, dass ich anders sein sollte als meine Brüder. Zwar spielte ich auch mit Puppen, aber die meiste Zeit war ich mit meinen Brüdern und ihren Freunden unterwegs, was ich sehr cool fand. Es hat die beiden nie gestört, dass oft die kleine Schwester dabei war. Wir haben einfach sehr viel gemeinsam unternommen. Ich fand es fantastisch, große Brüder zu haben.

Fast ebenso toll fand ich die Schule. Besonders in den ersten Jahren habe ich sie regelrecht geliebt. Ich würde mich nicht als Streberin bezeichnen, aber die Schule machte mir so viel Freude, dass ich immer in der ersten Reihe saß und meine Hand hochschoss, sobald eine Frage gestellt wurde. Wenn man etwas mit so großer Leidenschaft tut, passiert es fast automatisch, dass man gut darin ist. So war es bei mir. Oft kam es vor, dass ich Aufsätze schrieb, obwohl wir sie gar nicht aufbekommen hatten. Als kleines Kind dachte ich mir: Das kommt bestimmt bald dran, und dann habe ich es schon gemacht. Einfach weil ich Spaß daran hatte. Es reizte mich, gute Noten nach Hause zu bringen, obwohl meine Eltern das nicht erwarteten und nie danach fragten. Ich liebte das Lernen, und ich liebte die Lehrer. Neue Sachen zu lernen und Dinge zu können, machte mich froh. Es eröffnete mir neue Welten.

Auf der anderen Seite machten mich Fehler tatsächlich traurig. Ein einziger war noch kein Weltuntergang. Aber wurden es mehr, war das für mich sehr schlimm. Ich zog meine Motivation aus Erfolgen, die mir außerdem eine Menge Spaß machten. So kam es, dass ich lange Jahre nie eine Note schrieb, die schlechter war als das, was in Deutschland eine Eins ist. In Schweden gibt es ein anderes Notensystem: Entweder du bestehst eine Klausur nicht, du bestehst sie, du bist gut oder du bist sehr, sehr gut. Ich wollte in jedem Bereich dieses »sehr, sehr gut« erreichen. Ich hatte schnell gemerkt, dass ein »sehr, sehr gut« oder sogar ein »noch besser als sehr, sehr gut« Begeisterung bei meinen Lehrern und natürlich auch bei meiner Familie hervorriefen. Das führte dazu, dass ich damit anfing, diese besonders guten Noten haben zu wollen, die eigentlich gar nicht existierten.

Rückblickend betrachtet, war es wohl abzusehen, dass dies nur in einem überwältigenden Leistungsdruck enden konnte. Denn wie sollte ich etwas erreichen, das gar nicht erreichbar war? Obwohl ich mir also immer sehr viel Mühe gab, versagte ich in meinen Augen, wenn ich einen möglichen Pluspunkt nicht erreichte. Später wandelte sich mein anfängliches Lernglück deshalb in etwas anderes: in einen ungesunden Druck, der mich fast kaputtmachte und mir die Freude an der Schule nahm.

Neben der Schule hatte ich diverse Hobbys. Es gab immer etwas Spannendes zu tun. Vor allem Sport bestimmte einen großen Teil meines Lebens. Das galt auch für meine Brüder. Schon mit vier Jahren war ich in der ersten Fußballmannschaft. Fußball war bei uns ein großes Ding: Meine Brüder spielten, meine Mutter betreute das Team mit, und mein Vater war auch immer voll dabei. Wir spielten immer und überall – natürlich auch bei meinen Großeltern in Skåne. Dort gab es in der Nähe einen Fußballplatz, zu dem wir oft zusammen fuhren. Wir zogen unsere Schienbeinschoner, Socken, Fußballschuhe und unsere Trikots der schwedischen Nationalmannschaft an. Ich trug immer das Trikot meines Idols: Henrik Larsson. Als kleines Mädchen war er mit seinen langen Haaren für mich der Größte, Schönste und Tollste gewesen. So ausgestattet, erreichten wir das Fußballfeld. Andreas war der Torwart, und wir spielten, bis wir nicht mehr konnten. Meine Eltern und Großeltern feuerten uns an, während Tessy jedem Ball hinterherjagte. Oft schossen wir mit solcher Wucht, dass der Ball in den umgebenden Getreidefeldern landete und wir ihn suchen mussten. Aber das machte uns nicht das Geringste aus. Der Spaß am Fußball verband uns miteinander.

Was ich von Anfang an am Fußball liebte, war das Teamgefühl, das sich einstellt, sobald man Teil einer Mannschaft wird. Die Unterstützung und der Zusammenhalt waren Gründe, warum ich meine ganze Kindheit, Teenagerzeit und noch bis kurz vorm Studium viel Ballsport gemacht habe. Gibt es etwas Schöneres, als ein Teil von etwas Größerem zu sein, für das alle ihr Bestes geben und an dem jeder Spaß hat? Ich konnte es mir nicht vorstellen. Deshalb kamen zum Fußball noch viele Sportarten dazu. Es gab Zeiten, da trainierte ich bis zu elf Mal in der Woche, und es gab kaum eine Sportart, die ich nicht ausprobierte.

Fußball war meine erste große Sportliebe. Insgesamt spielte ich zwölf Jahre in Fußballmannschaften. Hier knüpfte ich sehr enge Freundschaften, von denen einige bis heute bestehen. Wir wohnten alle in derselben Stadt, und mit vielen ging ich auch in dieselbe Schule. Dementsprechend viel Zeit verbrachten wir Fußballerinnen miteinander. Meine längste Freundin, Elisabeth, lernte ich schon im Bauch kennen, denn ihre Mutter ist die beste Freundin meiner Mutter – und beide wurden gleichzeitig mit uns schwanger. Wir wuchsen zusammen auf, gingen in dieselbe Klasse und spielten zusammen Fußball. Trotzdem hätten wir unterschiedlicher nicht sein können. Als Kind war Elisabeth eher schüchtern, während ich vor nichts Angst hatte und alles tat, worauf ich Lust hatte. Ich sprach mit jedem und kam auf immer neue Ideen. Wir waren Gegensätze, aber vielleicht zogen wir uns gerade deshalb an.

Dass ich so lebensfroh war und immer neue Sachen ausprobieren wollte, brachte mich im Alter von neun Jahren zu meiner zweiten Sportliebe: Basketball. Es war die klassische

Liebe auf den ersten Blick, wie ich sie später noch einmal erfahren sollte. Gerade waren die Sommerferien angebrochen, als ich hörte, dass an meiner Schule ein Basketball-Sommercamp angeboten wurde. Ich dachte: »Das hört sich cool an, das muss ich ausprobieren!« Insgesamt ging das Sommercamp vier Wochen, und man konnte sich für jeweils eine Woche anmelden. Also war ich gleich bei der ersten Woche dabei. Alle Teilnehmer bekamen zu Beginn ein Trikot und einen Basketball, und ich wurde schnell total verrückt nach diesem Sport. Ich lernte Jens Tillmann kennen, einen der Camptrainer, der auch später für lange Zeit mein Basketballtrainer wurde und viel Einfluss auf mein Leben nahm. Aber auch die anderen Trainer fand ich toll. Lehrer und Trainer standen bei mir generell ganz hoch im Kurs, und ich baute enge Beziehungen zu ihnen auf, weil ich merkte, wie viel sie mir beibringen konnten.

Nach der ersten Campwoche hatte ich Basketballfeuer gefangen. Ich überredete meine Eltern, mich auch für die weiteren Wochen anzumelden. Als sie es dann wirklich taten, jubelte ich vor Freude. Die Basketballszene hatte mich in den Bann gezogen. Als die letzte Woche des Camps vorbei war, beschloss ich, der Stadtmannschaft beizutreten. Aus einem anfänglichen Hobby wurde mit den Jahren ernsteres Training. Als Jens Tillmann beschloss, die Stadtmannschaft als Trainer zu übernehmen, hätte ich nicht glücklicher sein können. Er war mein großes Vorbild, und er wurde eine immer wichtigere Person für mich. Ich spielte rund 14 Jahre Basketball, am Ende auf einem recht hohen Level. Wir spielten unzählige Turniere und waren dabei auch gar nicht mal so schlecht. Wir schafften es, die zweitbeste Mannschaft im Norden zu werden. Irgendwann wurde ich Reservespielerin für die schwedische Nationalmannschaft, doch das machte mich unglücklich. Es hört sich vielleicht komisch an, aber was mir mit der Schule passiert war, geschah nun auch hier: Die Leidenschaft schlug um und verwandelte sich in einen großen Leidensdruck. Es begann damit, dass ich es meiner Familie oder Freunden nicht mehr erlaubte, mir bei Spielen zuzugucken. Schon die Vorstellung, wie sie mir zusahen, fand ich einfach nur schlimm. Ich spürte eine so große Angst davor, was sie über mich denken könnten, wenn ich Fehler machte oder Körbe nicht traf, dass sie nicht mehr dabei sein durften. Nur so war es mir noch möglich, entspannt zu spielen.

Daraufhin dachte ich lange Zeit darüber nach, mit dem Basketball aufzuhören. Es war nicht der einzige Sport, dem ich nachging. In meiner Teenagerzeit lebte ich fast in der Sporthalle: Ich trainierte zwei Mal die Woche mit der Basketballschulmannschaft, mehrmals in der Woche mit der Stadtmannschaft – und dazu kam noch das Fußballtraining. Die Frage war nur: Wie sollte ich mit etwas aufhören, demgegenüber ich so eine Verantwortung fühlte? Ich wollte meinen Trainer nicht enttäuschen, zu dem ich so eine starke Bindung hatte. Also spielte ich noch eine Weile weiter, obwohl die Leidenschaft dafür immer weniger wurde. Irgendwann war ich so unglücklich, dass ich es schaffte, mich vom Basketball zu trennen. Die Erleichterung stellte sich sehr schnell ein. Es war schon lange schwer gewesen, alles unter einen Hut zu bekommen: den Sport, die Schule, die Noten. Es tat gut, ein bisschen weniger zu machen.

Ab einem bestimmten Punkt in meiner Teenagerzeit merkte ich, dass ich manchmal einen weiteren Druck spürte. Besonders wenn ich die typischen Mädchengruppen in der Schule sah, die alles zusammen machten. Ich hatte nie zu so einer Mädels-Gang gehört, denn ich war von klein auf immer mit Jungs zusammen gewesen. Was auch toll war, aber eine Medaille hat immer zwei Seiten. Natürlich hatte ich Freundinnen. Aber auch die fand ich beim Sport. Wenn wir in der Schule Freizeit hatten, gehörte ich zu denjenigen, die mit den Jungs Fußball spielten. Was die anderen Mädchen derweil machten, hatte mich nie interessiert. Ich hatte sehr viele Freunde, meine Mannschaften, und ich war immer sehr sozial. Doch in der Pubertät fiel mir auf, dass ich die Mädchengruppen um ihren starken Zusammenhalt beneidete. Sehr lange Zeit war mir das egal gewesen, aber plötzlich fühlte ich mich deshalb oft einsam.

Wenn ich heute zurückdenke, wie viel ich in meiner Kindheit gemacht habe, kommt es mir vor, als hätten meine Tage vierzig Stunden gehabt. Meine Eltern sagen, dass ich enorm viel Energie hatte. Die Schule und die vielen Sportarten waren nämlich längst nicht alles, was ich tat. Ich sprudelte über vor Lebensfreude und Tatendrang, sodass ich ständig an irgendeinem Projekt dran war. Dazu gehörte auch eine Vielzahl von »Geschäften«, für die ich ständig neue Einfälle hatte. Zum Beispiel betrieb ich ein kleines Nähatelier im Wohnzimmer. Zwar war mein einziger zahlender Kunde mein Vater, aber durch diese Idee konnte ich mir ein bisschen Taschengeld verdienen. Er brachte seine kaputten Jeans, und ich stopfte die Löcher. Das Ergebnis war meist nicht besonders schön, aber ich hatte meine Freude daran. Das merkte auch mein Vater. Ich glaube, in einige Jeans hatte er mit Absicht Löcher gemacht, weil er es mochte, wenn ich glücklich meiner kleinen Arbeit nachging.

Oft bauten meine Freundinnen und ich Marktstände in unserer Straße auf. Wir boten Obst, Popcorn oder Limonade an. Schon früh am Morgen bastelten wir Werbeschilder und verkauften den ganzen Tag Erfrischungen. Wir riefen »Färskpressad Lemonad!«, und die Leute blieben an unserem Stand stehen und ließen sich ein Glas einschenken. Ich erinnere mich auch daran, dass ich in der Nachbarschaft umherlief, um selbst gepflückte Blumen zu verkaufen. Diese ganzen Unternehmungen machte ich nicht vorrangig, um Geld zu verdienen. Zum größten Teil tat ich es, weil es mir Spaß machte, die Wünsche der Kundschaft zu erfüllen und Menschen glücklich zu machen. Ich war sehr kreativ, wenn es um die Erschließung neuer »Geschäftsfelder« ging. Doch am meisten liebte ich die Arbeit rund um die jährlichen Weihnachtszeitungen.

Mit diesen Weihnachtszeitungen hatte es Folgendes auf sich: Kinder und Jugendliche bekamen einen Bücherkatalog und konnten sich in der Vorweihnachtszeit ihr Taschengeld aufbessern, indem sie als eine Art Vertreter von Tür zu Tür gingen. Man klingelte bei den Nachbarn und zeigte ihnen die angebotenen Bücher und Magazine. Bestellte jemand etwas aus dem Katalog, bekam man einen Bonus. Zusätzlich gab es für jeden Verkauf Punkte. Je nachdem, wie viele Punkte man am Ende der Vorweihnachtszeit gesammelt hatte, konnte man sich eine Prämie aussuchen. Je mehr Punkte man hatte, desto tollere Prämien warteten auf einen. Zur Wahl standen dann zum Beispiel Fernseher, Fahrräder oder Videokameras. Also so richtig coole Sachen.

Bei dieser Arbeit hatte ich großen Spaß daran, mir richtige Strategien auszudenken. Ich versetzte mich in die Lage meiner

Kunden und überlegte, wofür sie sich interessieren könnten. Hatten sie Kinder? Was würde sie glücklich machen? Dann traf ich eine Vorauswahl, um ihnen passende Bücher empfehlen zu können. Ich hatte viel Freude daran, zu überlegen, wie ich meine Sache so gut wie möglich machen konnte. Prämien waren super, doch am meisten liebte ich das Gefühl, Energie in etwas zu stecken, bei dem etwas Gutes herauskam. Ich machte andere glücklich. Was gab es Schöneres, als mit den Leuten in ihren Häusern zu sitzen, den Katalog durchzublättern und Sachen auszusuchen, die ihnen gefallen könnten? Wie großartig war das Gefühl, wenn ich mich verabschiedete und sie lächelten!

Nun war es so, dass viele Kinder an dieser Arbeit mit den Weihnachtszeitungen Spaß hatten. Auch meine Geschwister. Es machte keinen Sinn, wenn wir drei gleichzeitig losgingen und gegeneinander arbeiteten. Deshalb legten meine Eltern fest, dass wir uns jährlich abwechselten. Wenn ich nicht an der Reihe war, bemerkte ich, dass meine Brüder nicht mit der gleichen Leidenschaft an die Sache herangingen wie ich. Das störte mich irgendwie. Ich schaute ihnen zu und brannte darauf, selbst loslegen zu können. Schließlich schlug ich meinen Brüdern ein Geschäft vor: Ich bot ihnen an, ihre Jahre zu übernehmen und sie dafür zu fünfzig Prozent zu beteiligen. Im Nachhinein betrachtet, war das für mich »wirtschaftlich« kein gutes Geschäft. Ich machte alles, sie gar nichts, und trotzdem bekamen sie die Hälfte ab. Aber darum ging es mir nicht. Ich schloss diesen »Geschäftsdeal« deshalb ab, um dem nachgehen zu können, was mir Freude machte. Ganz nebenbei entdeckte ich so auch meinen Spaß am Unternehmertum, den ich mir bis heute bewahrt habe.

Mit all diesen Unternehmungen und Dingen verknüpfte ich damals keinerlei berufliche Pläne. Als ich mein kleines Nähatelier im Wohnzimmer betrieb, schwebte mir nie vor, später einmal Modedesignerin für Hochzeitskleider zu werden. Ich hatte auch nicht vor, eine Limonadenfabrik zu eröffnen oder als Vertreterin zu arbeiten. Ich tat diese Dinge, weil sie mir Freude bereiteten. Nur eine einzige Sache wundert mich heute, und ich weiß nicht, wie bewusst ich das damals notierte. Ich kann mich nicht mal an den genauen Zeitpunkt erinnern, als ich mit neun Jahren in mein Tagebuch schrieb: »Wenn ich später in mein Büro gehe und als Modedesignerin arbeite …« Wer weiß schon, wann man zum ersten Mal die Richtung zu dem Weg einschlägt, den man später gehen wird? Selbst wenn ich damals diesen oder einen ähnlichen Wunsch gehabt hatte, so war er mir nie bewusster gewesen als jeder andere Berufswunsch, den ich damals hatte. Und davon gab es eine Menge. Eine ganze Weile war es ein großer Wunsch von mir, Innenarchitektin zu werden. Ich wollte Häuser einrichten, mir überlegen, welche Familien darin wohnen würden und welche Möbel zu ihnen passten. Mein Zimmer wurde zu dieser Zeit gefühlt jede Woche umgestaltet. Ich fragte mich immer wieder, wie ich meine vier Möbel platzieren konnte, damit es schön wird.

Ein Berufswunsch, der mich sehr lange begleitete, war, ein kleines Café zu besitzen. In meinen Vorstellungen lag es an einer ruhigen Straßenecke. Draußen gab es einen Hof mit Eisenstühlen, wie ich sie später tatsächlich vor meinem ersten Atelier in Ratingen haben sollte. Mein Café war nicht irgendein Café, denn hier gab es etwas ganz Besonderes zu kaufen: Kuchenteig. Ich denke, jeder hat eine Speise, nach der er verrückt ist. Bei mir war es schon immer Kuchenteig. Ich bin regelrecht besessen davon. Manchmal stellte ich mich in die Küche und rührte Teig an, nur um ihn auszulöffeln. Als Kind wusste ich nicht, dass es wenig gesund ist, rohe Teigmasse in sich hineinzuschaufeln. Doch bis heute kann ich einer Schüssel Kuchenteig kaum widerstehen. Lange Zeit wunderte ich mich, warum mir nie ein Kuchen gelang. Jedes Mal kam am Ende nur ein trockener Haufen heraus. Ich konnte es mir nie erklären, doch irgendwann fiel mir mein Fehler auf: Selbst wenn ich mich einigermaßen beherrschen konnte, aß ich ein Drittel des Kuchenteigs schon vor dem Backen auf. Klar, dass daraus dann nichts werden konnte: Hitze und Backzeit sind schließlich auf eine ganz andere Masse ausgelegt. Die Café-Gäste hätten sich um Backzeiten aber keine Sorgen machen müssen, denn: Es hätte keine gegeben. Wer wollte, hätte sich einfach einen bestimmten Kuchenteig aussuchen können, der dann mit einem Löffel serviert werden sollte.

So reihten sich in den Jahren verschiedenste Berufswünsche aneinander. Nur Modedesign war nie dabei. Das Einzige, was vielleicht in die Richtung deutete, war meine Leidenschaft, Ballkleider zu zeichnen. Das tat ich eine Zeit lang oft mit einer Freundin. Anlass für dieses Kleiderzeichnen war ein ganz besonderes Kleid, das ich liebte: das Kleid von Belle aus *Die Schöne und das Biest,* meinem absoluten Lieblings-Disney-Film. Ich stellte mir das Kleid wieder und wieder vor und träumte davon, wie ich es irgendwann bei meiner ersten Verabredung tragen würde. Damals dachte ich, man würde bei Dates solche Kleider tragen.

Hobbymäßig nähte ich mir in meiner Jugend viele Röcke oder Kleider. Auch mein Abiballkleid stammte am Ende von mir selbst. Das Problem bei meinen »Schneiderkünsten« war jedoch meist, dass bei mir alles schnell gehen musste. Ich war und bin sehr ungeduldig. In meinem Kopf geht es oft ein klein wenig chaotisch zu. Wenn ich damals einen Rock vor Augen hatte, kaufte ich einen Stoff und nähte ohne Schnittmuster drauflos. Deshalb ging vieles auch in die Hose oder hielt nur für einen Abend. Bei Röcken und Kleidern drapierte ich Schleifen und Bänder, es wurde gewickelt und zusammengebunden und fiel dann beim Ausziehen wieder auseinander. Für mich reichte das aus. Ich versteckte unschöne Nähte und mochte, was ich kreierte. Aber Kleidung ernsthaft zu produzieren oder zu verkaufen, war nichts, woran ich auch nur mit einem Gedanken dachte. Nähen war ein Hobby, nicht mal eine große Passion. Ich glaube, was mir an allem, was ich tat, am meisten Spaß machte, war die kreative Seite. Es mag deshalb verwundern, dass ich nach meinem Abitur etwas studierte, das auf den ersten Blick gar nichts mit Kreativität zu tun hat: Medizin.

Wer kein Blut sehen kann, sollte nicht Medizin studieren

In Schweden ist es üblich, nach dem Abitur nicht sofort mit dem Studium anzufangen. Man nutzt eine gewisse Zeit, um zu arbeiten oder zu reisen. Auch für mich ging es nach dem Abi erst mal nach Asien. Deshalb rückte die Uppsala Universitet erst 2010, eineinhalb Jahre nach meinem Abi, ins Zentrum meines Alltags.

Dass ich ein Medizinstudium begann, hatte verschiedene Gründe. Der wohl wichtigste davon war, dass ich aus einer Arztfamilie stamme: Mein Vater ist Chirurg, und auch meine Mutter arbeitete im Krankenhaus. Dort lernten die beiden sich auch kennen. Meine Brüder studierten Medizin, meine Schwägerin ist Ärztin, und auch viele meiner Freunde schlugen diese Richtung ein. Es war großartig und motivierte mich sehr, mit meinen Brüdern und Freunden zusammen zu studieren. Ich stellte die Entscheidung für das Medizinstudium auch deshalb nie groß infrage. Wir machten es einfach alle. Dazu kam, dass ich die Noten dafür hatte. Und das war gar nicht so einfach. Um ein Medizinstudium in Schweden zu beginnen, muss man supergute Noten haben – eine 1,0 in jedem Fach. Ein Medizinstudium war bei mir also ein bisschen vorprogrammiert. Auch deshalb hatte ich schon in der Schule immer den Anreiz gehabt, die besten Noten zu schreiben. Ich wusste: Falls ich später Medizinerin werden will, muss ich gut sein. Es gab auch

Zeiten, in denen ich mich gefragt habe, ob ich das wirklich will. Aber als ich mein Abiturzeugnis in den Händen hielt, war auch klar, dass ich jetzt die Chance dazu hatte. Warum sie nicht nutzen? Hinzu kam, dass es nichts anderes gab, was ich unbedingt machen wollte. Da war nichts, bei dem ich dachte: Das will ich zu tausend Prozent und von Herzen tun! Deshalb lag Medizin einfach nahe. Bei all der Unsicherheit war mir aber klar: Chirurg werden wie mein Vater wäre nichts für mich. Ich dachte daran, Kinderärztin zu werden, recherchierte aber auch Arzteinsätze in Krisengebieten wie bei Ärzte ohne Grenzen. Diese Gedanken hatte ich zumindest im Hinterkopf. Beim Studium fand ich schnell heraus, dass es vielen so ging wie mir. Wenn ich jemanden fragte, warum er Medizin studierte, kam oft die Antwort: »Ich komme aus einer Arztfamilie und wusste nicht, was ich sonst machen sollte.« Ich war mit den Zweifeln, die es tief in mir gab, also nicht allein.

Das Medizinstudium hatte aber auch Seiten, die ich von Anfang an mochte. Zum Beispiel erlebte ich eine große Erleichterung, weil es endlich keine Noten mehr gab. Man bestand oder eben nicht. Ich hatte mich seit Jahren unter extremen Leistungsdruck gesetzt, und zum ersten Mal in meinem Leben war er plötzlich weg. Unter den Kommilitonen gab es keinen Wettbewerb. Wir halfen uns gegenseitig und motivierten einander. Ich genoss diese Kultur des Lernens. Ich bin ein Mensch, der Leute um sich herum braucht, die mich unterstützen und mir Mut machen. Ein Umfeld, das mich motiviert. Dieses Umfeld fand ich an der Uni. Ich war so erleichtert, mich zum ersten Mal nicht so verrückt machen zu müssen, dass ich die erste Klausur dann fast nicht bestand. Das war sehr untypisch für mich. Ich merkte dadurch, dass ich mich doch ein bisschen mehr anstrengen sollte, was ich dann auch tat. Durch den Wegfall des Druckes machte mir das Lernen wieder Spaß. Auch wenn Medizin ein wirklich hartes Studium ist.

Es gibt es kaum etwas Schöneres, als in Uppsala zu studieren, denn die Stadt ist wie für Studenten gemacht. Alles ist toll organisiert. Beispielsweise gibt es die *Nations,* das sind Studentenorganisationen, denen jeder Studierende beitreten kann. Innerhalb dieser Gruppen gibt es einen tollen Zusammenhalt, und man unternimmt eine Menge miteinander. Bei den vielen internationalen Studenten, die in Uppsala zusammenkommen, lernt man viele Leute kennen und hat unendlichen Spaß. Eine besondere Tradition beim Studieren in Schweden ist das *Nollning*. Das Wort kommt vom Schwedischen *nolla* und hat mit der Zahl Null zu tun. Die Erstsemester werden in dieser Zeit »genullt«, also ins Studium eingeweiht. Von den älteren Semestern werden sie dazu in Teams aufgeteilt, müssen Aufgaben lösen und Wettbewerbe untereinander austragen. Manchmal ist das richtig gemein, aber insgesamt einfach witzig. Was das Studium in Uppsala angeht, kann man sagen: Es geht viel ums Feiern und Spaß haben. Auch ich hatte in meiner Uni-Zeit extremen Spaß. Besonders schön fand ich, dass ich zusammen mit meinem Bruder Andreas studierte. Wir waren ein super Team und hatten viele gemeinsame Freunde. Wir feierten laut und lernten leise nebeneinander, weil wir beide dazu Stille brauchen – es war einfach richtig cool. Doch eines blieb die ganze Zeit über bestehen: Das Medizinische packte mich nicht so richtig. Es war nicht meine Leidenschaft.

Ich liebte zwar die menschliche Seite am Medizinstudium, wenn wir direkt mit Patienten zu tun hatten. Andererseits mochte ich Krankenhäuser nicht besonders. Und dann gibt es noch diese eine Sache, die mich für den Arztberuf am meisten disqualifiziert: Ich kann kein Blut sehen. Das bemerkte ich sehr deutlich, als ich das erste Mal mit einer großen Wunde konfrontiert wurde. Einem älteren Herrn war eine Axt auf den Kopf gefallen und ein riesiges Loch klaffte an seinem Schädel. Überall war Blut. Zu helfen, diese Wunde zu versorgen, war für mich sehr schlimm. Immer mehr drängte sich mir der Gedanke auf, dass Medizin vielleicht einfach nichts für mich war. Mir fehlte die Begeisterung, die es für solch einen wichtigen Beruf braucht. Mein Dilemma war aber, dass ich nicht wusste, was ich sonst machen sollte. Also studierte ich weiter.

Nach einem Klausurenmarathon am Semesterende beschlossen meine Freundin Lisa und ich, uns in den Semesterferien für die ganze Lernerei zu belohnen – und zwar mit einer Reise nach Thailand. Deshalb buchten wir drei Tage nach der Klausur einfach einen Flug nach Bangkok. Sonst buchten wir nichts. Wir hatten nicht den geringsten Plan, außer dass wir weit weg etwas Schönes miteinander erleben wollten.

Wenige Tage später standen wir mit unseren Rucksäcken am Flughafen der thailändischen Hauptstadt und stellten uns voller Vorfreude nur eine Frage: »Was machen wir jetzt?« Wir suchten ein Internetcafé und recherchierten Ziele innerhalb von Asien. Am Ende entschieden wir, ein paar Tage in Bangkok zu bleiben und dann weiter nach Vietnam zu reisen. Drei wunderschöne Tage später fanden wir uns deshalb erneut an einem Flughafen, dieses Mal in Vietnam, und stellten uns dieselbe Frage wieder: »Was machen wir jetzt?« Es war toll, einfach zu tun und zu lassen, was uns einfiel. Eine Flugreise nach Saigon und eine gefühlt unendlich lange Zugfahrt auf harten Holzbänken später landeten wir in Nha Trang, einem kleinen Ort an der Küste des Südchinesischen Meeres.

In Nha Trang folgte zunächst Ernüchterung: Hier waren auf den ersten Blick außer uns überhaupt keine Touristen! Nicht dass wir auf Touri-Hochburgen aus waren, aber wir waren jung und wollten etwas erleben, feiern und Leute kennenlernen. Also erkundeten Lisa und ich erst einmal den Ort, um herauszufinden, was Nha Trang neben Strand und Natur noch zu bieten hatte. Tatsächlich fanden wir am Abend die Why Not-Bar. Schon von Weitem sahen wir Leute unter freiem Himmel sitzen und ließen uns vom Nachtleben anstecken. Gleich beim Eintreten bemerkten wir einen langen Tisch, an dem viele junge Menschen saßen und eine Menge Spaß hatten. Beim Vorbeigehen schaute ich zu ihnen herüber und fing dabei einen Blick auf, der mich gleich in seinen Bann zog. Lisa und ich setzten uns an einen anderen Tisch, bestellten Getränke und unterhielten uns. Doch immer wieder wanderte mein Blick zu dem langen Tisch am Eingang zurück, und immer wieder wurde mein Blick erwidert. Ich wusste damals nicht, dass ich gerade zum ersten Mal den Menschen sah, mit dem ich den Rest meines Lebens verbringen wollte. Aber ich wusste: Der Typ sieht wirklich gut aus! Die ganze Zeit, die Lisa und ich in der Bar verbrachten, hatten er und ich Blickkontakt und lächelten uns zu. Es lag Spannung in der Luft, und ein paar Schmetterlinge fingen an, in meinem Bauch herumzuflattern. Ansonsten aber passierte nichts und schließlich verließen Lisa und ich die Bar, um weiterzuziehen. Ab hier unterscheiden sich Simons und meine Erzählungen von unserem Kennenlernen etwas. Bis heute ist jeder von uns sicher, dass nur die eigene Version die richtige ist.

Simon

»Du Vollidiot! Warum hast du sie nicht angesprochen?!«, fragte ich mich immer wieder, als die große, wunderschöne blonde Frau die Why Not-Bar mit ihrer Freundin verlassen hatte. Wir hatten uns den ganzen Abend angeschaut und angelächelt, doch nach einem letzten langen Blick war sie weg. Großartig, Simon! Ob ich sie je wiedersehen werde?

Ich war ganz zufällig in Nha Trang gelandet. Nachdem ich in Hongkong studiert hatte, war ich mit meinem sehr guten Freund Basti auf einer Reise durch Südostasien. In der Nähe von Nha Trang hatte der Nachtbus eine Panne. Also strandeten wir in dem kleinen Küstenort und warteten, bis der Bus repariert wurde oder ein neuer kam, um uns abzuholen. Diese Panne war der einzige Grund, warum wir uns genau an diesem Tag in Nha Trang aufhielten, an dem auch Sanna und Lisa dort waren. Sonst hätte uns nichts hierhergezogen. Am Abend landeten Basti und ich also in der Bar, wo wir von ein paar Australiern in Trinkspiele verwickelt wurden. Als Sanna hereinkam, traf es mich wie ein Fausthieb, so angetan war ich von der ersten Sekunde. Ich sagte zu Basti: »Oh mein Gott, schau dir diese Frau an!«, und konnte mich nicht davon abhalten, den ganzen Abend über immer wieder zu ihr rüberzuschauen. Doch ich unternahm nichts – und dann verließ sie mit ihrer Freundin die Bar und war weg.

Nun saß ich neben Basti und die Trinkspiellaune war mir vergangen. Meine Gedanken drehten sich nur um diese Frau. Laut *Lonely Planet* gab es in diesem Ort nur zwei Möglichkeiten, wo man sich abends aufhalten konnte: die Why Not-Bar und einen Open-Air-Beachclub. Ich hoffte dramatisch, Sanna dort noch mal wiederzusehen. Als wir später in den Klub gingen, suchte ich die Menge mit meinen Blicken ab, aber sie war nirgends zu entdecken. Es wurde später und später, doch sie tauchte nicht auf. Frustriert bestellte ich einen Drink nach dem anderen und ließ nur widerstrebend den Gedanken zu, dass ich sie wohl nie wiedersehen würde.

Als ich jedoch später auf der Tanzfläche stand, wurde ich von hinten angetanzt. Ich drehte mich um und schaute in die strahlendsten Augen, die ich je gesehen hatte. »Das kann doch nicht wahr sein«, war alles, was ich dachte. Ich war völlig baff. Doch noch mal würde ich die Gelegenheit nicht verstreichen lassen und fragte sie sofort nach ihrem Namen.

»Sanna«, sagte sie und lächelte dabei so unendlich süß, dass ich mich zum zweiten Mal an diesem Abend in sie verliebte. Ich schlug ihr vor, einen Spaziergang zu machen, denn ich wollte – musste! – sie unbedingt kennenlernen. In dem lauten Beachclub würde das unmöglich gehen. »Ja«, sagte sie, ging zu ihrer Freundin und sprach mit ihr. Ich war völlig nervös und spürte Sannas Anwesenheit neben mir überdeutlich, als wir die ersten Schritte Richtung Strand gingen. Stundenlang schlenderten wir umher und konnten nicht aufhören, miteinander zu reden. Ich verliebte mich unsterblich.

Als ich am nächsten Morgen aufwachte, fragte Basti, wie mein Abend verlaufen sei. »Das hört sich vielleicht komisch an«, antwortete ich, »aber ich glaube, ich muss diese Frau heiraten.«

Ich konnte mich später nicht mehr daran erinnern, dass ich das am nächsten Morgen zu Basti gesagt hatte. Die Euphorie hatte mich in andere Sphären versetzt. Doch auf Bastis Feier zu seinem 30. Geburtstag, eine Woche, nachdem Sanna und ich uns verlobt hatten, kam er in einer kleinen Ansprache auf diesen Morgen in Vietnam zu sprechen. Und es ist wahr: Wenn ich mich zurückbesinne auf die Zeit, erinnere ich mich, dass ich Sanna am liebsten schon vor Ort in Vietnam einen Antrag gemacht hätte. Weil ich so sehr das Gefühl hatte, dass sie genau diejenige ist, nach der ich schon immer gesucht habe.

Als Lisa und ich die Bar verlassen hatten, gingen wir in den einzigen Klub, den es in Nha Trang gab: den Sailors Beachclub. Er befand sich gerade einmal hundert Meter die Straße herunter. Sofort stürmten wir auf die Tanzfläche und wirbelten ausgelassen herum. Plötzlich tippte mir jemand auf die Schulter, und als ich mich umdrehte, stand der süße Typ aus der Bar vor mir.

»Wie heißt du?«, fragte er mich auf Englisch.

»Sanna«, antwortete ich, und wir lächelten uns an. So erinnere ich mich an unsere ersten Worte. Er meinte zu mir, dass es sehr laut sei, und ob ich nicht Lust hätte, mit ihm einen Strandspaziergang zu machen. Dieser total hübsche Typ wollte mich kennenlernen, natürlich hatte ich Lust! Ich ging zu Lisa, erzählte ihr, dass ich jemanden getroffen hatte und mit ihm spazieren gehen wollte. Sie unterhielt sich auch mit jemandem und freute sich für mich. Schon nach den ersten Metern kamen Simon und ich aus dem Reden gar nicht mehr heraus.

Stundenlang liefen wir nebeneinander und vergaßen alles um uns herum. Es war so schön. Wir kamen sogar auf die Idee, baden zu gehen. Leider stellten wir am Ende fest, dass in der Zwischenzeit jemand Simons Handy und meine Kamera geklaut hatte. Es ist zwar nicht ungewöhnlich, dass an solchen Stränden Diebstähle passieren, aber es war natürlich trotzdem ein ganz schöner Mist. Wir ließen uns die Laune aber nicht verderben und hatten auch nach dem Diebstahl noch einen sehr schönen Abend. Wir redeten fast die ganze Nacht durch. Simon erzählte mir, dass er nur zufällig an diesem Ort gelandet sei, und auch ich erzählte, wie es dazu gekommen war, dass Lisa und ich uns in Nha Trang aufhielten. Waren es unglaubliche Zufälle oder Schicksal? Ich weiß es nicht, bin aber unglaublich froh, dass alles genau so gekommen ist.

Am nächsten Morgen beschlossen Lisa und ich, dass wir den Tag am Strand verbringen würden. Mir ging es nach der durchfeierten Nacht echt nicht gut. Als wir nach stundenlangem Baden, Sonnen und Dösen wieder ins Hotel liefen, fühlten wir uns, wie man sich immer nach einem solchen Tag fühlt: duselig, verschwitzt und sandig. Nicht gerade ein Augenblick, in dem man jemandem begegnen möchte, den man gerade erst kennengelernt hat und so toll findet. Aber natürlich trafen wir genau in diesem Moment wieder auf Simon und Basti! Es gab keine Möglichkeit, sich zu verstecken, denn sie hatten uns gesehen und kamen auf uns zu. Ich dachte nur: »Oh nein! Peinlich!«, weil ich mich hässlich fühlte. Doch es half nichts, da waren sie schon. Aber es wurde einfach schön: Zusammen verbrachten wir den ganzen Nachmittag am Strand, und wieder kamen Simon und ich aus dem Quatschen nicht mehr heraus.

Ursprünglich wollten Simon und Basti nur eine Nacht in Nha Trang bleiben und am nächsten Tag ihre Reise fortsetzen. Am Ende blieben sie ganze drei Tage, weil Simon und ich uns total ineinander verknallt hatten. Im Nachhinein hätten wir vielleicht nicht gedacht, dass daraus etwas so Großes werden würde. Aber dass es mehr war als nur ein kleiner Urlaubsflirt, spürten wir beide. Dennoch stand die Frage im Raum, ob das alles eine Zukunft haben konnte: Ich kam aus Schweden, er aus Deutschland ... würden wir uns überhaupt wiedersehen?

Nach drei Tagen hieß es Abschied nehmen. Es war eine schwere Trennung. Wir standen auf der Straße, und als ich ging, drehte ich mich immer wieder zu Simon um. Zu dieser Zeit blieb man in der Regel über Facebook in Kontakt. Doch in Vietnam war Facebook nicht erlaubt. Dazu kam, dass ich noch nie ein großer Social-Media-Mensch gewesen war. Ganz im Gegenteil: Ich schaute so gut wie nie auf mein Handy, höchstens, wenn ich meine Eltern anrufen wollte. So bemerkte ich nicht, dass Simon mir sofort, nachdem wir abgereist waren, schon die erste Nachricht auf Facebook geschrieben hatte. Jeden Tag fuhr er mehrmals zwanzig Minuten zu einem Internetcafé, um nachzuschauen, ob ich geantwortet hatte. Aber vergeblich. Wenn ich heute daran zurückdenke, wie er gelitten haben muss, tut es mir im Herzen weh. Erst zwei Wochen später las ich seine Nachricht. Ich schrieb ihm daraufhin eine lange Nachricht zurück. Er antwortete sofort – doch ich war schon wieder weg, und es dauerte erneut zwei Wochen, bis ich mich wieder meldete. Ich tat das nicht, weil ich nicht an Simon dachte oder weil er mir egal war. Ich war einfach nicht so ein

Internetmensch. Abgesehen davon, dass es schwierig war, beim Reisen überhaupt eine Netzverbindung zu finden.

Heute bin ich dankbar, wie sehr Simon am Ball geblieben ist, was mich betrifft. Denn erst als ich wieder in Schweden war, loggte ich mich eines Abends bei Facebook ein und sah, dass er ebenfalls online war. Ein Chatfenster ploppte auf: »Mrs. Garlic!« Das war er. Er hatte mir diesen Spitznamen verpasst, da ich an unserem ersten Abend fürchterlich nach Knoblauch gerochen hatte. Lisa und ich hatten Bruschetta gegessen, und wie das so ist: Man selbst bemerkt den Geruch irgendwann gar nicht mehr. Er fand das superwitzig, mir war es natürlich ganz schön peinlich. Sofort fingen wir an zu chatten und konnten gar nicht mehr aufhören. Bis fünf oder sechs Uhr morgens saßen wir vor unseren Bildschirmen und schickten Nachrichten hin und her. Innerhalb von Sekunden entstand wieder dieses Gefühl, das wir beide bei unserem Kennenlernen gespürt hatten. Wir konnten nicht aufhören zu reden und kamen in einen Flow, der gar nicht mehr abreißen wollte. Niemand hatte mich bisher so verstanden, meinen Humor geteilt und über jeden meiner Witze gelacht. Ich hätte mir die Antworten auf meine Fragen gar nicht besser ausdenken können, so sehr passte alles zusammen. Andersherum war es genauso. Wir wussten beide: Das ist etwas ganz Besonderes. Von dieser durchchatteten Nacht an schrieben und skypten wir jeden Tag. Es dauerte nicht lange, bis wir ein Wiedersehen planten. Er bot an, nach Schweden zu kommen. Doch da ich sowieso vorhatte, nach England zu reisen, schlug ich vor, drei Tage vorher loszufahren, um ihn zu besuchen. Das tat ich dann auch. Nur dass aus den geplanten drei Tagen am Ende ganze zwei Wochen wurden, weil Simon und ich uns nicht wieder trennen konnten. Ich sagte England ab und verschob zwei- oder dreimal meinen Heimflug, weil ich nicht wieder nach Hause wollte. Seit dieser gemeinsamen Zeit gab es zwischen uns keine Zweifel mehr. Wir besuchten uns, so oft es ging und unsere Portemonnaies und Studienzeiten es zuließen. Wir fieberten auf jedes Wiedersehen hin und litten bei jedem Abschied unendlich. Irgendwie schafften wir es, uns wenigstens einmal im Monat zu sehen. Solange wir beim Abschied bereits ein genaues Datum wussten, an dem wir uns wiedersehen würden, konnten wir die Trennungen ertragen. Mehr als hundert Mal besuchten wir uns, bevor wir entschieden, dass wir auf die tränenreichen Abschiede verzichten und etwas ändern mussten. Doch dazu mussten einige teils schmerzliche Entscheidungen getroffen werden.

Eine dieser Entscheidungen betraf mein Studium. Ich machte sie mir nicht leicht. Ich hatte mit Medizin aus mehreren Gründen begonnen, die alle eine Gemeinsamkeit hatten: Sie kamen nicht aus meinem Herzen. Immer öfter spürte ich, dass mich das Studium nicht glücklich machte. Niemand hatte mich dazu gedrängt, die medizinische Laufbahn einzuschlagen, vor allem nicht meine Eltern. Dennoch verspürte ich einen gewissen Druck. Für meinen Vater war Arzt der beste Beruf der Welt. Auch meine Brüder gehen bis heute in ihrer Tätigkeit auf. Nur bei mir stellte sich nie diese Zufriedenheit ein. Dagegen stand, dass ich kein gutes Selbstbewusstsein hatte und mich deshalb sehr stark über das Medizinstudium definierte. Wenn jemand fragte, was ich tat, konnte ich antworten: »Ich studiere Medizin.« Das fand jeder anerkennenswert. Schließlich musste man klug sein und viel Disziplin mitbringen, um es in dieses Studium zu schaffen. Es hört sich vielleicht komisch an, aber mich erleichterte der »Stempel«, den mir das Medizinstudium gab. Es sagte aus, dass ich genügte und etwas mit meinem Leben anfing. Dass ich die Chancen, die mir gegeben wurden, nutzte. Dass ich mich schließlich dafür entschied, das Studium nach zwei Jahren abzubrechen, geschah nicht von heute auf morgen. Im Gegenteil: Es war ein langer und steiniger Weg, den ich ging, bevor ich sicher sein konnte, das Richtige zu tun.

In Schweden beginnt das Medizinstudium mit dem Prä-Klinikum, das vier Semester dauert. In dieser Zeit wird man mit viel Theorie auf die Praxis vorbereitet. Ich war am Ende meines Prä-Klinikums, als ich beschloss, mir eine Auszeit zu nehmen, um über meine Situation nachzudenken. Ich steckte in einem Konflikt, der mich sehr belastete: Ich könnte mit Medizin aufhören, aber was dann? Ich hatte keine Leidenschaft für etwas anderes, das an die Stelle der Medizin hätte treten können. Und was würden die anderen sagen? Meine Eltern, Freunde, Bekannte? Die Sanna, die doch so gute Noten hatte, hört einfach auf? Was macht sie stattdessen? Nichts? Da stand ich nun. Hinter mir zwei Jahre Studium, vor mir undurchdringliche Nebelschwaden der Zukunft, die mir so absolut nichts sagten. Ich hatte nicht die geringste Ahnung, was ich machen sollte. Also sorgte ich erst einmal für einen Ortswechsel und ging zwei Monate zu Simon nach Deutschland. Es war das erste Mal, dass wir so lange zusammen waren. In dieser Zeit begann ich darüber nachzudenken, nach Deutschland auszuwandern, denn hier fühlte ich mich von Anfang an wohl.

Doch auch in Deutschland begleitete mich täglich diese eine Frage: Was mache ich statt Medizin? Ich hatte viele Ideen, aber nichts hielt wirklich stand. Ein Innenarchitektur-Fernstudium von Deutschland aus? Oder vielleicht eines meiner Hobbys zum Beruf machen: Möbel restaurieren? Das Café, von dem ich so lange geträumt hatte, zum Leben erwecken? Doch würde mich das wirklich erfüllen, oder war es nur ein Ausweg? Würde ich es am Ende bereuen, die »sichere« Medizin aufgegeben zu haben? Ich drehte mich im Kreis. Das neue Umfeld in Deutschland, die Gespräche mit Simon und auch die neuen Leute um mich herum machten mir jedoch immer wieder klar: Medizin war einfach nichts für mich. Auch Simons Freunde und Bekannte führten mir das vor Augen. Ich war begeistert davon, was sie für Wege eingeschlagen hatten. Diese waren so anders als die, welche ich aus meinem Freundes- und Bekanntenkreis kannte. Sie hatten eigene Firmen, studierten Marketing, machten Kreatives – jeder hatte auf seine Weise sein Glück gefunden. Je klarer mir wurde, dass ich in meinem Inneren eine unbekannte Tür aufgestoßen hatte, desto verzweifelter wurde ich. Einen Weg zurück konnte ich mir nicht mehr vorstellen. Doch noch traute ich mich nicht, durch diese neue Tür zu treten. Ich weiß nicht, wie viele Tränen ich in dieser Zeit der Unsicherheit vergossen habe. Drei Erkenntnisse halfen mir am Ende dabei, meinen Weg zu finden.

Eine Erkenntnis verdanke ich meiner Mama. Ich sprach mit ihr über meine Sorgen, und sie versicherte mir, dass ich nicht zur Uni gehen müsse. Sie selbst hatte in Krankenhäusern und Schulen gearbeitet, aber nicht studiert. Das fiel mir plötzlich wie Schuppen von den Augen: Meine Mama hatte nie studiert!

Gleichzeitig ist sie aber der Mensch, den ich am meisten bewundere. Wie passte das zusammen mit meinem inneren Druck, dass ich studieren müsse, weil »man« es von mir erwartete? Gar nicht! Wenn mein größtes Vorbild nicht studiert hat und sie trotzdem der tollste Mensch der Welt ist, dann kann ja etwas an meinen Überlegungen nicht stimmen. Dieser Gedanke war wie ein Lichtstrahl in meinen verzweifelten Überlegungen: Meine Mutter war nicht zur Uni gegangen, wieso muss ich das dann machen? Ich fing zaghaft an, den Gedanken zuzulassen, dass ich auch okay war, wenn ich nicht studierte.

Die zweite Erkenntnis verdanke ich Simon. Er gab mir als erste Person eine ganz neue Sichtweise auf mein Leben. Dass ich es selbst in der Hand hatte, mein Glück zu finden. Er sprach als Erster ganz konkret aus: »Guck mal, Sanna, du bist nicht glücklich mit Medizin. Warum solltest du es dann weitermachen?« Stundenlang redeten wir darüber. Simon ging das Ganze sehr systematisch an. Er fuhr mit mir zum See, packte Notizblock und Stift aus, und dann begannen wir aufzuschreiben, was mich ausmacht. Was sind meine Stärken? Was meine Wünsche? Was will ich nicht? Wofür brenne ich? Simon nahm sich viel Zeit für mich und gab sich unendlich viel Mühe. Er war sich sicher: Wir finden eine Lösung, ganz klar! Noch nie hatte sich jemand in diesem Ausmaß zusammen mit mir Gedanken gemacht. In diesem Moment sah ich ganz deutlich, wie wichtig Simon für mich war und was für einen unglaublichen Mann ich da an meiner Seite hatte. Für das, was ich damals machen wollte, brauchte ich Mut. Durch und mit Simon fand ich ihn.

Die dritte Erkenntnis war ein Bild, das mir eines Abends in den Kopf kam. Ich lag auf dem Bett, starrte an die Decke und sah plötzlich zwei Wege vor mir. Der eine Weg ging in die Richtung weiter, aus der ich gekommen war. Er sah vor, dass ich mein Studium beendete, obwohl mich die Medizin nicht erfüllte. Es war kein schlechter Weg, er sah aus, als könne man darauf entspannt gehen. Ich würde genug Geld verdienen können, um meine Familie zu ernähren. Beruflich wäre ich aber vielleicht nur halb glücklich. Der andere Weg sah ganz anders aus, unsicherer. Da würde ich mich durch Gestrüpp schlagen müssen. Dieser Weg machte keine Versprechungen, aber er hatte Potenzial. Hier bestand die Möglichkeit, wirklich glücklich zu werden. Ich würde vielleicht auf etwas stoßen, das mich so erfüllte wie der Arztberuf meinen Vater. Die Entscheidung, die ich treffen musste, hieß plötzlich nicht mehr: »Medizin oder nicht?« Mit dem Bild der zwei Wege vor Augen hieß sie jetzt: »Sicherheit oder die Chance auf absolutes Lebensglück?« In mir machte es »Klick«: Ich musste diesen zweiten Weg gehen! Auch wenn ich keine Ahnung hatte, was mich erwartete. Aber zu wissen, dass auf diesem Weg zumindest die Chance auf ein noch unbekanntes Glück wartete, war eine wichtige Entdeckung. Mit meiner Mutter als Vorbild, Simon, der mir den Rücken stärkte, und dem Bild der zwei Wege vor Augen fand ich endlich den Mut, zu der bislang größten Veränderung meines Lebens »Ja« zu sagen. Es war wie ein Wendepunkt. Ab diesem Zeitpunkt sah ich nicht mehr nur das Beängstigende an der Situation, sondern auch das Aufregende.

Ich wäre jedoch nicht ich, wenn ich bei einer so großen Entscheidung einfach einen Cut gemacht hätte. Mir war es wichtig, hundertprozentig sicher zu sein. Deshalb bat ich meinen Vater, mir bei der Suche nach einem Praktikumsplatz in

Deutschland zu helfen. Wenn ich erfahren wollte, wie sich der Berufsalltag in einem Krankenhaus anfühlte, musste ich es ausprobieren. Spätestens dann würde ich genau wissen, ob mein Bauchgefühl recht gehabt hatte. Über einen befreundeten Chefarzt erhielt ich wenig später tatsächlich die Möglichkeit, zu entdecken, ob irgendwo in mir drin vielleicht doch eine Medizinerin steckte. Während des Praktikums durfte ich in viele verschiedene Abteilungen reinschnuppern, obwohl ich in Wahrheit nur an einer interessiert war: der Pädiatrie. Ein Leben als Kinderärztin konnte ich mir am ehesten vorstellen. Doch bevor ich mich hier ausprobieren konnte, hieß es für mich zunächst: Auf in die Chirurgie! Ich muss ganz ehrlich sagen, dass ich darauf wenig Lust hatte. Doch ich blieb für alle Erfahrungen offen.

Schon am zweiten Tag sagte der Oberarzt zu mir: »Sanna, morgen haben wir eine Operation. Bist du dabei?«

»Ja«, antwortete ich, obwohl ich gleich einen Kloß im Hals spürte. Natürlich hatte ich in meinem Medizinstudium schon an Menschen gearbeitet. An einer echten OP hatte ich aber noch nie teilgenommen. Dementsprechend aufgeregt war ich. Am folgenden Tag stand ich um sechs Uhr im OP-Saal. Ich sollte assistieren und war deshalb die ganze Zeit angespannt. Dazu kam, dass ich vor lauter Aufregung noch keinen Bissen gegessen hatte. Nach zweieinhalb von vier Stunden Operation passierte deshalb etwas wenig Überraschendes: Vor meinen Augen begann sich der OP-Saal zu drehen. Ich konnte gerade noch sagen: »Okay, ich glaube, es geht mir nicht so gut.« Dann war ich auch schon in Ohnmacht gefallen. Was für ein toller Eindruck an meinem zweiten Tag!

Kaum zu mir gekommen, musste ich mich an diesem Tag noch einer zweiten OP stellen. Als ich am Abend nach Hause kam, war ich völlig erledigt. Aber ich wusste mit absoluter Sicherheit: Chirurgie war nicht mein Fach. Umso mehr freute ich mich, als endlich meine Zeit auf der pädiatrischen Station begann. Jetzt würde ich eine Antwort auf meine drängendste Frage finden. Und ich fand sie ziemlich schnell. Die Kollegen auf der Station hätten nicht herzlicher und die kleinen Patienten nicht lieber sein können, aber die Arbeit gefiel mir nicht. Alle bemühten sich sehr um mich, ich durfte überall dabei sein. Doch jeden Morgen fuhr ich mit einem riesigen Stein im Magen zum Krankenhaus. Ich nutzte jede Chance, um mit den Ärzten über ihre Arbeit zu sprechen. Doch meine Entscheidung nahm immer deutlichere Konturen an.

Schließlich klopfte ich eines Tages schweren Herzens an die Tür des Chefarztes und bat um ein Gespräch. Bei dem Chefarzt handelte es sich um Peter Goretzki, einen Freund unserer Familie, den ich schon von Kindesbeinen an kenne. Das machte es mir leichter, offen zu reden. Ich erzählte ihm, wie unglücklich ich mit meiner Berufswahl war. Dass mir das Praktikum jeden Tag aufs Neue zeigte, dass ich nicht für den Arztberuf geboren war. Dass ich mich deshalb wie eine Versagerin fühlte. Ich hatte erwartet, dass er antworten würde, wie die meisten vor ihm geantwortet hatten: dass alles eine Frage der Zeit war und ich meine Leidenschaft noch entdecken würde. Doch er überraschte mich. Er riet mir, mit der Medizin aufzuhören. Er erzählte mir von seiner Tochter, die einmal vor derselben Entscheidung wie ich gestanden hatte. Auch sie hatte einen anderen Weg eingeschlagen und es nicht bereut. Sie war ihrem eigenen

Weg gefolgt, dem zweiten, unsicheren Weg. Dr. Goretzki sprach mit mir auf so eine empathische, menschliche Weise, dass ich endlich loslassen konnte. Er sagte mir, dass wir alle unterschiedliche Menschen mit unterschiedlichen Interessen sind, die ihren eigenen Wegen folgen müssen – und dürfen. Letztendlich war es dieses Gespräch, das mich von der Last der Entscheidungsfindung befreite. Dafür bin ich ihm auf ewig dankbar.

Ab diesem Moment fühlte sich alles leichter an. Komisch, wie man manchmal im Nachhinein denkt: Wie konnte es so lange so schmerzhaft sein, diese Entscheidung zu treffen, die sich auf einmal einfach nur richtig anfühlt? Doch der Weg bis zu diesem Punkt ist eben das Schwierige. Nun aber, als die Würfel endlich gefallen waren, war ich überglücklich. Blieb nur noch diese eine winzig kleine Hürde übrig: Was sollte ich jetzt bloß tun?

»Vill du gifta dig med mig?«

Simon

Schon am ersten Morgen, nachdem ich Sanna getroffen hatte, wusste ich, dass ich sie heiraten wollte. Ich war unendlich verliebt. So jemanden wie sie hatte ich noch nie kennengelernt. Als wir uns nach den drei gemeinsamen Tagen in Nha Trang trennten, vermisste ich sie sofort. Doch sie ließ mich, wenn auch unbeabsichtigt, eine ganze Weile zappeln, bevor sie auf meine Nachrichten antwortete. Glücklicherweise fanden wir nach unseren Reisen so schnell wieder zusammen wie am ersten Abend. Schon nach wenigen Monaten Fernbeziehung sagten wir uns mal mehr und mal etwas weniger offen, dass wir für immer zusammenbleiben wollten. Wir sprachen nicht direkt darüber, aber in Nebensätzen fielen diese Worte. Uns beiden war klar, dass wir etwas sehr Besonderes gefunden hatten. Dementsprechend litten wir enorm unter der Situation, dass wir nicht zusammenwohnten. Nicht mal im selben Land. Die Zeit zwischen unseren Wiedersehen war jedes Mal gleich schwer. So schwer, dass es Abende gab, an denen wir Skype über Nacht einfach laufen ließen, nachdem wir stundenlang gesprochen hatten. Wir schliefen dann mit der Gewissheit ein, dass der andere auf irgendeine Art trotzdem anwesend war, wenn auch nicht physisch. In mir wuchs der Wunsch, Sanna einen Heiratsantrag zu machen. Ich hatte so sehr das Bedürfnis, ihr zu zeigen, dass ich es wirklich ernst meinte. Doch lange traute ich mich nicht. Ich wollte sie damit nicht so früh überfahren, sie gar vergraulen. Wir waren uns im Juni 2011 das erste Mal begegnet. Im Februar 2012 trafen wir uns in Ko Mak in Thailand. Sanna war zuvor als Backpackerin in Indien unterwegs gewesen, und ich hatte mich unendlich darauf gefreut, sie während ihrer Reise für zwei Wochen in Thailand wiederzusehen. Schon vor meiner Abreise sprach ich mit Freunden über das Thema Verlobung. Ich hatte die Idee, dass das Wiedersehen in Thailand ein wunderbarer Moment für einen Antrag wäre. Doch was, wenn sie denken würde: »Oh Mann, wir sind erst ein paar Monate zusammen, und jetzt kommt er damit schon an!« Meine Sorge vor dieser oder einer ähnlichen Reaktion war so groß, dass ich mich entschied, ihr diese eine Frage zu diesem Zeitpunkt noch nicht zu stellen. Dennoch gab es in Thailand einen besonderen Moment. Sanna sprach noch kein Deutsch, weshalb wir Englisch miteinander redeten. Eines Abends standen wir auf einem Steg am Meer. Ich weiß noch, wie verliebt wir waren. Wir erlebten einen wahnsinnigen Glücksmoment. Ich weiß nicht mehr genau, wie mein Wortlaut damals war, aber ich sagte in etwa das zu ihr: »Ich liebe dich jetzt schon so sehr, dass ich dich sofort heiraten könnte ...« Ich sagte es auf Deutsch, weshalb sie es nicht verstand. Aber ich platzte fast vor Liebe, und deshalb musste es einfach raus. Sie musste in etwa gespürt haben, was ich gesagt hatte, denn nach einer Weile erwiderte sie, dass sie das auch möchte. Dieser Moment war wie eine heimliche Verlobung, ohne dass es offiziell war. Uns beiden wurde in diesen besonderen Minuten klar: Wir werden auf jeden Fall heiraten. Das intensivierte unsere Beziehung extrem.

Einige Monate später kam Sanna für ein paar Monate nach Deutschland. Sie steckte in einer Krise, weil sie nicht wusste, ob sie ihr Studium fortführen sollte oder nicht. Sie hatte sich eine Auszeit genommen, um in Ruhe darüber nachzudenken. Sie belegte einen Sprachkurs, und wir genossen die gemeinsame Zeit. Es war das erste Mal, dass wir so lange am Stück zusammenleben konnten. Wir hausten sehr spärlich, hatten kaum Geld. Aber wir waren so glücklich wie nie. Erneut wurde uns bewusst, wie wichtig es war, dass wir festhielten, was wir aneinander gefunden hatten. Wieder dachte ich ständig daran, ihr einen Antrag zu machen. Der Gedanke war nie weg gewesen, aber jetzt ließ er mich gar nicht mehr los. Ich beschloss, dass ich nicht mehr warten wollte.

Als Sanna das erste Mal zu mir nach Deutschland kam, verbrachten wir einen wunderschönen Morgen auf einer großen Wiese. Kein Mensch weit und breit. An diesem Tag frühstückten wir zusammen, und es war so schön, dass wir beide diesen Moment nie vergessen haben. Das sollte der Ort sein, an dem ich sie fragen würde. Auch ein Datum hatte ich schon: der erste Oktober. An diesem Tag waren wir im Jahr zuvor so richtig offiziell zusammengekommen.

Bevor ich ihr jedoch die Frage aller Fragen stellte, war für mich klar, dass ich zuvor mit ihrer Familie sprechen musste, die ich mittlerweile sehr gut kannte. Von der Uni aus rief ich ihre Mutter an. Als ich ihr eröffnete, was ich vorhatte, war sie erst geschockt, dann reagierte sie überglücklich. Danach rief ich ihre Brüder an. Auch sie freuten sich sehr. Der Einzige, den ich nicht erreichen konnte, war Sannas Vater.

Er hielt sich gerade auf einer Ärztekonferenz in Los Angeles auf. Als der Morgen unseres ersten Jahrestages anbrach, hatte ich es immer noch nicht geschafft, ihn ans Telefon zu bekommen. Also musste es auch so gehen. Es war richtig schönes Wetter. Ich wusste: Sanna ist keine Frau, die das ganz große Kino braucht. Während andere es toll finden, vor Tausenden von Menschen in einem Fußballstadion gefragt zu werden, ist Sanna jemand, die das Private, Persönliche vorzieht. Es sollte also einfach unser Moment werden. Ich schlug ihr vor, mit einem Picknickkorb zu unserer Wiese zu gehen. Ich fragte sie, ob wir vielleicht einen Schampus oder irgendetwas anderes Verrücktes mitnehmen sollten, aber sie winkte ab. »Mist!«, dachte ich, aber ich wollte auch nicht zu auffällig sein. Ich war extrem nervös. Heimlich hatte ich vorher alles geplant: Ich hatte bei unserem letzten Besuch in Schweden einen Ring ihrer Mutter ausgemessen, von dem ich wusste, dass Sanna ihn ab und an trug, weil sie ihn so schön fand. Den Verlobungsring für Sanna hatte ich dann extra in dieser Größe anfertigen lassen. Ein gewisses Risiko, ich weiß. Auch hatte ich die Frage »Willst du mich heiraten?« auf Schwedisch eingeübt. Mir lag es am Herzen, Sanna in ihrer Muttersprache diese so besondere Frage zu stellen. Und mal ehrlich, ein »Hey, wanna marry me?« auf Englisch klang einfach nicht so gut. Das Schwedische »Vill du gifta dig med mig?« erschien mir deutlich passender. So lagen wir auf der Wiese und redeten und redeten. Es war wunderschön. Die ganze Zeit versuchte ich, den richtigen Moment zu finden. Ich war unglaublich aufgeregt. Irgendwann, Sanna lag auf dem Rücken, und ich lehnte seitlich neben ihr, lenkte ich das Gespräch auf die schwedische Sprache. Ich sagte Sanna, dass ich unbedingt Schwedisch lernen wollte. Ich begann, sie nach Worten zu fragen.

»Was heißt Sonne?«

»Sol.«

»Und Wolken?«

»Moln.«

Währenddessen fummelte ich heimlich in der Tasche nach dem Verlobungsring. Als ich ihn zu fassen bekam, sagte ich zu Sanna:

»Ja, weißt du, ein bisschen was habe ich schon auf Schwedisch gelernt.«

»Ach ja?«, sagte sie.

»Ja. Es gibt einen Satz, den wollte ich unbedingt können.«

Schon bei diesen Worten hatte ich Angst, dass das überaus laute und nervöse Pochen in meiner Brust mich verraten würde. Was war ich aufgeregt ...

Dann fragte ich sie.

Und Sanna sagte »Ja«.

Mein Antrag hatte Sanna fix und fertig gemacht. Sie hatte nicht damit gerechnet und weinte die ganze Zeit vor lauter Freude. Vor allem als ich ihr dann noch erzählte, dass ich zuvor mit ihrer Familie gesprochen hatte. Es war einer der schönsten Momente meines Lebens - unseres Lebens. Wir waren ganz für uns. Wir lagen noch ewig auf dieser Blumenwiese, die Sonne strahlte mit uns um die Wette, und wir fingen an zu planen. Und ja: Es war nicht spektakulär. Es gab kein Venedig mit Gondeln, keine applaudierende Menge oder die Aussicht vom Empire State Building. Aber es war genau richtig. Es war unser Moment.

Abends gingen wir in unserem Lieblingsrestaurant essen. Vorher erreichte ich dann tatsächlich noch ihren Vater. Obwohl wir uns bereits verlobt hatten, bat ich ihn um die Hand seiner Tochter. Dabei entstand dann noch ein ganz witziger Moment. Sannas Vater, der noch keine Ahnung hatte, dass alles längst vorbei war, reagierte nämlich mit folgenden Worten: »Oh! Bist du sicher, dass Sanna das auch wirklich möchte?« Als ich die Situation auflöste, lachten wir sehr, und er freute sich riesig. Ganz wie Väter sein sollten, gab er mir noch ein paar Worte über die Liebe mit auf den Weg, die mich sehr inspirierten. Und übrigens: Der Ring passte wie angegossen!

Vom Suchen und Finden einer neuen Heimat

Am 1. Oktober 2012 fragte Simon mich, ob ich ihn heiraten will. Es war einer der glücklichsten Momente in meinem Leben. Doch bis wir im Juni 2014 vor den Traualtar traten, gingen noch viele Monate ins Land, in denen uns die Distanz, zu der uns die Fernbeziehung zwang, unendlich quälte. Jedes Mal litten wir aufs Neue und verabschiedeten uns auf den Flughäfen nur unter vielen Tränen. Jedes »Goodbye« zögerten wir bis zur letzten Sekunde hinaus. Sehr oft verschoben wir unsere Flüge oder cancelten sie komplett. Es war die Zeit der Billigflüge, und Ryanair wurde für uns Studenten zu einem Strohhalm.

Die Entscheidung, dass ich es am Ende war, die auswandern würde, traf ich recht früh in unserer Beziehung. Obwohl es zuerst Simon war, der Schweden ins Auge fasste. Damals hatte er gerade sein Bachelorstudium in den Niederlanden beendet und fing sofort an, nach Masterstudiengängen in Schweden zu suchen. Ich fand es krass, dass er eine Auswanderung in Betracht zog. Ich liebe Schweden, und ich kann mir vorstellen, dass es für eine Weile ganz »exotisch« sein kann. Ich war jedoch nie auf die Idee gekommen, dass Schweden ein Land ist, wohin andere gern auswandern würden. Außerdem waren wir gerade erst zusammengekommen, und dass Simon dafür gleich seine Heimat verlassen wollte, erschien mir doch etwas zu überstürzt. Ich dachte: »Warten wir erst mal noch ab.« Deshalb verschlug es Simon für seinen Master zunächst nach Plymouth in England. Das war noch mal eine Herausforderung für unsere Fernbeziehung, denn um uns zu besuchen, mussten wir um die 18 Stunden reisen. Ich flog immer nach London, und von dort ging es mit dem Bus weiter. Es hat Ewigkeiten gedauert, bis ich ankam. Simon lebte in Plymouth in einer großen WG, und wir verbrachten dort lustige Zeiten zusammen. Doch auch diese große Distanz trug nur dazu bei, dass wir uns schrecklich vermissten und immer sicherer wussten: Wir müssen zusammen sein.

Mein ganzes Leben hatte ich in Uppsala verbracht. Doch selbst wenn ich Simon nicht kennengelernt hätte, wäre ich irgendwann von dort weggegangen. Ich hatte das Bedürfnis, etwas Neues zu sehen, andere Menschen zu treffen und auch mich selbst in einem anderen Umfeld besser kennenzulernen. Mir schwebte Südschweden oder auch die Westküste vor. Irgendwann würde ich dann nach Uppsala zurückkehren, um dort eine Familie zu gründen. Durch Simon eröffnete sich mir die Möglichkeit, ganz aus Schweden wegzugehen. Deutschland war für mich verlockend. Durch die vielen Besuche wusste ich, dass ich mich dort wohlfühlen konnte. Es fühlte sich wie ein Zuhause an. Ich konnte mir direkt vorstellen, länger dort zu leben. Hinzu kam, dass die beruflichen Möglichkeiten in Deutschland für uns beide größer waren. Also war es irgendwann beschlossene Sache. Erst wenige Monate vor unserer Hochzeit zog ich nach Mönchengladbach in Simons Wohnung. Wobei man sagen muss: Eine normale Wohnung war das nicht. Seit Simon während seines Studiums in Hongkong für ein Jahr mit einem heimischen Studenten zusammen auf zehn Quadratmetern gewohnt hatte, gab er sich mit sehr wenigen Dingen zufrieden. Wo andere den Kopf schüttelten, sah er Möglichkeiten. Beispielsweise fuhr er lange einen kleinen Polo, der immer mal bockte und durch eine wenig ansehnliche grüne Farbe auffiel. Simon war das egal, es war sein Auto, und es brachte ihn treu, wohin er wollte. Genauso hielt er es mit seiner Wohnung. Nachdem wir uns kennengelernt hatten, zog er bei seinen Eltern aus und mietete eine Garage. Das hört sich merkwürdiger an, als es tatsächlich war. Doch als sein Vater die Garagenwohnung zum ersten Mal sah, sagte er: »Oh Gott, hier willst du wohnen?« Simon hingegen dachte: »Mann, toll! So viel Platz!«

Die Wohnung betrat man durch ein typisches Garagentor zum Hochschieben. Dahinter war ein großer Wohnraum ohne Fenster, den Simon mit viel Kreativität und Liebe eingerichtet hatte. Von dort aus konnte man durch eine weitere Tür den Flur des Mehrfamilienhauses betreten, der zu unserem Schlafzimmer führte. Bad und Toilette gab es im Keller. Alles war großzügig geschnitten, aber: Es war eine Garage. Doch für uns war es großartig. Wir zahlten nur 120 Euro Miete, ein Traum für Studenten. Irgendwie war es einfach gemütlich. Und es war der Ort, an dem wir endlich zusammen waren. Klar, manchmal störte ich mich an den grauen Garagenwänden, Simons orangenen Sperrmüllmöbeln oder den Spinnen im Bad. Auch unsere Küche war abenteuerlich: Campingherdplatten auf einem alten Tapeziertisch, ein kleiner lauter Kühlschrank und ein rostiges Waschbecken. Nur einen Abfluss hatten wir im Wohnraum nicht. Deswegen stellten wir einen Putzeimer unter die Spüle. Jedes Mal, wenn wir das Geschirr abwuschen, mussten wir den recht unangenehm riechenden Abwassereimer zwei- oder dreimal durch das Treppenhaus in den Keller bringen und ausleeren. Das war nervig. Trotzdem hatte ich mich noch nie in meinem Leben so wohlgefühlt wie dort. Simon und ich hatten die beste Zeit unseres Lebens. Es war ein magischer Ort für uns.

Unter der Woche arbeitete Simon in einer schnell wachsenden Digitalagentur. Wenn ich nichts zu tun hatte, durfte auch ich dort ein paar kleinere Jobs erledigen. Zum Beispiel konnte ich einmal ihre komplette Website ins Englische übersetzen. Eine ziemlich große Aufgabe für mich, die bis dato kaum Deutsch sprach. Es war schön, dort mitzuhelfen, besonders weil ich ein Mensch bin, der etwas zu tun braucht. Wenn ich länger zu Hause bin, fällt mir die Decke auf den Kopf. In der Marketingagentur, umgeben von herzlichen Kreativen und ihren Ideen, fühlte ich mich wohl. Es war ein Familienunternehmen, das Simon von Anfang an mitbegleitet hat. Deshalb stand der Chef uns auch freundschaftlich nahe. Einmal sagte er lachend zu mir: »Sanna, du musst Simon wirklich von ganzem Herzen lieben.« Ich verstand nicht gleich, warum er das sagte. Aber dann ergänzte er: »Eine Schwedin, die nach wenigen Monaten ›Ja‹ zu einem Mann sagt, der in einer Garage in Deutschland wohnt und ein kleines kotzgrünes Auto fährt, das muss einfach Liebe sein.« Noch heute muss ich glücklich schmunzeln, wenn ich darüber nachdenke. Wie recht er doch hatte!

Die erste Zeit in Deutschland war für mich enorm schwierig. Natürlich hatte ich Simon an meiner Seite, und mehr noch: Ich hatte eine absolute Traumfamilie hinzugewonnen. Simons

Eltern und seine Schwester hatten mich vom ersten Tag an in ihren Kreis aufgenommen. Sie gehören zu den herzlichsten Menschen, die ich je kennenlernen durfte. Auch Simons Freunde und Bekannte waren unheimlich nette Leute. Der Umgang war ganz anders, als ich es aus Schweden kannte. Die Deutschen – und vielleicht insbesondere die Rheinländer – sind auf eine ganz andere Art offen und herzlich, als ich es aus meiner Heimat gewohnt war. Auch dort ist man höflich und freundlich, aber Unbekannten gegenüber ein wenig zurückhaltender. In Deutschland kam ich schneller und näher mit Menschen in Kontakt. Gingen wir ins Restaurant, geschah es zum Beispiel, dass vollkommen Fremde uns einen guten Appetit wünschten. Im Aufzug oder am Supermarktregal sprachen die Menschen mit mir oder machten einen Witz. Einfach so. Das war ich nicht gewohnt, und es schockierte mich teilweise geradezu. Aber auch das half mir anfangs sehr. Was alles sehr schwer gemacht hat, waren vor allem zwei Dinge: Erstens, dass ich nichts zu tun hatte, und zweitens die Sprache. Natürlich nahm mich Simon oft zu seinen Freunden mit, doch war er in der Uni, saß ich Tag um Tag in der fensterlosen Garage, die, obwohl ich sie liebte, besonders ohne meinen Herzensmenschen auch sehr trist sein konnte. Ich versuchte, viel zu unternehmen, doch fehlte mir eine Aufgabe. Hätte ich ein Studium oder einen Beruf gehabt, wäre auch ich jeden Tag in die Uni oder ins Büro gegangen, hätte ich meine eigenen Freunde kennengelernt und schneller Fuß gefasst. Obwohl ich viel unter Leuten war, musste ich feststellen: Am Ende waren es alles Simons Freunde. Simons Familie. Mir fehlte es, jemanden zu haben, der nur zu mir gehörte. Freunde, die meine Freunde waren. Ich begann, meine

Heimat und meine Familie sehr zu vermissen. Vor allem meine Mutter und meine Freundinnen.

Schließlich fing ich mit einem Fernstudium an und belegte irgendwelche Kurse, um etwas Sinnvolles zu tun. Außerdem konnte ich auf diese Weise meinen Studentenstatus behalten, der in Schweden mit staatlicher Förderung einhergeht. Auf dieses Geld konnte ich nicht verzichten. Ich schrieb mich für unterschiedliche Kurse ein, lernte zu Hause vor mich hin, musste aber feststellen, dass mich nichts wirklich packte. Waren die fehlende Aufgabe und das Vermissen schon schlimm für mich, war es vor allem die Sprache, die mir anfangs so oft ein Bein stellte, dass ich Schürfwunden sammelte wie ein kleines Kind, das gerade Skateboardfahren lernt. Doch ich versuchte, immer wieder aufzustehen. Jedes Wort, jedes kleine Verstehen war ein großer Erfolg. Aber es war ein langer Weg, bis ich Deutsch so weit beherrschte, dass ich mich zugehörig fühlte. Erst empfand ich das nicht so, denn jeder wusste: »Ach, Sanna spricht noch nicht so gut Deutsch, da sprechen wir langsam.« Doch ich liebe Sprachen, und so versuchte ich, so viel aufzuschnappen und zu lernen, wie es ging. Ich fing einfach an zu reden, erfand Wörter, wenn mir welche fehlten, und sorgte damit für einige Lacher. Schwedische und deutsche Wörter sind sich ziemlich ähnlich, also leitete ich manchmal Wörter aus dem Schwedischen ab, setzte einen deutschen Akzent drauf und fügte sie neu zusammen. Manchmal funktionierte es, manchmal überhaupt nicht. Dann blickte ich in Gesichter voller Fragezeichen. Ich glaube, manche hielten mich auch für ein bisschen verrückt, wenn ich Wörter aneinanderreihte, die gar nicht existierten. Doch auf diese Weise konnte ich ziemlich bald halbwegs gut kommunizieren. Was ich dabei nur nicht bedacht hatte: Wenn Menschen denken, du beherrschst ihre Sprache, reden sie automatisch ganz normal mit dir. Und zwar sehr schnell und umgangssprachlich. Ab diesem Zeitpunkt verstand ich oft nichts mehr.

Auch mit Englisch kam ich nicht immer weiter. Im Gegensatz zu Schweden ist Englisch in Deutschland viel weniger verbreitet. In Schweden lernen wir Englisch schon sehr früh, was unter anderem daran liegt, dass Filme nicht synchronisiert werden. Alle Filme, die nicht aus Schweden kommen, werden in Originalsprache ausgestrahlt. Wer kein Französisch, Englisch oder was auch immer spricht, liest die schwedischen Untertitel. Da extrem viele Filme auf Englisch gedreht werden, sprechen viele Schweden sehr gut Englisch. Selbst die Großeltern. Als meine Geschwister und ich noch nicht gut lesen konnten, las meine Mama uns die Untertitel vor oder übersetzte. Auf diese Weise lernten wir sehr schnell. In Deutschland aber stand ich nun da, konnte nicht auf Deutsch sagen, was ich wollte, und oft wurde auch mein Englisch nicht verstanden. Ich wusste: Wenn ich eine Arbeit finden oder einfach nur richtig in Deutschland ankommen will, muss ich die Sprache beherrschen. Doch in der Zeit bis dahin machte mir die fehlende Verständigung oft das Leben schwer. Gerade auf Partys oder in Restaurants, wo Hintergrundmusik lief und die Leute schnell miteinander sprachen, kam ich einfach nicht mit. Ich wollte einen guten Eindruck machen, wollte, dass Simons Freunde mich mochten, aber ich verstand nichts. In solchen Situationen fühlte ich mich schwach. An der Sprache hängt so viel. Wenn ich an den Reaktionen der anderen merkte, dass jemand etwas Lustiges erzählte, kicherte ich mit, obwohl ich keine Ahnung hatte, worum es ging. Manchmal dachte ich auch nur, dass ein Witz erzählt wurde und lachte pflichtschuldig, nur um dann zu merken, dass man mich irritiert anschaute. Ironie verstand ich gar nicht, was ebenfalls zu manchen Missverständnissen führte. Ich fühlte mich oft einfach nur dumm und wie ein Außenseiter.

Das mangelnde Verständnis der Sprache nagte extrem an meinem Selbstbewusstsein, das ohnehin nicht riesig war. Ständig ertappte ich mich dabei, wie ich analysierte, was die anderen wohl über mich dachten. Wie ein schwerer Knoten lag die Last in meinem Magen und schnürte mir die Kehle zu, während ich lächelte und über Witze lachte, von denen ich hoffte, dass es sich um Witze handelte. Gingen wir nach solchen Veranstaltungen nach Hause, war Simon überzeugt, dass wir einen grandiosen Abend gehabt hatten. Ich überraschte ihn dann oft damit, dass ich im Auto in Tränen ausbrach und die komplette Rückfahrt schluchzend die Sitzpolster vollweinte. Ich fühlte mich missverstanden und sah keinen Weg, wie die Leute mich so kennenlernen konnten, wie ich wirklich bin. In meinen Augen sahen sie höchstens die Schwedin, deren Humor keiner verstand, die an den falschen Stellen lachte und merkwürdige Worte sagte. Obwohl alle freundlich und nett waren, fühlte ich mich allein. Erst nach Jahren war ich in der Lage, auch bei lauter Musik und in Gruppen das meiste zu verstehen. Dass das so lange gedauert hat, lag sicherlich auch daran, dass mir eine Aufgabe und eigene Freunde fehlten. So griff alles ineinander, bedingte sich gegenseitig und sorgte für eine lange Phase, in der ich es sehr schwer hatte, mir eine eigene Identität in meiner neuen Heimat zu schaffen.

Mit diesen Schwierigkeiten kamen natürlich auch Zweifel. Wie oft fragte ich mich: War es die richtige Entscheidung gewesen auszuwandern? Wie wäre es gewesen, wenn Simon zu mir gezogen wäre? Wird es jemals besser werden? Allein in ein fremdes Land zu gehen, ist eine sehr schwierige Sache. Natürlich kommt da irgendwann die Zeit, in der die Zweifel dir schon beim Aufwachen »Guten Morgen« sagen. Aber bereut habe ich diesen Schritt trotzdem nicht einen einzigen Tag. Denn immer wenn ich zweifelte, dachte ich: Aber in Uppsala wolltest du auch nicht bleiben! Viel schwieriger zu bekämpfen waren hingegen diese anderen Zweifel, die mich ebenso hartnäckig verfolgten: Was, wenn du die Erfüllung, auf die du hoffst, nie findest? Was, wenn dieser zweite Weg, der dich von der Medizin weggebracht hat, dich gar nicht glücklich macht? Doch all das überwog nicht das große Glück, endlich mit Simon zusammen sein zu können. Und dann war da noch die bevorstehende Hochzeit, die zumindest eine Weile dafür sorgte, dass ich mich voll in eine Aufgabe stürzen konnte. Was die Vorbereitungen anging, widmete ich einer Sache besonders viel Aufmerksamkeit: der Suche nach meinem Brautkleid.

Ich hatte schon mit der Suche nach meinem Traumkleid begonnen, als ich noch in Schweden wohnte. Es stellte sich jedoch heraus, dass es gar nicht so einfach war, dieses eine Kleid zu finden, das ich mir bereits so oft vorgestellt hatte. Das Thema Brautkleid war schon immer ganz oben auf meiner Liste gewesen. Mein ganzes Leben hatte ich mich darauf gefreut. Natürlich auf die Hochzeit generell, aber vor allem war das Kleid etwas, bei dem mein Herz wie auf einem Trampolin hüpfte, wenn ich daran dachte. Vielleicht lag es auch daran, dass ich mich schon immer gern mit Kleidung und Design beschäftigt hatte, man denke nur an das Kleid von Belle aus *Die Schöne und das Biest*. Wie viele Kleider hatte ich in meinem Leben schon gezeichnet? Ich weiß es nicht. Dass ich aber mein Hochzeitskleid selbst entwerfen würde, hätte ich nie gedacht. Es war mir überhaupt nicht in den Sinn gekommen. Als aber der Moment kam, wo ich verliebt und verlobt mit der Suche begann, musste ich einsehen, dass ich nicht einfach in ein Geschäft gehen und auf ein Kleid tippen konnte. Es war schwierig. Wie bei so vielen anderen Frauen. Das wahrscheinlich größte »Problem« war, dass ich mir das perfekte Kleid schon in meinem Kopf ausgemalt hatte. Ich wusste, wie es ungefähr aussehen sollte.

Als ich mit meiner Mutter in Schweden von Brautgeschäft zu Brautgeschäft lief, musste ich feststellen, dass mein Kleid nicht dabei war. Ich probierte ein wunderschönes Kleid nach dem anderen an, aber nie war eines dabei, bei dem ich dachte: »DAS ist es!« Dabei waren die Kleider umwerfend! Und ich bin nicht so schwer zufriedenzustellen. So fand ich an fast jedem Kleid etwas, das mir gefiel. Mal war es das Oberteil, mal der Rock, mal der Stoff. An jedem Kleid gab es aber leider auch etwas, das mich störte. Oft wünschte ich mir, zwei oder drei Kleider miteinander kombinieren zu können. Von dem einen Kleid der Rock, von dem anderen die Schleppe ... das wäre meine Rettung gewesen! Aber leider ging das nicht. Die Brautmodengeschäfte boten so eine Möglichkeit nicht an, außerdem hätte ich nicht einfach Kleider von unterschiedlichen Designern auseinanderschnippeln und wieder zusammennähen können.

Und ich konnte ja nicht drei Brautkleider verbrauchen, nur um mein Traumkleid daraus zu machen! Doch war ich auch nicht bereit, mich mit einem Kompromiss zufriedenzugeben. Dazu hatte ich schon viel zu lange von diesem Tag geträumt. Ich fragte mich, warum es so schwierig war. Schließlich suchte ich nicht nach etwas komplett Unmöglichem.

Was auch mit hineinspielte, war das Thema Geld. Ich war Studentin und konnte keine Tausende von Euro nur für das Kleid ausgeben. Natürlich hatte ich etwas Geld aus meinen Nebenjobs gespart, aber alles für ein Kleid ausgeben, an dem mir etwas nicht gefiel? Das konnte und wollte ich nicht. Nach und nach wurde ich immer verzweifelter. Da kam mir die erlösende Idee: »Dann muss ich es eben selber machen!« Das war natürlich ein super Gedanke, das Problem war nur: Ich konnte nicht so gut nähen, um mit einer Korsage oder mehreren Lagen Tüll fertigzuwerden. Ich wollte ein trägerloses Brautkleid haben, also musste besonders obenrum alles richtig gut sitzen. Es wäre ja doof, wenn das Kleid langsam, aber sicher nachgeben würde und mir am Ende sonst wo hing! Fest stand: Ich traute mir das Entwerfen zu, aber nicht das Nähen.

Zum Glück hatte ich eine Freundin, die sehr gut nähen konnte. Sie war sofort Feuer und Flamme. Also setzte ich mich an den Tisch und versuchte, das Bild in meinem Kopf aufzuzeichnen, so gut es ging. Dann ging das Nähen los. Das war alles andere als leicht, und ich hätte unendlich viel Zeit und Nerven gespart, wenn ich einfach ein Kleid im Laden gekauft hätte. Aber ich hätte auch einen Kompromiss in Kauf nehmen müssen, und das gehörte bei einer einmal im Leben stattfindenden Hochzeit nicht gerade auf meinen Wunschzettel. Doch die Entwicklung des Kleides machte auch riesigen Spaß – und am Ende hatte ich tatsächlich mein Traumkleid. MEIN Kleid, genau so, wie ich es mir vorgestellt hatte. Das Glück, das meinen Körper durchströmte, als ich es zum ersten Mal anprobierte, machte jeden Nadelstich und jede investierte Stunde zur besten Entscheidung, die ich hätte treffen können.

Mein Kleid war ein trägerloser Prinzessinnentraum. Eine herzförmige Korsage mit drapiertem Tüll samt aufgestickten Spitzenapplikationen bildete das Oberteil. Der Rock – fünf Lagen Tüll! – hatte ebenfalls viele verspielte Spitzenapplikationen und schloss am Ende mit einer aufgesetzten Spitzenbordüre ab. Weil ich in einer Kirche heiratete, gehörte für mich auch eine lange Schleppe dazu. Eigentlich hatte ich einen Reißverschluss und Knöpfe geplant. Doch ich merkte, dass eine Schnürung viel mehr Halt gab. Sie hat übrigens einen super Vorteil: Wenn man gegessen hat, kann man das Oberteil ein wenig lockern – wunderbar! Als Farbe für das Kleid hatte ich Ivory gewählt. Ich glaube, um ehrlich zu sein, dass mein Kleid, würde ich heute noch einmal heiraten, etwas anders aussehen würde. Das liegt wahrscheinlich daran, dass ich täglich von zahllosen Tüllträumen umgeben bin und mich so gern kreativ austobe. Aber damals war es genau das, was ich mir wünschte. Für mich war es perfekt, und die Bilder entfachen in mir heute noch bei jedem Anblick ein paar warme Funken dieses Glücksgefühls, das mich beim ersten Tragen nicht mehr zweifeln ließ.

Wenige Wochen nachdem ich nach Deutschland gezogen war, stand dann endlich die Hochzeit vor der Tür.

Eine schwedisch-stürmische Hochzeit

Als mir Simon den Antrag machte, wusste ich zu tausend Prozent, dass ich ihn heiraten wollte. Ich musste nicht mal eine halbe Sekunde nachdenken. Mir war einfach klar: Simon ist derjenige und kein anderer! Ich war überglücklich und freute mich so sehr auf unsere Hochzeit. Von Anfang an stand fest, dass wir in Schweden heiraten würden. Das war mir sehr wichtig. Ich hatte den großen Schritt getan, nach Deutschland zu ziehen, unsere Hochzeit aber sollte in meiner Heimat stattfinden. Nicht nur weil ich nach Deutschland gekommen war, sondern auch weil ich mir immer ausgemalt hatte, in Schweden zu heiraten. So oft hatte ich mir die kleine Steinkirche vorgestellt, die auf dem Weg zu meinen Großeltern in Skåne lag. Dieser idyllische Ort, an dem schon meine Eltern sich ihr Jawort gegeben hatten. Simon war sofort einverstanden, wofür ich wirklich dankbar bin. In Schweden musste ich nicht leben, aber nicht in Schweden zu heiraten, war für mich kaum vorstellbar. Wenn ich von meiner Hochzeit träumte, sah ich nicht nur diese Steinkirche vor mir, sondern auch die weiten Felder Schwedens. Also machten wir uns auf die Suche und fanden bald den perfekten Ort: Dalby lag etwa zwanzig Minuten von Uppsala entfernt, direkt an einem malerischen See. Es war unglaublich schön dort. Schon die Fahrt führte ganz typisch schwedisch durch Wiesen, Blumenfelder und vorbei an roten Holzhäuschen mit weißen Fensterrahmen. Wir stellten uns vor, wie besonders unsere Gäste aus Deutschland die Fahrt genießen und so ein Stück von Schweden erfahren konnten, auf das ich auf eine bestimmte Art stolz war. Es war ein bisschen so, als könnte ich ihnen auf diese Weise auch mehr von mir und meiner Persönlichkeit vermitteln. Ihnen zeigen, wo ich herkam und warum ich so war, wie ich war. Dieser Ort fühlte sich richtig an. Von einer nahe gelegenen Anhöhe konnte man den See und die Kirche sehen. Gleich daneben stand eines der roten Holzhäuser, die wohl jeder mit Schweden verbindet. Dort sollte die Feier nach der Trauung stattfinden. Sowohl die Kirche als auch das rote Haus gehörten zu der Gemeinde des Ortes. Diese Gemeindehäuser werden für gewöhnlich von allen Einwohnern für Veranstaltungen genutzt. Meist kann man sie auch mieten. Genau das taten wir. In dem Haus neben der Steinkirche gab es einen großen Raum, in den hundert Gäste passten. Es gab einfache Holzstühle, eine kleine Bühne und eine Küche. Als ich den Raum betrat, kam er mir vor wie eine weiße Leinwand, die wir genau nach unseren Wünschen gestalten und mit unserem eigenen Fingerabdruck versehen konnten. Es war so, wie es sein sollte: perfekt! Vor allem passte das Ganze auch noch in unser kleines Budget. Die Nutzung der Kirche kostete nichts, und die Raummiete erreichte die wenig schwindelerregende Höhe von dreihundert Euro. Was hätten wir uns mehr wünschen können? Alles passte in unseren Traum von einer familiären Hochzeit, auf der alle Gäste Spaß hatten und den Tag genießen konnten.

Die Hochzeitsvorbereitungen machten mir wahnsinnig viel Freude. Sie waren aber auch genauso anstrengend, denn wir machten alles selbst. Und wenn ich sage alles, dann meine ich wirklich ALLES. Ganz schwedentypisch sollte es ein Buffet geben. Wenn die Schweden etwas lieben, dann Buffets. Zu jedem Anlass gibt es eines. Sie ähneln sich von den Speisen zwar sehr, haben aber je nach Feiertag den passenden Namen: Es gibt den Weihnachtstisch, den Ostertisch oder das Mittsommerbuffet. Es ist wie mit dem Henne-Ei-Problem, denn manchmal frage ich mich, was zuerst da war: die Feste oder die Liebe zu Buffets? Vielleicht haben die Schweden auch einfach lauter Feiertage erfunden, um möglichst oft Buffets anrichten zu können? Um es kurz zu machen: Buffets gehören so richtig zu unserer Kultur, und wir können kaum genug davon bekommen. Deshalb sollte es auch bei unserer Hochzeit eines geben. Es wäre sehr einfach und weniger stressig gewesen, einen Caterer anzurufen und die schwedischen Gerichte zu bestellen. Aber da hatte unser Budget natürlich etwas dagegen.

»Kriegen wir das hin, wirklich alles selber zu kochen?«, gab Simon zu bedenken.

»Klar«, ich holte Stift und Zettel, »wir brauchen nur einen guten Plan.«

Wir listeten alle typisch schwedischen Speisen auf, die bei unserem Buffet dabei sein sollten: *Köttbullar, Smörgåstårta,* frische Dill-Kartoffeln und Heringsfilet. Wir organisierten frischen Lachs, der vor Ort gegrillt werden sollte, und auch Pies und Nudelsalate durften auf keinen Fall fehlen. Unsere Gäste würden die gängigsten Gerichte Schwedens kosten können. Doch dazu mussten wir sie nicht nur festlegen und kochen. Viel schwieriger war es, die Mengen zu schätzen.

»Wie viel essen hundert Gäste?«, fragte ich Simon.

»Absolut keine Ahnung«, antwortete er.

Wir überschlugen in etwa, wie viel jeder essen würde, kauften nach Bauchgefühl ein, und ich trieb so viele Helfer auf, wie ich konnte. Wir legten fest, wer was kochte, wann was zubereitet werden musste und wo wir das alles kühlen konnten. Es war eine Riesenarbeit! Doch trotzdem machten mir die Planung und das ständige Hin und Her Spaß. Warum ich so gelassen war, kann ich mir nur so erklären: Gerade weil alles selbst gemacht und nicht perfekt war, konnte nicht so viel schiefgehen. Und selbst wenn etwas schiefgehen würde, wäre es kein Weltuntergang, eben weil alles so handgemacht war. Mitten auf der Feier zum Beispiel fragte mich mein Bruder:

»Sanna, hat jemand Milch für den Kaffee gekauft?«

Ich stutzte: »Simon, haben wir die Milch vergessen?«

Wir blickten uns um.

Da saßen unsere hundert Gäste und suchten mit ihren Kaffeelöffeln in den Händen die Tische ab. Zucker war da, aber Milch? Pustekuchen!

»Ich glaube, wir haben die Milch tatsächlich vergessen«, Simon grinste.

Anstatt in Panik zu verfallen, grinste ich mit, und wir zuckten mit den Schultern. So was passiert. Irgendwer stieg dann ins Auto, fuhr zum nächsten Supermarkt und kaufte eine Ladung Milchtüten. Damit war das Problem gelöst.

Das ist übrigens eine wichtige Erfahrung, die ich bei unserer Hochzeit gemacht habe: Eine Hochzeit wird nicht dadurch perfekt, dass alles wie am Schnürchen läuft. Perfekt wird sie durch die Liebe und den Spaß, den sie auslöst. Durch die Menschen selbst. Auch wenn wir uns im Vorfeld etwas unter Druck gesetzt hatten, damit jedes kleinste Detail stimmt, konnten wir unsere Feier trotz kleiner schiefgegangener Details damit sehr genießen. Dies lag wahrscheinlich an unserer an diesem Tag gewonnenen Passiert-halt-Einstellung. Irgendwie waren die kleinen Missgeschicke für uns gar nicht schlimm. Im Gegenteil: Aus ihnen sind die Hochzeitsanekdoten geworden, von denen wir heute noch erzählen.

Nichtsdestotrotz versuchten auch Simon und ich, alles so gut zu machen, wie wir konnten. Die ganze Vorbereitung kostete unheimlich viel Zeit und Nerven. Es war ja nicht nur das Buffet. Jede Speise brauchte ein Gefäß, jedes Gefäß einen Löffel, jeder Tisch Salz und Pfeffer, jeder Stuhl eine Schleife – da könnte ich noch drei Seiten weiter aufzählen. Und wie beim Buffet machten wir auch hier alles selbst. Wir bastelten die Tischkarten und die komplette Dekoration für den Raum. Bis tief in die Nacht saßen wir zusammen und schnitten, klebten oder dekorierten. Bei uns gab es nicht die schönste Bilderbuch-Deko, wie man sie heute auf Instagram sehen kann. Doch gerade weil sie von uns war, fanden wir sie toll. Ich glaube, unperfekt perfekter hätten wir es uns nicht wünschen können. Wir hatten das Beste aus dem gemacht, was wir zur Verfügung hatten: etwa siebentausend Euro plus die tatkräftige Hilfe von Familie und Freunden. So schafften wir es, tatsächlich alles davon zu bezahlen: Raummiete, Hochzeitskleid, Anzug, Essen, Deko, Musik, Fotos und eine kleine Hochzeitsreise. Im Vergleich dazu, was Hochzeiten heute kosten können, ist das schon sehr wenig.

Unseren Hochzeitstag begann ich als absolutes Nervenbündel. Oh Gott, war ich aufgeregt! Gleich morgens war ich mit meiner Mama beim Friseur, wo ich mir eine Hochsteckfrisur machen ließ. Danach fuhren wir in die wunderschöne und lichtdurchflutete Wohnung meines Bruders, wo meine Freundinnen schon auf uns warteten. Doch als wir dort ankamen, war von

»lichtdurchflutet« überhaupt nichts zu sehen. Es regnete! Ich weiß noch, dass ich es zwar registrierte, aber viel zu viel im Kopf hatte, um etwas zu denken wie: »Es regnet. Jetzt wird auch der ganze Tag schlecht.« Weil ich so durch den Wind war, dachte ich nur: »Gut, kann man nicht ändern, ist jetzt so.« Das besagte Schulterzucken funktionierte schon mal. Vermutlich waren es die vielen Eindrücke und diese unendlich große Nervosität, gegen die so ein bisschen Regen nichts ausrichten konnte. Deshalb war es richtig gut, dass wir den ganzen Vormittag eingeplant hatten, um uns fertig zu machen. Mit meinen lachenden und herumschwirrenden Freundinnen und meiner Mama konnte ich mich etwas entspannen. Ich war zwar nach wie vor nervös, aber ich lachte sehr viel. Als es so weit war, das Brautkleid anzuziehen, wurden wir noch mal richtig aufgeregt. Ich schlüpfte hinein, und meine Mutter kümmerte sich um die Schnürung. Ich fand es schön, dass sie die letzten Handgriffe an meinem Kleid übernahm. Es war ein unglaublich emotionaler Moment. Als sie fertig war, drehte ich mich zum Spiegel. Meine Freundinnen, meine Mama und ich schauten mich in diesem fantastischen Traumkleid an. Ich hätte nicht glücklicher sein können. Schon standen uns allen die Tränen in den Augen – da bekam ich plötzlich keine Luft mehr. Ich keuchte. Mein Herz fing an zu rasen, und ich hatte das Gefühl, nicht mehr einatmen zu können. »Du musst mich hier rausholen. Bitte! Schnell! Ich kann nicht!«, sagte ich zu meiner Mutter, die sofort damit begann, die Schnürung wieder zu lösen. Meine Freundinnen halfen, so gut sie konnten, und sprachen mir beruhigend zu. Ich wusste nicht, was los war. Doch zumachen wollte ich das Kleid erst mal nicht mehr. Mein Herz klopfte schon bei dem

Gedanken daran. Also musste ich in einem offenen Kleid zur Kirche fahren. Erst als ich aus dem Haus trat und die Sonne beruhigend warm auf meinem Gesicht spürte, bemerkte ich, dass es aufgehört hatte zu regnen. Nicht ein einziges Mal hatte ich an diesem Vormittag aus dem Fenster geschaut. Ich schloss die Augen, lächelte, und mein Puls beruhigte sich.

Wie es sich für eine Braut gehört, kam ich zu spät zur Kirche. Für Simon waren es sicherlich recht lange Minuten, die ich ihn am Altar warten ließ. Der Arme! Als wir vor dem weißen Steingebäude hielten, dauerte es noch weitere Minuten, da erst noch das Kleid geschnürt werden musste. Das stand ja immer noch offen! Als das erledigt war, umarmte ich den Priester zur Begrüßung. Alle sahen mich nervös an, weil Simon und die Gäste schon so lange warteten, doch ich drehte mich um und eröffnete: »Ähm ... ich müsste noch mal Pipi!«

»Auf gar keinen Fall!«, kam es von allen Seiten. Der Priester, meine Mama und meine Freundinnen schüttelten die Köpfe. »Du hast keine Zeit, du musst da jetzt rein!« Ich konnte also vor diesem so aufregenden Moment nicht mal mehr auf Toilette. Die jahrhundertealte Kirchenpforte öffnete sich, und mein Vater hielt mir seinen Arm entgegen.

Manchmal werden Bräute gefragt, was für sie der schönste Moment auf ihrer Hochzeit war. Viele denken dann bestimmt an das Jawort oder den Eröffnungstanz. Natürlich sind alle diese Momente die »besten Momente«. Den Zukünftigen zu sehen, wie er dasteht, all die Menschen, die man liebt und die sich so unglaublich freuen. Bei mir gab es aber auch diesen einen besonders besonderen Moment zwischen all den einzigartigen

Augenblicken. Auch jetzt bekomme ich noch Gänsehaut, wenn ich daran denke. Und zwar ist es bei mir der Moment der Stille, wenn die Kirchenglocken einsetzen. Plötzlich hören alle Gespräche auf, werden zu einem Raunen, dann zu einem leisen Flüstern, und schließlich gibt es nur noch erwartungsvolle Ruhe. Die Glocken dröhnen in die Kirche und über das Land, sodass alle Menschen wissen: Hier wird geheiratet. Hier wird der Bund fürs Leben geschlossen, bei dem zwei Menschen, die sich lieben, sagen: Ja, du bist es, und niemand anderes! Dort am Arm meines Vaters zu stehen, die Kirchenglocken zu hören und die Erwartung aller fast greifbar spüren zu können, war DER Moment für mich. Dann spielte eine Freundin die ersten Töne von Yirumas *The river flows in you* auf dem Piano. Und es ging los.

Ein bisschen hatte ich mich vor dem Moment gefürchtet, in dem ich mit meinem Vater den Kirchgang entlanglaufen würde. Schon im Vorfeld hatte ich, wie vermutlich jede Braut, die ein Prinzessinnenkleid mit viel Tüll trägt, einfach Angst zu stolpern. Deshalb hatten mein Papa und ich geübt, damit wir beim Laufen nicht auf mein Kleid treten. Das hatte ganz gut geklappt, bis ich zwei Tage vor der Hochzeit das erste Mal so wirklich in die Kirche hineingegangen war. Vorher war bei dem ganzen Stress kaum Zeit dafür geblieben – und so fiel mir jetzt erst auf, dass in der Kirche ein langer Teppichläufer lag. Ein Teppichläufer! Das ist der Albtraum für jedes bodenlange Hochzeitskleid. Der Tüll verhakt sich mit den Teppichflusen und bleibt regelrecht kleben. Stolpern ist quasi vorprogrammiert. Das ganze Üben mit meinem Papa war für die Katz gewesen – so würde das definitiv nichts werden. Ich würde mein Kleid vorn etwas anheben müssen, um den Weg gehen zu können. Doch da ein Arm bei meinem Papa eingehakt sein und ich mit der anderen Hand meinen Blumenstrauß halten würde, bräuchte ich wenigstens ein oder zwei weitere Hände. Wer rechnet schon mit einem Läufer in einer alten Steinkirche? Panisch rannte ich zu meinen Eltern und erzählte ihnen von dem Teppich.

»Was mache ich jetzt?«, fragte ich sie.

»Können wir den Teppich nicht einrollen und beiseitelegen?«, schlug mein Papa vor.

»Nein, der ist fest verankert, er lässt sich kein Stück bewegen«. Ich war geschockt.

»Dann müssen wir dein Kleid kürzen«, sagte Mama und ließ sich nicht aus der Ruhe bringen.

Also begannen wir zwei Tage vor der Hochzeit damit, mein Kleid zu ändern. Das war nicht allzu schlimm, da es eh ein paar Millimeter zu lang gewesen war. Aber es war zusätzliche Arbeit, mit der ich nicht gerechnet hatte.

Am Ende haben wir alles hinbekommen. Als mein Vater mich den Gang entlangführte, stolperten wir nicht ein einziges Mal. Die ganze Situation war einfach überwältigend, aber wunderwunderschön. So lange hatte ich auf diesen Moment gewartet, ihn mir ausgemalt - und jetzt war es so weit! Die Zeremonie zog an mir vorüber wie im Traum. Alles, was ich sehen konnte, war Simon, der mich genauso anstrahlte wie ich ihn. Hinter mir in den Reihen spürte ich die Anwesenheit unserer Familien und unserer Freunde aus beiden Ländern. Ich hörte eine unserer engsten Freundinnen unglaublich ergreifend singen. Und ich spürte die Liebe um uns herum so deutlich, dass ich niemals in Worte fassen könnte, was mir diese Momente in der Steinkirche bedeuteten.

Nach der Trauung versammelten wir uns draußen bei schönstem Wetter. Es war großartig, nur sehr windig. Als wir die Hochzeitsfotos machten, wäre ich fast wie Mary Poppins davongeflogen. Am Ende war meine Frisur hinüber, der Schleier nur noch da, weil ich ihn festgehalten hatte, aber dafür hatten wir tolle und witzige Bilder im Kasten. Wir hatten auf der ganzen Feier einen unglaublichen Spaß. Meine Brautjungfern und Simons Trauzeuge kümmerten sich um alles. Wir konnten komplett loslassen. So viele Gäste hielten Reden. Auch Simon gab eine zum Besten, die ich deshalb so besonders fand, weil er extra für meine Oma einen Teil auf Schwedisch vortrug. Das war für die komplette Familie ein wunderschöner und emotionaler Moment. Simons Kollegen aus Deutschland hatten ein Video über ihn gemacht, und meine Freunde trugen mein bisheriges Leben als großartig choreografierten Tanz vor. Es steckte so viel Kreativität und Liebe in diesen Dingen, das war wirklich unglaublich.

Der ganze Tag hätte nicht besser laufen können. Weil Mittsommer war, wurde es nicht richtig dunkel, was für eine unglaubliche Stimmung sorgte. Alle tanzten wild die Nacht hindurch bis um fünf Uhr morgens. Witzig ist, dass ich im Rückblick einerseits finde, dass alles wahnsinnig schnell vorbeiging, es gleichzeitig aber auch der bisher längste Tag meines Lebens gewesen war. Wahrscheinlich ist das so, da man eine Trillion Eindrücke aufnimmt, die man erst mal verarbeiten muss.

Die Feier hallte noch eine ganze Weile in unseren Köpfen und Herzen nach. Es war eines dieser Once-in-a-Lifetime-Erlebnisse, von denen man hofft, dass man sie wirklich erleben wird. Wo allein die Erinnerung dafür sorgt, dass Glücksgefühle durch den Körper strömen, bis man glaubt, man müsse zerspringen. Ich weiß deshalb genau, was das Erste sein wird, das ich machen werde, wenn meine Enkel mich irgendwann fragen: »Omi, wie haben du und Opi geheiratet?« Ich werde die Augen schließen und lächeln. Weil ich nicht anders kann. Jetzt nicht und auch noch in Jahrzehnten nicht. Dann werde ich sagen: »Wenn ihr wüsstet! Wir hatten an alles gedacht, nur die Milch für den Kaffee, die hatten wir vergessen.« Wie gesagt: Die kleinen Missgeschicke können zu den schönsten Anekdoten werden. Es ist alles nur eine Frage des Blickwinkels.

Noch mal richtig aufregend wurde es, als die Hochzeitsfotos fertig waren. Begeistert und lachend schauten Simon und ich alle durch. Sie waren ein Traum. Auf den Fotos waren so viele kleine Momente und Gesten eingefangen, dass sie den Tag wieder heraufbeschworen. Die Draußen-Fotos bekamen den inoffiziellen Titel: »Simon und Sanna – vom Winde verweht!« Aber ich schwöre: Wenn die Hochzeit noch mal genauso stattfinden würde, nur ohne Wind, dann würde ich eine Windmaschine aufstellen, nur um diese Fotos zu bekommen! Gerade der Wind, unsere zerzausten Haare und mein wehender Schleier machen die Fotos so lebendig, dass man denken könnte, die kleine Sanna und der kleine Simon in den Bildern fangen gleich an, sich zu bewegen.

Einige der Bilder luden wir bei Facebook hoch. Ich hatte zwar mit Social Media noch immer wenig am Hut, aber es machte Spaß, auch Freunde und Bekannte an unserer Hochzeit teilhaben zu lassen, die nicht dabei gewesen waren. Natürlich waren wir auch ein bisschen stolz. Sofort regnete es

Glückwünsche. Doch dann kamen auch Rückmeldungen, mit denen ich gar nicht gerechnet hatte. Freundinnen schrieben, wie schön sie mein Kleid finden. Dann fragten manche, wo ich das Kleid gekauft hätte und dass sie sich ein ähnliches wünschten. Die gleichen Nachrichten kamen schließlich auch von den Freundinnen unserer Freunde. Und dann sogar von völlig Unbekannten. Mein selbst entworfenes Brautkleid fand immer mehr Anklang. Ich bekam Nachrichten, ob ich helfen könne, damit diese oder jene Braut auch so ein Kleid fände. Doch alles, was ich tun konnte, war, mich für diese unglaublich lieben Nachrichten zu bedanken. Ich konnte keine Geschäfte empfehlen, denn dort hatte ich solch ein Kleid ja auch nicht gefunden. Ich konnte aber auch nicht sagen: »Schick mir deine Maße, ich nähe es für dich.« Ich hatte das nur einmal gemacht – und auch das hatte ich nur mithilfe meiner Freundin geschafft. Ohne sie wäre mein Traumkleid vor allem eines geblieben: ein Traum. Ich freute mich riesig, und es machte mich unglaublich glücklich, diese Nachrichten zu bekommen. Ich hatte mich an dem Tag pudelwohl in meiner Haut gefühlt und war gerührt, dass man das auf den Fotos auch sah. Gleichzeitig war ich aber auch erstaunt, denn ich hätte nie damit gerechnet, dass andere erkennen würden, dass das Kleid ein bisschen »anders« ist. Dass es so ein Kleid eigentlich nicht gab. Ich war auch auf eine gewisse Art stolz, dass anderen gefiel, was ich designt hatte. Doch auf die Idee, Designerin für Brautmode zu werden, kam ich auch zu dieser Zeit noch nicht. Ich saß einfach vor meinem Laptop, und wenn Nachrichten kamen, zeigte ich sie Simon oder umgekehrt – und wir freuten uns wie kleine Kinder.

Als sich immer mehr Zeit zwischen uns und die Hochzeit schob, wurde die Resonanz auf Facebook weniger, und der Alltag kehrte nach und nach zurück. Simon ging wieder zur Arbeit und ich ... ja, ich tat nichts. An die Stelle, die so lange mit Hochzeitsvorbereitungen ausgefüllt war, trat eine Leere, die ich nicht zu füllen wusste. Und dann war sie wieder da, meine gute Bekannte, die fehlende Perspektive. Sie kroch meinen Nacken hoch, klammerte sich an jeden meiner Gedanken, machte mich unruhig und sorgte für eine Niedergeschlagenheit, die mir nach den glücklichsten Tagen meines bisherigen Lebens noch viel drückender und düsterer vorkam als zuvor. Noch immer hatte ich keine Idee, was ich mit meinem Leben anfangen sollte. Noch immer sprach ich nicht gut genug Deutsch, um mich zugehörig zu fühlen. Und noch immer hatte ich nicht den Anschluss gefunden, nach dem ich mich sehnte. Die Abwesenheit meiner Familie und Freunde wurde wieder so greifbar, dass es schmerzte. Und eines Tages wurde mit einem Schlag alles in mir dunkel. Im folgenden Kapitel beschreibe ich eine Zeit, in der es mir sehr schlecht ging und ich mit Depressionen sowie Suizidgedanken zu kämpfen hatte. Es ist mir wichtig, niemanden damit zu belasten. Vielmehr möchte ich Menschen stärken, die ebenfalls schwere Lebensphasen durchlebt haben oder durchleben. Ich hoffe, dass sich Betroffene, die an psychischen Erkrankungen leiden, in meinem Text wiederfinden und ich ihnen zumindest ein Stück weit helfen kann.

Überleben

Ich liege auf dem Boden unseres Badezimmers. Meine linke Wange berührt die kalten Fliesen, aber ich spüre nichts. Tränen laufen über mein Gesicht. Ich sehe, wie sie von meinem Nasenrücken auf die Fliesen tropfen. In mir ist alles leer. Ich denke nichts. Was ist besser: der rasende Schmerz, der seit dem Morgen in meinem Inneren tobte, oder die dumpfe Kälte, die jetzt so laut in mir schweigt?

Kaum denke ich an den Schmerz, höre ich meinen Herzschlag in den Ohren. Er wird immer lauter. Ich bekomme Angst. Ein Schauer jagt meinen Rücken herunter. Ich kann nicht atmen. Ich kriege keine Luft. Ich schreie.

Das Telefon klingelt.

Ich bewege mich nicht.

Es klingelt weiter.

Ich blicke auf.

Mein Handy liegt neben der Toilette.

Ich strecke den Arm aus und weine.

»Simon?«

»Sanni, wie geht es dir?«

»Simon, ich kann nicht mehr. Ich will nicht mehr. Hilf mir.«

»Ich bin sofort da. Ich fahre jetzt los und bleibe die ganze Zeit am Hörer. Atme. Sanna, atme. Sanni, tu dir nichts an, versprich es mir. Hörst du mich?«

»Ja.«

Stille.

»Simon, ich kann nicht mehr.«

Im Winter 2014 wurde bei mir eine schwere Depression diagnostiziert. Schon in den Wochen und Monaten nach unserer Hochzeit war es mir schlechter und schlechter gegangen. Ich kann mich an vieles, was nach unserer Hochzeit passierte, nur schwer im Detail erinnern. Das meiste liegt unter einer Art Schleier. Wenn ich versuche, mir bestimmte Ereignisse vor Augen zu führen, dann sehe ich manches haargenau vor mir, vieles aber steckt in einem dichten Nebel. Ich habe auch Schwierigkeiten damit, Ereignisse zeitlich einzuordnen. Aber ich versuche, alles so chronologisch wie möglich aufzuschreiben.

Im Grunde war es mir schon viele Jahre schlecht gegangen. Das kann ich im Nachhinein sehen. Dass meine Psyche kränker und kränker wurde, bemerkte ich nicht. Ich funktionierte einfach vor mich hin. Es traf mich deshalb völlig unvermittelt, als ich eines Tages nicht mehr aufstehen konnte. Die ganze Aufregung der Hochzeit war vorbei, und wir waren in eine neue Wohnung gezogen. Ich hatte plötzlich Zeit, um durchzuatmen. Erst da fiel mir auf, dass ich nicht mehr richtig atmen konnte. Es war, als hätte mich eine Eisenklammer in ihren Krallen, die sich bleischwer um meinen Körper legte. Ich war immer müde, nie ausgeschlafen. Egal wie lange ich im Bett gelegen hatte. Mein innerer Antrieb war weg. Nach einigen Wochen kam ich nicht mehr nur morgens schwer aus dem Bett, sondern gar nicht mehr. Simon rief um 18 Uhr an, um mir zu sagen, dass er nach Hause kommen würde – da lag ich immer noch im Bett. Ich fühlte mich faul, konnte aber nichts dagegen tun. Ich war doch gesund, also was zur Hölle war los mit mir? Simon bekam nicht richtig mit, dass ich die meiste Zeit des Tages im Bett verbrachte. Ich schämte mich ihm gegenüber, weil er jeden Tag zur Arbeit ging. Meist war der einzige Grund aufzustehen die Aussicht, dass Simon gleich nach Hause kam. Er sollte mich nicht so sehen.

Natürlich merkte er, dass irgendetwas nicht stimmte. Aber es war ja auch klar, dass ich nicht himmelhoch jauchzend durch die Gegend lief. Nach wie vor hatte ich keine berufliche Perspektive gefunden und war in Deutschland nicht so richtig angekommen. Wir beide schoben meine Schwermut hauptsächlich auf diese Themen. Würden wir hier Lösungen finden, würde es mir sicher auch wieder besser gehen. Die Sanna-Pflanze ließ ein bisschen den Kopf hängen, doch bald würde eine Gießkanne mit Wasser kommen und sie wieder aufpäppeln. Wir merkten gar nicht, dass ich kurz davor war, zu vertrocknen.

An einem Wochenende lagen Simon und ich morgens im Bett. Objektiv betrachtet, war es ein phänomenal schöner Morgen. Die Sonne schien durch die Fenster herein. Als das Telefon klingelte, sprang Simon gut gelaunt aus dem Bett und ging ins Wohnzimmer. Ich hörte, wie er dort abnahm und fröhlich in den Apparat sprach. Währenddessen blieb ich liegen und spürte, wie die Leere in mir wuchs. Ich sah die Sonne, aber sie erreichte mich nicht. Sie störte mich sogar. Ich hörte Simons Fröhlichkeit, aber ich konnte sie nicht nachvollziehen. Die Sonne und das Lachen, beides versuchte, mich anzustupsen und aufzuheitern. Doch erfolglos. Sie verstärkten das furchtbare Gefühl in mir nur noch. »Phil hat angerufen, er hat Lust, im Park Minigolf zu spielen. Da sind wir dabei, oder?« Simon schlüpfte in ein T-Shirt und ging pfeifend in die Küche. Ich hatte gar nicht geantwortet, mich nicht einmal bewegt. Jetzt rollte ich mich langsam aus dem Bett und setzte mich auf. Ich fühlte mich so schwer. Wie mit Zement gefüllt. Ich stand auf und ging Simon hinterher in die Küche. »Ihr habt sowieso keine Chance, ich sag's gleich. Ich bin in Topform!« Simon holte mit einem imaginären Golfschläger aus und warf sich in Pose. Statt in sein Lachen einzustimmen, wurde mein Mund trocken. Ein Kloß bildete sich so schnell in meinem Hals, dass ich Schwierigkeiten hatte, einzuatmen. Mein Herz begann zu rasen, mir war kalt, und ich schwitzte. Alles drehte sich. »Ich kann kein Minigolf spielen gehen«, war alles, was ich dachte. »Ich kann nicht. Ich kann nicht.« Mir war schwindelig, ich verlor den Halt und brach zusammen. Wellen von Panik schlugen über meinem Körper zusammen. Es ist unmöglich, in Worte zu fassen, wie grausam sich eine schwere Panikattacke anfühlt. Es war, als würde ich sterben. Und das nur, weil jemand an einem sonnigen Tag mit uns Minigolf spielen wollte.

Ich hatte schon vorher Panikattacken erlebt. Dies aber war die schwerste, die ich je gehabt hatte. Sie kam aus dem Nichts. Simon war völlig geschockt und hilflos. So hatte er mich noch nie gesehen. Nachdem er mich in den Armen gehalten und ich mich ein wenig beruhigt hatte, übernahm er das Ruder: »Du musst einen Termin beim Arzt machen.« Ich nickte und war gleichzeitig erleichtert, dass er jetzt endlich wusste, wie schlecht es mir ging. Wie schlecht es mir wirklich in den letzten Monaten gegangen war. Simon sah den Ernst der Lage und rief gleich am folgenden Tag die Hausärztin an, die seine ganze Familie schon seit Jahren betreut. Ich konnte deshalb den letzten Termin noch am selben Abend kommen. Als ich bei der Ärztin im Sprechzimmer saß, wusste ich erst nicht, was ich sagen sollte. Ich hatte Hemmungen, in meinem schlechten Deutsch zu erklären, was los war. Aus Angst, die falschen oder unverständliche Worte zu benutzen. Doch die Ärztin war so verständnisvoll und freundlich, dass bald alles aus mir herausbrach. Ich weinte und weinte – und öffnete mich komplett. Ich erzählte von den letzten Jahren, von meinem kritischen Selbstbild, meinen Komplexen, dem ständigen Druck, den ich spürte, den Versagensängsten, der Furcht, nicht zu genügen, der Perspektivlosigkeit und der Leere, die mehr und mehr von mir Besitz ergriffen hatte. Es war das erste Mal, dass ich mich traute, mit einem Außenstehenden über all das zu sprechen. Fast zwei Stunden saß ich bei ihr. Sie hatte längst Feierabend, doch sie gab mir zu verstehen, dass ihr das völlig egal war. Ich fühlte mich sicher, auch wenn sie zunächst fast gar nichts sagte und mich einfach reden ließ. Sie strahlte eine große Kompetenz und tiefe Empathie aus. Meine Verzweiflung griff danach wie ein Ertrinkender nach einem Rettungsring. Als ich alles erzählt hatte und mich fühlte wie ein ausgewrungener Putzlappen, wollte ich am liebsten rufen: »Bitte, machen Sie mich heil! Bringen Sie das in Ordnung. Irgendwie. Jetzt.« Doch alles, was noch aus mir herauskam, waren Tränen, die unablässig meine Wangen herunterliefen. Meine Augen taten so weh. Alles tat weh. Die Ärztin blickte mich an und sprach mit einer ganz ruhigen Stimme: »Sanna, ich glaube nicht, dass Sie einfach nur antriebslos oder faul sind. Ich glaube, dass Sie krank sind. Sehr krank. Sie müssen eine Therapie machen. Ich glaube auch, dass Sie dafür in eine Klinik gehen sollten. Und zwar sofort. Ich bin kein Psychiater, deshalb möchte ich das abgeklärt wissen, aber ich vermute, dass Sie an einer schweren Depression leiden.« Ihre Worte trafen mich wie ein Schlag ins Gesicht. Trotzdem empfand ich sie als positiv. Ich hatte mit allem gerechnet. Nur damit nicht. Ich war bereits als Teenager schon einmal bei einer Therapeutin gewesen. Dort hatte ich dann so etwas gehört wie: »Ach, für junge Menschen ist ein bisschen Schwermut ganz normal. Besonders bei Mädchen. Das gehört zum Erwachsenwerden dazu.« Tief in mir drin hatte ich mit einer Antwort von etwa diesem Kaliber gerechnet. Doch es war etwas viel Größeres.

Auf der Fahrt nach Hause drehte ich die zwei Wörter »schwere Depression« in meinem Kopf wie besonders schöne Murmeln, die man immer wieder anschauen muss. Ich hielt sie gegen das Licht, schaute durch sie hindurch, ließ sie gegeneinander klacken und befühlte sie. Es hört sich merkwürdig an, aber besonders dankbar war ich für das Wort »schwer«. Es gefiel mir. Es war wie meine Superpower gegen einen Teil meines Gehirns. Mein eigenes Kryptonit, das ich gegen einen bestimmten Teil meiner selbst einsetzen konnte. Es war wichtig gewesen, dass sie nicht »nur« von einer Depression gesprochen hatte. Denn im Nullkommanichts hätte mein Verstand daraus Folgendes gemacht: »Jetzt hast du die Ärztin so ausgetrickst mit deinem Schauspiel, dass sie tatsächlich denkt, du wärst depressiv. Dabei bist du einfach nur faul und suchst eine Ausrede, im Bett zu bleiben.« Als diese Gedanken aufkamen, diese ewigen selbstkritischen Gedanken, die mir seit meiner Jugend einredeten, nicht genug zu sein, war ich in der Lage, sie abzuschmettern.

Nur wegen dieses kleinen Wortes. Denn eines wusste ich ganz sicher: Nie im Leben hätte ich eine kompetente Ärztin so sehr austricksen können, dass sie von einer »schweren« Depression sprechen würde, wenn gar keine vorhanden war. Indem sie dieses eine Wort benutzte, gab sie mir die Möglichkeit zu akzeptieren, dass ich wirklich krank war. Dass ich Hilfe brauchte. Und noch wichtiger: dass ich Hilfe annehmen durfte.

Dieser erste Arztbesuch markierte für mich einen Wendepunkt. Es ging mir keinen Deut besser, aber ich konnte akzeptieren, dass ich eine Krankheit hatte. Akzeptanz ist bei psychischen Krankheiten ein erster zwingend notwendiger Schritt, um irgendwann gesund zu werden. Zu Hause zeigte ich Simon eine sehr lange Liste, welche die liebevolle Ärztin, Frau Dr. Kuhrke, mir mitgegeben hatte. Auf ihr standen unzählige Psychiater und Therapeuten sowie die Kontaktdaten einer Klinik. Am nächsten Morgen setzte sich Simon neben mich und rief bei der Klinik an.

Es ist ein mittlerweile auch in den Medien viel besprochenes Thema, wie schwierig es ist, einen Therapieplatz zu bekommen. Auch ich sah mich mit diesem Problem konfrontiert. Es ist merkwürdig zu sagen, dass ich »Glück« hatte, ziemlich schnell in der Klinik angenommen worden zu sein. Der Grund war die Schwere meiner Depression, vor allem aber auch meine übermächtigen suizidalen Gedanken. Die Tatsache, dass ich nicht mehr leben wollte, mich nach dem Tod sehnte, sorgte dafür, dass ich schnell einen Platz bekam. Hier von »Glück« zu sprechen, klingt wie Galgenhumor. Dennoch gehörte wohl auch etwas Glück dazu, wenn man bedenkt, wie viele Menschen sehr lange auf einen Therapieplatz warten müssen, selbst wenn sie nur noch einen Schritt vor dem Abgrund stehen.

Ich weine fast jeden Tag. Ich weine, obwohl ich nicht traurig bin. Da ist nichts mehr. Ich denke an alles, was es im Leben gibt, und eine endlose Leere erfüllt meinen ganzen Körper. Es gibt keinen Grund mehr für mich, morgens aufzustehen. Ich habe nie so lange geschlafen wie jetzt. Gestern bin ich erst um vier aufgestanden. Dass ich es im letzten Frühling geschafft habe, um sieben Uhr aufzustehen, um laufen zu gehen, scheint mir jetzt unmöglich. Woher hatte ich diese Energie? Heute habe ich das Gefühl, dass ich nichts mehr tun kann. Schon das Atmen fällt mir schwer. Die Sonne scheint, doch alles, was ich sehe, ist Dunkelheit. Ich weiß nicht, was ich tun kann, um dem zu entfliehen. Der Schmerz ist zu stark, und ich brauche Hilfe. Ich möchte das Leben wieder genießen können. Ich möchte Freude fühlen können. Mit Neugier in den Tag starten und mich fragen, was er wohl bringen wird. Ich kann nicht mehr mit dir darüber reden. Ich habe es zu oft gemacht, und ich habe Angst, dass du es nicht mehr aushalten kannst. Ich könnte es verstehen. Das ist das Schlimmste: das Gefühl, nicht genug zu sein für dich. Das Gefühl, dich fernzuhalten von all dem Schönen im Leben. Das Gefühl, deine Liebe nicht wert zu sein. Es ist furchtbar. Und es macht das alles noch schlimmer.

Auszug aus meinem Tagebuch

Es war die Hölle für mich, von da an jeden Morgen früh aufzustehen, um in die Klinik zu fahren. Der Weg dauerte eine halbe Stunde. Ich hätte auch stationär aufgenommen werden können, aber es lag außerhalb meiner Vorstellungskraft, weg von Simon zu sein. Also fuhr ich jeden Morgen zur Klinik und jeden Abend wieder nach Hause. Ich war insgesamt sechs Wochen dort und nach einer Pause noch einmal vier Wochen. Es ist sehr schwer zu beschreiben, wie ich diese Zeit wahrgenommen habe. Noch immer ist alles sehr verschwommen. Vielleicht weil ich mich endlich fallen lassen konnte. Ich habe mir zum ersten Mal in meinem Leben erlaubt, nicht perfekt zu sein. Das dachte ich jedenfalls, denn viel später erzählte mir Simon einmal, dass es Schwierigkeiten bei meiner Behandlung gegeben hatte. Der Chefärztin hatte ihm gesagt, dass ich auch während der Therapie noch versuchte, die perfekte Patientin zu sein. Als gäbe es für jeden Kliniktag eine Note. Oder besonders richtige Antworten auf die Fragen der Therapeuten. Wenn dem so war, so merkte ich davon nichts. So tief steckte dieses Verhaltensmuster in mir drin. In meiner Erinnerung war ich einfach nur müde, leer, ängstlich und verzweifelt. Die Umgebung der Klinik bot auf eine gewisse Weise eine Erleichterung, da ich plötzlich von Menschen umgeben war, denen es ähnlich ging. Man könnte denken, dass das noch mehr runterzieht. Aber das ist nicht so. Es herrschte ein gegenseitiges Verständnis und ein unausgesprochener Respekt für das Leid der anderen. Man wurde in Ruhe gelassen. Selbst wenn man den ganzen Tag in einer Ecke saß und weinte, schaute niemand einen schräg an. Es erleichterte mich, weil ich mich nicht ständig fragen musste, was die anderen wohl von mir denken könnten. So wie ich es normalerweise fast immer tat. Zumindest war es anfangs so.

Die Ärzte, Therapeuten und Patienten waren ausnahmslos sehr nett. Besonders zwei Mädels wurden in dieser Zeit zu Freundinnen. Wir verstanden uns, ohne viel zu reden. Wir gingen spazieren und wurden füreinander wichtige Personen. Auf jeden Fall wurden sie für mich neben Simon und meiner Familie die für diesen Abschnitt wichtigsten Menschen in meinem

Leben. Bis heute stehen wir in Kontakt. Es war wichtig für mich, Halt zu bekommen und mit Menschen zusammen zu sein, die mich verstanden. Auch wenn ich von Simons Hausärztin mein Kryptonit bekommen hatte, kämpfte ich die ganze Klinikzeit über – und auch noch lange danach – gegen den Teil von mir, der behauptete, ich würde das alles nur spielen. »Du bist doch nur faul, gib es doch zu! Fang endlich wieder an, dich zu pushen!«, murmelte eine Stimme in meinem Kopf. Sie war anstrengend und belastete mich sehr.

Ich möchte so gern gesund werden. Oft wünschte ich mir, dass ich den psychischen gegen einen physischen Schmerz eintauschen könnte. Ich würde mir sofort beide Beine brechen, wenn ich dafür nicht erleben müsste, was ich jetzt erleben muss. Diesen Schmerz könnte ich dann zumindest »anfassen«. Ich wüsste, warum es mir wehtut. Ich könnte es ertragen, denn ich wüsste, dass die Brüche wieder heilen würden. Menschen würden mich im Krankenhaus besuchen, mir Blumen bringen und sagen, dass alles gut wird. Und das würde es auch.

Doch der psychische Schmerz ist versteckt. Keiner weiß wirklich, wie es dir geht. Keiner kennt die Dunkelheit, die in dir eingezogen ist. Ein paar versuchen, es zu verstehen. Die, die dir am nächsten stehen. Die dich lieben. Aber nach einer Weile willst du auch nicht mehr, dass sie es wissen. Wegen der Schuldgefühle. Weil du so fühlst, wie du fühlst. Es tut dir so furchtbar leid, dass du es nicht richtig erklären kannst. Eine Weile versuchst du, das Leid und den Schmerz, die in dir stecken, zu beschreiben. Aber es geht nicht. Es gibt keine Worte dafür.

Auszug aus meinem Tagebuch

Ich weiß noch, wie sehr ich mir immerzu gewünscht habe, eine »sichtbare« Krankheit zu haben. Dass der Schmerz, der unsichtbar in meinem Kopf existierte, irgendwie auf einen anderen Körperteil gebeamt werden könnte. Dagegen gäbe es dann Pflaster, Verbände, Nähte, Tabletten, Salben, Operationen. Aber gegen diesen geistigen Schmerz – was kann man da schon tun? Psychische Schmerzen sind das absolute Grauen. Das Einzige, was mich davon abhielt, mir wirklich wehzutun, war der Gedanke an meine Familie. Wie sehr sie sich um mich sorgen würden, wenn sie das mitbekämen. Doch der Schmerz in meinem Kopf war so unerträglich, dass ich ständig darüber fantasierte, ihn mit einem anderen Schmerz zu unterdrücken. Wie wenn man sich den Fuß stößt und unbewusst die Fingernägel in den Arm gräbt, um den Schmerz im Fuß zu lindern. Nur eben in viel größerem Ausmaß. Das hat auch etwas mit Kontrolle zu tun. Man möchte den inneren Schmerz, über den man keine Gewalt hat, zu einem äußerlichen machen, auf den man zumindest etwas Einfluss nehmen kann. Und wenn es nur mit Kühlpads ist.

Oft sagen Menschen, dass das Leben viel zu kurz sei. Ich habe diesen Satz nie richtig verstanden. Was haben die Leute, die so etwas sagen können, entdeckt, das ich komplett verpasst habe? Für mich ist jeder Tag ein Kampf. Ich bin so erschöpft. Aber nicht weil ich müde bin. Mich erschöpfen die Gedanken, mit denen ich jeden Tag aufs Neue fertigwerden muss. Es tut einfach so unheimlich weh. Das Gefühl, nicht leben zu wollen. Das Gefühl, dass ich einfach nicht mehr will. Es ist ein hässliches Gefühl. Insbesondere weil ich weiß, dass ich es meiner Familie nicht antun kann, aufzugeben.

Vor ein paar Jahren hat sich eine Freundin das Leben genommen. Mit 25 ist sie vor einen Zug gesprungen. Die Trauer, die ich während der Beerdigung in den Augen ihrer Familien gesehen habe, werde ich mein ganzes Leben nicht vergessen. Es war die Art von Trauer, die nur eine Mutter und ein Vater fühlen können, wenn ihr Kind zu früh ums Leben gekommen ist. Leider musste ich diese Art Trauer schon drei Mal miterleben.

Meine Freundin war die Dritte, die sich als viel zu junges Mädchen selbstständig das Leben nahm, weil sie es nicht mehr ertragen konnte. Die Erste war die Schwester meines Ex-Freundes gewesen. Diese Art Trauer vergisst man nicht. Zu wissen, dass meine Familie diese Trauer in ihren Augen tragen würde, sollte ich mir je etwas antun, schenkt mir die Kraft, um durch den Tag zu kommen. Aber es ist eine schwere Last. Eine sehr schwere. Ich sehne mich danach, nicht länger leben zu müssen. Aber sterben will ich eigentlich auch nicht.

Auszug aus meinem Tagebuch

Ich nehme an, es ist nicht unmöglich, aber sehr schwer, sich aus einer schweren psychischen Krankheit ohne Medikamente zu befreien. Durch mein Studium wusste ich, wie Psychopharmaka wirken können und welche Nebenwirkungen sie mitbringen. Doch irgendwann kam ich an den Punkt, an dem die Ärzte mir alles hätten vorschlagen können. In der Klinik wurde ich das erste Mal als Patientin mit Antidepressiva und anderen psychisch wirkenden Medikamenten konfrontiert. Ich war so am Boden zerstört, dass ich sie einnahm. Ich hätte jedes rettende Seil gepackt, das die Chance bot, mich ein Stück aus dem Loch zu ziehen, in dem ich steckte. Bis die richtige medikamentöse

Einstellung für mich gefunden war, ging ich durch ein großes Labyrinth voller Nebenwirkungen. Psychopharmaka sind für alle ein Rätsel, selbst für Ärzte. Jeder Mensch reagiert anders, unterschiedlich intensiv und zeigt andere oder verschiedene Kombinationen von Nebenwirkungen. Die menschliche Psyche ist sehr komplex und vielschichtig. Deswegen ist es häufig auch für geschulte Ärzte schwierig, genau zu identifizieren, wo die Wurzel des Problems liegt und wie man es behandeln kann. Dazu kommt: Wenn man Medikamente nimmt, ist es schwer zu differenzieren, ob Änderungen in der Gefühlslage an dem Medikament liegen oder durch andere innere oder äußere Faktoren ausgelöst werden. Der medizinische Fachterminus dafür lautet: keine Ahnung. Es ist ein ständiges Austesten und Herumprobieren. Ich mag mir gar nicht vorstellen, wie das noch vor einigen Jahrzehnten war. Man kann sagen: Psychopharmaka können ein Spiel mit dem Feuer sein. Das sollte ich noch am eigenen Leib erfahren. Doch auf der anderen Seite: Wo wäre die Menschheit heute, wenn sie nicht herausgefunden hätte, wie man Feuer macht?

Als die Klinikzeit sich dem Ende neigte und ich entlassen wurde, kämpften in mir zwei Stürme gegeneinander. Einerseits fühlte ich mich hilflos und noch einsamer als je zuvor. Andererseits war ich froh, nicht mehr ständig unter Menschen sein zu müssen. Ich litt neben der Depression und einer generalisierten Angststörung außerdem an sozialer Phobie. Es war eine Qual für mich, von Leuten umgeben zu sein. Selbst wenn sie ebenso litten wie ich. Auch die quälenden Gedanken von früher waren zurückgekehrt: Ständig fragte ich mich, was andere von mir hielten. Schlimmer noch: Ich war überzeugt davon, dass andere permanent schlecht von mir dachten. Das lag nicht daran, dass ich den Menschen böse Gedanken unterstellte. Ich hielt mich einfach für abgrundtief schlecht. Sie konnten also gar nichts anderes über mich denken, als dass ich dumm und schrecklich war. Was sich in meiner ersten Zeit in Deutschland vor allem auf Partys gezeigt hatte, nahm nun überhand. Durch die vielen Therapiesitzungen begann ich aber langsam auch zu verstehen, warum ich so abrutschen konnte. Zumindest war ich in der Lage, einzelne Teile des riesigen Sanna-Puzzles nach und nach zusammenzufügen. Um nachvollziehen zu können, was genau mit mir passierte und warum meine Krankheit nicht erst mit der Diagnose begann, sondern sich da schon auf dem Höhepunkt befand, müssen wir die Zeit zurückdrehen. Denn in Wirklichkeit begann alles in die falsche Richtung zu laufen, als ich 15 Jahre alt war.

Eines Tages, als ich noch zur Schule ging, lernte ich über Freunde einen Jungen aus der Nachbarklasse kennen. Er hieß Johan und kam ursprünglich aus Chile. Er war einer dieser »Bad Boys«, vor denen Mädchen immer gewarnt werden, die aber wahnsinnig anziehend wirken. Es war fast wie in einem romantischen Highschool-Teeniefilm: Der böse Junge, der Ärger anzieht wie das Licht die Motten, fasziniert die junge Hauptdarstellerin. Nach einer Weile finden sie zusammen, alles wirkt wunderbar – und dann beginnt das Drama. Am Ende wird sie Königin des Abschlussballs, er der König – und Happy End. Bei mir gab es dieses Happy End nicht. Doch der Anfang kam denen aus den Teeniefilmen ziemlich nahe. Ich war verliebt bis zum Anschlag. Johan und ich verbrachten ein wunderbares erstes Jahr. Ich lief auf rosa Wolken durch die Gegend, und meine Gedanken flatterten herum wie Schmetterlinge.

Johan und ich führten eine lange Beziehung, an die fünf Jahre. Doch als das erste Jahr vorüber war, begann er sich zu verändern. Vielleicht veränderte er sich auch gar nicht, sondern wurde nur mehr und mehr so, wie er eigentlich war. Die Beziehung verwandelte sich zu etwas sehr Destruktivem, das mich, verletzlich wie Teenager nun mal sein können, für mein weiteres Leben prägte und womöglich die Basis für meine spätere Krankheit legte. Johan hatte zwei sehr stark ausgeprägte Seiten. Da war die eine, die liebevoll und lustig war. Diese Seite liebte ich abgöttisch. Ich liebte sie so, wie nur Teenager es können. Es ist diese Liebe, die uneingeschränkt ist, bei der die Türen und Tore für Abhängigkeiten sperrangelweit offen stehen. In diesem Alter hat man selten ein Schutzschild. Was man tut und fühlt, nimmt ungebremst Einfluss auf die Persönlichkeit. Genau das war das Problem mit Johans anderer Seite: Er war rasend eifersüchtig. Lange dachte ich: »Er ändert sich bestimmt noch. Das ist nur eine Phase.« Doch das war es leider nicht. Es begann schleichend. Erst wurde er einsilbig, wenn ich mit anderen Jungs lachte. Dann wurde er wütend. Später verbot er es mir ganz. Mit den Jahren wurde es schlimmer. Es ging so weit, dass ich nicht mehr feiern gehen, keine Kleider oder Röcke tragen und keinen Alkohol mehr trinken durfte. Wenn er von seiner Cousine hörte, dass ich einen Jungen freundlich begrüßt hatte, rastete er aus. Wir stritten deswegen viel. Doch Johan gewann jeden Streit, denn er war ein grandioser Kommunikator. Er schaffte es, jedes Argument und jeden Sachverhalt so zu drehen, dass ich am Ende die Schuldige war.

Er überzeugte mich. Am Ende war immer ich es, die ihn bat, mir zu verzeihen. Mein Leben wurde durch Johan und seine Eifersucht mehr und mehr eingeschränkt. Ich konnte nicht mit meinen Freunden verreisen. Selbst bei der Klassenfahrt war ich die Einzige, die nicht teilnahm. Johan zuliebe. Ich überlegte mir deswegen viele Ausreden, denn meine größte Angst war es, dass jemand schlecht über ihn denken könnte. Ich liebte ihn so sehr. Also erfand ich Gründe, keine Röcke zu tragen, andere Jungs doof zu finden oder nicht verreisen zu wollen.

Niemand bekam mit, wie schlecht es mir in dieser Beziehung ging. Weder meine Freundinnen noch meine Eltern oder Brüder schöpften Verdacht. Waren wir shoppen, sagte ich über schöne Kleider, dass ich lieber Jeans trug. Dabei hätte ich so gern eines dieser Kleider gekauft. Ich weiß, dass ich früher in diesem Buch geschrieben habe, dass ich ein richtiges Jungen-Mädchen war. Das war ich teilweise auch. Ein Teil meines Mädchen-Seins wurde jedoch auch von Johan unterdrückt. Ich konnte das lange Jahre nicht sehen. Zwar wusste ich, dass er es mir verboten hatte, Kleider und Röcke zu tragen, aber ich nahm das auch an, als wäre es meine eigene Entscheidung. So ging es mit allem. Er redete mich in Grund und Boden, und ich ließ mich von ihm manipulieren. Manchmal habe ich versucht, mich gegen seine Verbote zu wehren, doch gegen seine Rhetorik hatte ich keine Chance. Am Ende war ich entweder überzeugt, dass er recht hatte, oder ich kapitulierte und redete mir zumindest ein, dass er richtiglag. Keiner wusste, dass es in unserer Beziehung so war.

Doch irgendwann kam der Punkt, an dem ich nicht mehr wollte. Wie bei einem Stück Faden: Wenn du ruckartig daran ziehst, reißt er sofort. Ziehst du aber langsam daran und setzt auf Dauer immer mehr Kraft ein, dehnt er sich eine Weile und leiert aus. Es dauert länger, aber irgendwann reißt er dann doch. Das brachte mich in einen sehr schmerzhaften Konflikt. Meine Liebe zu Johan war ungebrochen und leidenschaftlich, dennoch wusste ich, dass ich mich um meiner selbst willen aus dieser Beziehung befreien musste. Es fiel mir schwer, denn ich steckte einfach schon zu tief drin. Monatelang rang ich mit mir, wie ich mich trennen sollte. Doch es war, als hätte Johan seine Augen überall, selbst wenn er nicht da war. Ich fühlte mich permanent beobachtet und überwacht. Als wir in einem gemeinsamen Urlaub waren, in dem ich die meiste Zeit schrecklich unglücklich war und dennoch permanent lächelte, beschloss ich, dass ich es durchziehen musste. Doch dann geschah etwas, das dieses Vorhaben in tausend Stücke zerbersten ließ: Als Johans Eltern uns vom Flughafen abholten, sagten sie uns, dass seine ältere Schwester sich das Leben genommen hatte. Er war am Boden zerstört. Und ich auch. Ich war fassungslos und weinte tagelang. Sie hatte ein so gutes Herz und ich hätte mich so gern zumindest noch von ihr verabschiedet.

Neben der tiefen Trauer, die ich trug, schauderte es mir, nun natürlich auch für Johan da sein zu müssen. Wie hätte ich mich von jemandem trennen können, dem so etwas widerfahren ist? Das ging nicht. Ich konnte ihm das nicht antun, egal wie sehr ich litt. Unter keinen Umständen.

Insgesamt blieb ich noch ein ganzes weiteres Jahr mit ihm zusammen. Doch der Faden war mittlerweile so hauchdünn geworden, dass er schließlich endgültig riss. Wir saßen in seinem Auto, als ich Johan sagte, dass ich nicht mehr mit ihm zusammen sein wollte. Er beschimpfte mich daraufhin aufs Übelste und schmiss mich aus dem Wagen. Ich war verzweifelt. Ein Teil von mir dachte: Lieber ein halb glückliches Leben mit Johan als ein unglückliches Leben ohne ihn! Ich machte mit ihm Schluss, obwohl ich ihn liebte. Jeder, der das schon einmal getan hat, weiß, wie schwer das ist. Unendlich schwer.

Was Johan mir in den fünf Jahren alles einredete – und ganz besonders, was er an diesem letzten Tag zu mir im Auto sagte –, brannte sich tief in meine Seele. Ich werde nicht wiederholen, was er im Einzelnen sagte. Aber im Großen und Ganzen hatte er es geschafft, dass ich mich für absolut wertlos hielt. Mein Selbstbewusstsein, das nie sehr stark gewesen war, lag zerstört zu meinen Füßen. Ich hielt mich für dumm, falsch und hässlich. Ich war überzeugt, dass auch alles, was ich tat, immer nur falsch und schrecklich dämlich war. Von diesem Moment an begann ich alles, was ich tat, auf eine negative Weise zu analysieren. Ich weiß noch, dass ich in Gegenwart anderer sogar darauf achtete, wie ich lief. Wie setze ich meinen Fuß auf den Boden, wie lang darf ein Schritt sein? Meine destruktiven Gedanken projizierte ich auf die Gedanken anderer. Ich war davon überzeugt, dass einfach jeder mich für bescheuert hielt. Für zu laut, für zu leise, für zu arrogant, für zu still – ich war einfach immer falsch. Diese Überzeugung wurde so »laut« in mir, dass ich die vermeintlichen Gedanken der anderen geradezu hören konnte. Als würde mir ständig jemand ins Ohr flüstern. Nur gab es keinen »jemand«. Ich tat das alles selbst.

Heute frage ich mich, wie ich so lange mit jemandem wie ihm zusammen sein konnte. Besonders traurig bin ich darüber, dass er mich von einem großen Traum abgehalten hat, den ich nicht nachholen kann. Ich hatte mir immer vorgenommen, als Au-pair nach England oder in die USA zu gehen. Aber das war durch Johan nicht möglich gewesen. Er hatte mir ziemlich deutlich gemacht, dass dies das Ende unserer Beziehung bedeuten würde. Er stellte mich vor eine Wahl, und ich entschied mich für ihn. Ich entschied mich viel zu lange für ihn. Ich hatte fünf Jahre praktisch nur für ihn gelebt, sodass ich danach kaum wusste, was ich selbst wollte oder wer ich eigentlich war. Nach außen war ich die fröhliche Sanna gewesen, die unheimlich viel Sport machte, gute Noten schrieb und viele Freundinnen hatte. Innendrin sah es anders aus. Der Erfolgsdruck, unter den ich mich selbst setzte, wurde stärker. Denn jetzt ging es nicht mehr nur darum, möglichst gute Resultate zu erzielen. Jetzt bewies ein Fehler nur, dass ich tatsächlich wertlos war. Ich begann, die Gegenwart von anderen zu meiden. Toiletten wurden meine besten Freunde, meine Zufluchtsorte. Nur dort war ich vor den schlechten, aber in meiner Vorstellung wahren Gedanken der anderen sicher. In jeder Schulpause ging ich zu dem weit entferntesten Klo, das ich finden konnte, und schloss mich ein. Hier war ich sicher. Das tat ich bis in die Unizeit und auch bei meinen Jobs. Ich aß sogar mein Mittagessen auf der Toilette. Ich entwickelte eine handfeste soziale Phobie, ohne es selbst wahrzunehmen. Ich hielt mich einfach nur für unerträglich. Auf der Toilette tat ich, außer mein Essen zu essen, weiter nichts. Ich dachte nicht mal an irgendetwas. Ich starrte einfach nur vor mich hin.

Selbst zu Hause fing ich damit an, mich im Bad einzuschließen und die Einsamkeit zu suchen. Wenn wir abends gemeinsam Fernsehen schauten, ertappte ich mich dabei, wie ich dem Film nicht folgte, sondern aus dem Fenster starrte, ohne etwas zu denken. Heute sehe ich, dass das die ersten Anzeichen meiner Krankheit waren. Die Leere in mir war damals schon da. Sie zeugte davon, dass ich selbst nicht wusste, wer ich war. In der übrigen Zeit funktionierte ich hauptsächlich. Ich empfand Freude und Spaß, aber oft nur wie durch eine dicke Decke hindurch. Ich hatte keine Suizidgedanken, doch schon damals war es eine Krankheit. Viele Jahre später stolperte ich in einem Buch über den Begriff »hochfunktionale Depression«. Grob gesagt, bedeutet es, dass man nach außen hin funktioniert, aber tief in sich drin leidet. So ging es mir. Mein Umfeld dachte immer, dass es mir gut geht, sogar ich selbst redete mir das ein. Meine Gedanken verschloss ich tief in mir wie in einer Kiste. Den Schlüssel dazu versteckte ich meist an einer anderen Stelle. Hin und wieder konnte ich nichts dagegen tun, dass die Kiste sich öffnete. Es war eine wahre Büchse der Pandora.

In Schweden gibt es einen Begriff: *Jantelagen.* Er beschreibt das Gesetz der *Jante*, das besagt, dass man sich selbst nicht in den Mittelpunkt stellen soll. Man soll bloß nicht denken, dass man jemand Besonderes sei. *Jantelagen* ist in der schwedischen Kultur tief verwurzelt. In etwa so, wie man über Deutsche sagt, dass sie besonders pünktlich oder fleißig seien. Es trifft nicht auf jeden zu, aber ein Kern Wahrheit ist dabei. Ich trieb *Jantelagen* auf die Spitze. Bis heute habe ich Schwierigkeiten damit, über mich selbst in lobenden Worten zu sprechen. Auch das fußt auf meinen Verhaltensmustern, die seit meiner Kindheit bestehen und die irgendwann krankhaft wurden. Mir ist es manchmal nahezu unangenehm, wenn irgendjemand sagt, dass ich in irgendwas gut sei. Tatsächlich war das eines der größten Probleme bei der Entscheidung, dieses Buch zu schreiben. Wie berichtet man über seinen beruflichen Erfolg, wenn man selbst nicht als »erfolgreich« betitelt werden möchte?

An irgendeinem Punkt in meinem Leben begann der anfängliche Ehrgeiz, gut zu sein, umzuschlagen in etwas Negatives. Ich tat das alles nur, weil ich dachte, dass ich andernfalls ein schlechter Mensch sei. Mein Selbsthass war sehr groß, wenn ich nicht in der Lage war, Bestleistungen zu erzielen. Das ist kein Antrieb, der irgendwas mit Stolz zu tun hat. Heute ist es damit zum Glück besser geworden, doch es ist nach wie vor so, dass es mir unheimlich wichtig ist, einen guten Eindruck zu machen. Ich freue mich, wenn Menschen mich mögen, weil ich so gern möchte, dass sie sich in meiner Gegenwart wohlfühlen. Zum Glück denke ich mittlerweile nicht mehr, dass mich ein kleiner Fehler zu einem Versager degradiert.

Es war jedoch ein schwerer Weg, an diesen Punkt zu gelangen. Was ich mir jahrelang eingeredet hatte, führte zu dem größten Schlamassel meines Lebens. In dem ich nach meinem Klinikaufenthalt nach wie vor bis zur Nasenspitze steckte. Ich musste mir deshalb umgehend eine neue Therapieform und einen betreuenden Psychiater suchen. Doch das war nicht gerade einfach. Denn immer noch stand mir vor allem eines im Weg: die Sprache. Es ist an sich schon schwer, sein Leiden in Worte zu fassen. In einer Sprache, die man noch nicht beherrscht, ist es nahezu unmöglich. Dennoch versuchten Simon und ich auf der ellenlangen Liste von Therapeuten und Ärzten, die ich von der Hausärztin bekommen hatte, jemanden zu finden. Doch wenn überhaupt der Hörer abgenommen wurde, lag die Wartezeit nicht selten bei sieben Monaten. Diese

Situation treibt die meisten psychisch Erkrankten in die absolute Hoffnungslosigkeit. Wenn man so weit ist, dass man einen Therapeuten anruft, bedeutet es oft, dass man bereits am Ende seiner Kräfte ist. Wie soll man dann weitere lange Monate allein überbrücken? Auch ich wusste nicht weiter. Wir standen deshalb schon bald vor der enorm großen Frage: Soll ich für die Therapie zurück nach Schweden gehen?

In Schweden war es auch nicht gerade einfach, einen Therapeuten zu finden, aber immerhin konnten wir hier die Sprachbarriere von der Liste streichen. Nach einigen Umwegen und einer kurzen Überbrückungszeit mithilfe des Programms »Junge Erwachsene« traf ich schließlich auf einen der großartigsten Ärzte, die ich bis heute kennengelernt habe. Mein Bruder, der damals schon als Arzt arbeitete, kannte ihn und stellte den Kontakt her. Es war ein unglaublicher Psychiater, der ursprünglich aus Griechenland stammte und zu meinem ersten wirklichen Lichtblick in dieser schweren Zeit wurde. Ich kann nicht genau sagen, was bei ihm anders war als in den Therapien davor. Er war voller Empathie und Verständnis, nahm mich komplett ernst – und war gleichzeitig direkt und schonungslos. Man weiß nie, wie das eigene Leben verlaufen wäre, hätte man eine bestimmte Person nicht getroffen. Ich bin jedoch sicher, dass dieser Arzt in Bezug auf meine Genesung eine wichtige und bedeutungsvolle Rolle gespielt hatte, ohne die mein Leben definitiv nicht so aussehen würde, wie es das heute tut. Er hat mir vor allem das mitgegeben, was mir so lange gefehlt hatte: Hoffnung.

Nach zwei Monaten Schweden kam ich – vor allem dank seiner Hilfe – an den Punkt, dass ich wieder nach Deutschland wollte. Ich fühlte mich, als wäre ich nicht am richtigen Ort. Ich wollte bei Simon sein. In meinem Leben war die Pausetaste gedrückt worden, und ich sehnte mich nach »Play«. Obwohl ich zwar noch lange nicht gesund war, fühlte ich mich stark genug, um zurückzukehren. Das tat ich natürlich nicht Hals über Kopf. Alles wurde genauestens geplant. Dazu gehörte beispielsweise auch eine neue Ärztin, die ich einige Male in Schweden getroffen hatte und die mich nun per Skype weiterbetreute. Das war nicht ideal, aber: Es war auf Schwedisch. Damit war es idealer als irgendeine andere Lösung. Ich war mittlerweile auf drei Medikamente eingestellt und reagierte gut auf sie. Ich weiß nicht mehr genau, wie jeder einzelne dieser Tage zurück in Deutschland verlief. Aber ich bekam es hin.

Es dauerte fast zwei Jahre, bis es mir langsam besser ging. Das passierte nicht von heute auf morgen, es war ein schleichender Prozess. Sehr schleichend. Fast unbeweglich. Doch irgendwann kam ich wieder besser mit dem Leben klar. Es war nicht so, dass die suizidalen Gedanken aufgehört hätten. Doch sie wurden leiser. Ich begann, Dinge zu tun, zu denen ich so lange nicht fähig gewesen war: Menschen treffen, in ein Restaurant gehen, Minigolf spielen. Noch kam ich mir vor wie eine Schnecke, die bei der kleinsten Unsicherheit ihre Fühler einzieht und zurück in ihr Häuschen kriecht. Doch Schritt für Schritt blieb ich länger draußen, kroch nicht mehr komplett zurück in mein Schneckenhaus und traute mich mehr. Es fühlte sich an, als würde ich die Augen schließen und den ersten warmen Sonnenstrahl nach einem eiskalten Jahrhundertwinter in meinem Gesicht spüren.

Eines Tages im Oktober 2016 fuhr Simon für eine Routineuntersuchung zum Urologen. Ich beschloss, die Zeit zu nutzen und derweil ins Nagelstudio zu gehen. Ich achtete darauf, mir hin und wieder bewusst etwas Gutes zu tun und mich zu entspannen. Als ich dort saß, die Mitarbeiterin meine Nägel feilte und ich meine Gedanken schweifen ließ, klingelte mein Handy. Mit meiner freien Hand griff ich nach meinem Telefon. Es war Simon. Ich hob ab: »Hej mein Liebling!«, sagte ich fröhlich ins Telefon. Doch es kam keine Erwiderung. Alles, was ich vernahm, war ein hektisches Atmen am Ende der Leitung. Dann hörte ich ihn schluchzen. »Simon?«, fragte ich, setzte mich gerade auf und hielt nervös die Luft an. Nach einer gefühlten Ewigkeit voller Stille sagte Simon mit zitternder Stimme drei Worte, die mir heute noch einen Schauer über den Rücken jagen und die kein Mensch jemals von seinen Liebsten zu hören bekommen sollte: »Ich habe Krebs.« In meinem Kopf tobten die Gedanken durcheinander, ohne dass ich auch nur einen davon richtig zu fassen bekam. Krebs? Nein! Das kann nicht sein! Es war doch nur eine Routineuntersuchung!? Doch die niederschmetternde Diagnose war real. Der Arzt hatte eindeutig Hodenkrebs festgestellt. Einen bösartigen Tumor bei ihm gefunden. Dass ich im Nagelstudio saß, während mein Mann am Telefon zusammenbrach, fühlte sich wie in einem falschen Film an. Ich musste hier raus und zu Simon. Sofort! Ich ließ alles stehen und liegen, legte Geld auf den Tresen und rief Simons Mutter an. Gemeinsam fuhren wir zum Arzt, wo Simon auf uns wartete. Die ganze Zeit über fühlte ich mich wie betäubt, als hätte jemand plötzlich den Ton abgedreht und man hörte nur noch ein leises Pfeifen. Es fühlte sich erneut an wie ein Schlag ins Gesicht.

Obwohl diese Krankheit so allgegenwärtig ist, rechnet man nie wirklich damit, selbst einmal solch eine Diagnose zu bekommen. Mein starker Simon, der immer ein Fels in der Brandung für mich gewesen war, lag viele Wochen und Monate lang am Boden. Ich wusste: Jetzt musste ich zu diesem Fels in der Brandung werden, der er immer für mich gewesen war. Also mobilisierte ich all meine Kräfte. Ich war so dankbar, dass ich zu dieser Zeit nicht mehr so tief in der Depression steckte, sondern wirklich stabil genug war, um nun für ihn da zu sein.

Das Glück in diesem unglaublichen Unglück war, dass diese Krebsform milder ausfallen kann und deshalb sehr gute Heilungschancen mit sich bringt. Auch Simon konnte operiert werden und muss heute regelmäßig zur Kontrolle. Was nicht so einfach an den Betroffenen vorübergeht, ist der Schock. Mit einem Mal begreift man, wie endlich das Leben sein kann. Ein weiterer furchtbarer Gedanke für Simon war die Frage, ob er trotz allem in der Lage sein würde, Kinder zu bekommen. Simon wurde für mehrere Monate krankgeschrieben, und ich stand ihm bei, so gut ich konnte. Er schaffte es, die mentale Belastung zu meistern, wofür ich ihn extrem bewundere. Ich weiß nicht, wie ich eine solche Diagnose weggesteckt hätte. Simon durchlebte eine schwere Zeit, auf die ich im Detail nicht eingehen möchte. Es ist ja auch seine Geschichte, und es steht mir nicht zu, sie hier zu erzählen.

Nachdem die schwerste Zeit nach der Krebsdiagnose überstanden war und es auch mir gesundheitlich besser und besser ging, beschloss ich, ein bestimmtes Medikament abzusetzen. Es war ein sehr starkes Medikament, aufgrund dessen ich innerhalb kürzester Zeit mehr als 15 Kilo zugenommen hatte. Ich fühlte mich in meinem Körper nicht mehr wohl. Auch konnte ich kaum noch wach bleiben und fand heraus, dass dies eine sehr häufige Nebenwirkung des Medikaments ist. Es wird unter anderem auch als Schlafmittel eingesetzt. Die ganze Zeit hatte ich das Gefühl, im Stehen einschlafen zu müssen. Die Augen konnte ich oft nur mit Mühe aufhalten. Das bereitete mir bei vielen Alltagssituationen Sorgen. Ich traute mich kaum, Auto zu fahren oder irgendetwas zu tun, bei dem ich mich konzentrieren musste. Ich hatte damals einen neuen Arzt, zu dem ich mit diesem Anliegen ging. Oft ist es auch so, dass Nebenwirkungen stärker werden, wenn die Krankheit besser wird. All das bestärkte mich in meinem Entschluss.

Der Arzt hatte einen ausgesprochen guten Ruf, dennoch fühlte ich mich bei ihm nicht allzu gut aufgehoben. Doch ich befolgte seine Anweisungen zum Absetzen des Medikaments. Wenn ich gewusst hätte, dass ich damit die Hölle zurück in mein Leben holte, hätte ich es nicht getan. Es war ein großer Fehler. Das Problem bestand weniger im Absetzen des Medikaments, sondern eher darin, dass die Dosierungsschritte viel zu groß waren und zu schnell aufeinander folgten. Psychopharmaka müssen teilweise über Jahre und in winzigen Schritten langsam ausgeschlichen werden. Doch ich vertraute auf die ärztliche Kompetenz und befolgte den Plan sehr genau. Plötzlich ging es mit mir rapide bergab. Da ich mitten in der Gründungsphase von *Sanna Lindström* war und versuchte, mein Atelier zu etablieren, bemühte ich mich, dagegen anzukämpfen. Aber die Zeit, in der ich nicht aufstehen konnte, kehrte mit voller Wucht zurück. Sogar noch schlimmer als beim ersten Mal. Es brachte mich beinahe um. Die Intensität, mit der die Dunkelheit in mein Leben zurückkehrte, lässt sich kaum in Worte fassen. Ich weiß bis heute nicht, wie ich diese Zeit überstehen konnte. Ich kann es bis heute nicht erklären – und wenn mich jemand danach fragte, könnte ich nur antworten: »Ich habe nicht die geringste Ahnung.«

Simon übernahm erneut die ganze Verantwortung. Dieses Mal jedoch musste er an mehreren Fronten kämpfen, denn es gab unterschiedliche Meinungen, was jetzt am besten zu tun war. Meine Eltern, meine Brüder und meine Freunde waren überzeugt davon, dass ich sofort nach Schweden zurückkehren sollte. Am besten direkt in eine Klinik. Diese Reaktion war vollkommen verständlich, denn absolut jeder hegte die größte Furcht davor, dass es dieses Mal nicht so gut ausgehen könnte mit mir. Ich hatte die Krankheit kaum überstanden, wie also sollte ich einen Rückfall dieser Schwere meistern? Ich hingegen wollte lieber bei Simon in Deutschland bleiben, war aber in meiner derzeitigen Verfassung nicht in der Lage, das mit allen Konsequenzen wirklich einschätzen zu können. Es folgte eine Zeit der extremen Belastung für Simon. Nachdem er alles gründlich abgewogen hatte, traf er die schwerste Entscheidung seines Lebens: Er stimmte mir zu, dass ich nicht zurück nach Schweden gehen würde. Er hatte selbst wahnsinnige Angst davor, damit einen Fehler zu machen. Jedoch wusste er eines mit absoluter Sicherheit: Wenn ich alles, was ich bis zu diesem Zeitpunkt mit *Sanna Lindström* geschafft hatte, wieder aufgeben müsste, würde mehr als eine Welt für mich zusammenbrechen. Mir würde jede Perspektive unter den Füßen weggezogen werden und ich hätte nicht den geringsten Grund, wieder auf die Beine zu kommen. Er wusste: Ich würde nie wieder die Kraft finden, meinen Traum von Neuem zu starten. Simon folgte seinem Bauchgefühl, das besagte, dass eine Rückkehr nach Schweden und das Loslassen von *Sanna Lindström* mich kaputtmachen würden.

Ich blieb also in Deutschland, fand eine neue Therapeutin in Köln und einen neuen Arzt in Düsseldorf. Letzterer stellte mich umgehend auf meine Medikamente ein. Beide halfen mir, Kräfte heraufzubeschwören, von denen ich nicht gewusst hatte, dass sie in mir schlummern. In winzig kleinen Schritten fand ich einen Weg zurück. Es ging glücklicherweise deutlich schneller als beim ersten Mal, vermutlich weil der Rückfall durch das Fehlen des Medikaments ausgelöst worden war. In der Zwischenzeit funktionierte ich wie ein Roboter. Irgendwie schaffte ich es. Ich hatte neben den Ärzten, Simon und meiner Familie glücklicherweise noch eine weitere sehr starke Helferin an meiner Seite: meine Hündin Nomi.

Sie ist nicht besonders groß, eher winzig. Aber sie hat mich gerettet. Sie motivierte mich, indem sie einfach da war. Ich konnte nicht im Bett liegen bleiben, denn ich hatte Verantwortung für sie. Gassi gehen, füttern, spielen. Dieses kleine Wesen war abhängig von mir und brauchte mich. Wenn ich also schon nicht für mich selbst am Leben teilnehmen konnte, musste ich es für sie tun. Die Struktur, die sie mir unwissentlich gab, war meine Rettung. Ich bin auch nicht ganz sicher, ob Hunde das wirklich unwissentlich tun. Vielleicht gibt es auch irgendwo im Universum eine Notfallzentrale, in der Anrufe eingehen: »Achtung, Achtung: Wir haben eine schwere Depression in Nordrhein-Westfalen und brauchen sofort einen Experten. Nomi, du bist doch vor Ort, übernimmst du?«

»Ja, Chef. Ich bin schon dabei!«

Dass Nomi in meinem Leben war, muss von Anfang an Schicksal gewesen sein. Noch heute nennt Simon sie meine Lebensretterin.

Depression ist eine der schwersten, aber auch eine der komplexesten Krankheiten, die es gibt. Jährlich sterben unzählige Menschen jeden Alters und Geschlechts auf der ganzen Welt an ihren Folgen. Bevor ich die Krankheit selbst erlebte, hatte ich keine Berührungspunkte damit gehabt. Vor allem wusste ich nicht, wie gefährlich und ernst die Krankheit wirklich ist. Die Hölle, die ich erlebt habe, wünsche ich keinem Menschen auf dieser Erde. Ich habe großen Respekt davor entwickelt, wozu unser Gehirn fähig ist. Was die Krankheit so gefährlich macht, sind die Komplexität und oft auch das Unwissen darüber. Ich bin fest davon überzeugt, dass niemand in der Lage ist, sich in einen Kranken hineinzuversetzen und wirklich zu verstehen, was derjenige durchmacht, wenn er es nicht am eigenen Leib gespürt hat. Egal wie viel Mühe man sich gibt, und egal wie sehr man es auch versucht. Wer von dieser Krankheit gepackt wird, kann noch so stark sein. Sie kann jeden an diesen einen dunkelsten Punkt bringen, von dem man glaubt, dass es nur noch einen einzigen Ausweg gibt.

Das Schlimmste daran ist deshalb das wenige Wissen über diese Krankheit, das zu einer furchtbar einsam machenden Hoffnungslosigkeit führt. Bei einem Gips am Bein sieht jeder, was passiert ist, und malt mit Filzstift lustige Zeichnungen drauf. Jeder weiß, dass du die nächsten Wochen und Monate unmöglich einen Marathon laufen kannst. Bei Depression verstehen nur sehr wenige, dass es sich um eine wirklich lebensbedrohliche Krankheit handelt, die Betroffene ganz und gar lebensunfähig machen kann. Und man kann es nicht mal erklären. Oft werden Sätze gesagt wie: »Das wird schon wieder. Lach doch mal. Gestern ging es dir doch gut. Steh einfach auf, dusch dich und zieh dich an. Iss was. Geh eine Runde spazieren. Reiß dich zusammen. Anderen geht es wirklich schlecht, also stell dich nicht so an.« Oft verlieren Außenstehende auch erst mit der Zeit die Geduld. Man kann es niemandem vorwerfen. Es ist schwierig zu verstehen. Diese Krankheit hat mehr Tücken als ein Moor voller Irrlichter. Sie ist für Betroffene wie Angehörige schwer zu ertragen und noch schwerer zu überstehen. Hilfe in Anspruch zu nehmen, ist deshalb extrem wichtig. Nicht nur für den Kranken, auch für die Angehörigen. Dass ich diese Hilfe fand und die Krankheit überstehen konnte, gehört zum größten Glück meines Lebens.

»Wenn du das machst, dann machst du es richtig!«

Vor Simons Krebsdiagnose und bevor der Rückfall kam, weil das Medikament zu schnell abgesetzt wurde, war es mit mir langsam, aber sicher bergauf gegangen. Nach fast zwei Jahren schwerer Krankheit entdeckte ich endlich wieder das Leben. Mit jedem Tag, an dem es mir besser ging, schien auch die Sonne ein wenig heller. Sie ging nicht plötzlich auf. Alles passierte sehr langsam. Lichtstrahl für Lichtstrahl. »Normale« Gedanken lösten die Verzweiflung ab. Nicht die ganze. Erst nur ein bisschen, dann etwas mehr. Eines Tages drehte sich einer dieser »normalen« Gedanken plötzlich wieder um mein Brautkleid. Ich erinnerte mich daran, was für eine Freude es mir bereitet hatte, es zu designen. Ein weiterer Gedanke erinnerte mich daran, wie viele Frauen mir wegen des Kleides geschrieben hatten. Während ich daran dachte, begann ich, ein wenig vor mich hinzukritzeln. Ich zeichnete ein Oberteil, einen Rock, ein bisschen Spitze. Dann ein weiteres Oberteil, noch einen Rock. Es beruhigte mich. Ich konzentrierte mich einfach auf die Linien und Farben. Als ich mehrere Seiten vollgezeichnet hatte, hielt ich inne und betrachtete meine Skizzen. Mir fiel auf, dass es nicht einfach nur Zeichnungen waren. Es waren Entwürfe für Brautkleider. Sie waren aus mir herausgekommen, ohne dass ich es mir vorgenommen hatte. Als ich das erkannte, gab es in meiner Brust einen kleinen freudigen

Hüpfer, vor dem ich fast erschrak. Wie lange hatte ich so etwas nicht gespürt? Es war, als wäre meine Kreativität nach einem hundertjährigen Schlaf erwacht, hätte sich die Augen gerieben und leise »Hallo?« gesagt. So fühlte sich dieser Hüpfer an.

In den darauffolgenden Tagen dachte ich immer wieder an die Entwürfe. Oft nahm ich meine Skizzen zur Hand, änderte einen Ärmel, probierte ein anderes Detail aus. Ich kann kaum beschreiben, wie gut sich diese kreative Arbeit anfühlte. Es war, als würde ich meine eiskalt gefrorenen Hände auf einen von der Sonne aufgewärmten Stein legen. Als würde eine lauwarme Brise durch meine Haare wehen. So ungefähr, nur eine Million Mal besser. Manchmal ertappte ich mich dabei, wie ich plötzlich lächelte. Und danach, wie ich deshalb fast schon wieder weinte. Nur diesmal aus Freude über dieses leichte, unbeschwerte Gefühl. Wie ein Schatzsucher begann ich nachzuforschen, was es genau war, das für dieses Gefühl sorgte. War es die Erinnerung an mein Brautkleid? Oder war es das Anfertigen des Kleides gewesen? Ich ließ jeden dieser Gedanken durch mich hindurchfließen und achtete auf die kleinsten Regungen in meinem Inneren. Als ich daran dachte, wie ich mich damals hingesetzt und mein jahrelang ersehntes Traumkleid gezeichnet hatte, spürte ich mit einem Mal wieder einen dieser Hüpfer in mir drin. Und da wusste ich es: Was mich wirklich glücklich machte, war das Entwerfen. Das Designen.

Ich lächelte, stand auf und ging in die Küche, wo Simon gerade mit unserem Freund Erik kochte. Erik war schon sehr lange unser engster Freund. Wie oft hatten wir schon ganze Abende zusammengesessen und über Gott und die Welt philosophiert. Erik ist jemand, mit dem Simon und ich sehr gut reden können, jemand, der dir seine ganze Aufmerksamkeit schenkt und seine hundert Prozent ehrliche Meinung sagt. Immer. Deshalb wusste ich: Wenn es zwei Menschen auf dieser Welt gab, die mir ohne Beschönigung wirklich sagen würden, was sie denken, dann waren es diese zwei, die mir jetzt gegenübersaßen: mein Mann und unser bester Freund. Ich holte tief Luft und sagte: »Mich lässt das Thema mit den Brautkleidern nicht mehr los. Wie viel Spaß mir der Entwurf meines Kleides gemacht hat und wie viele Frauen mich dann gefragt haben, woher ich es habe. Was, wenn ich einfach mal ein paar Kleider designe und dann irgendwo herstellen lasse? Oder eine Freundin bitte, sie zu nähen. Und dann verkaufe ich sie ... ich weiß nicht, vielleicht auf eBay Kleinanzeigen.«

Simon und Erik sahen mich an. Dann sagte Simon etwas, das ich nie vergessen werde: »Wenn du das machst, dann machst du es richtig.« Diese wenigen Worte haben mich bis heute nie wieder losgelassen. Sie wirkten sofort wie ein Trigger, wie der Aufwind, den ich brauchte – und ich bin so dankbar dafür, dass er sie genau in diesem Moment und genau auf diese Weise sagte. Neun Worte, in denen so viel enthalten war. Simon sagte mir nicht einfach nur, dass ich das Interesse, das ich gefunden hatte, ernsthaft verfolgen sollte – nicht bloß als Hobby. Er sagte auch, dass er genauso viel Potenzial darin sah, wie ich mir noch nicht einzugestehen wagte. Er glaubte an mich, ohne irgendwelche Zweifel. Obwohl ich nur einen zaghaften »Ich-könnte-ja-mal«-Gedanken geäußert hatte, sah Simon gleich, dass sehr viel dahintersteckte. Das pushte mich so sehr, dass in meinem Kopf etwas ganz laut »Klick« machte. Ab diesem Moment wusste ich: Da ist er endlich, der zweite, unbekannte Weg, den ich so lange gesucht hatte. Und gerade hatte ich den ersten Schritt gemacht. Warteten auf diesem Weg vielleicht Glück und Erfüllung? Mich durchfuhr ein elektrisierendes Kribbeln, das so ganz anders war als die quälenden Stecknadelstiche der Angst.

Meine Kreativität war mit einem Mal hellwach und weckte meinen Tatendrang gleich mit auf. Ich verabschiedete mich von Simon und Erik, setzte mich an den Schreibtisch und fing an, mein Unternehmen zu planen – und damit alles, was *Sanna Lindström* ausmachen sollte. Einmal begonnen, hörte ich wochenlang nicht mehr auf. Ich schlitterte ungebremst in eine unglaublich kreative, aufregende und schöne Zeit, die mich wie über eine Rampe aus der Dunkelheit herauskatapultierte.

Zuerst erstellte ich einen Businessplan, der am Ende mehr als fünfzig Seiten zählte. Ich entwarf ein Konzept und skizzierte meine ersten Kleider. Ich formulierte den Charakter meiner Mode und beschrieb, was sie bei meiner Zielgruppe bewirken sollte. Ich hatte vor Augen, wer die Frauen waren, für die meine Produkte gemacht sein sollten. Also beschrieb ich, was sie dachten, wie sie sich fühlten und was sie suchten. Ich legte sogar fest, wie das Verpackungsmaterial aussehen sollte, so sehr plante ich das Ganze durch. Das ging, weil ich genau wusste, was ich wollte. Schließlich entwarf ich mein Logo: In die Mitte eines Blattes malte ich ein S und ein L auf weißem Hintergrund. Ein schwedischer Mittsommer-Blumenkranz umrahmte die beiden Buchstaben. Mit diesem gleichzeitig schlichten, romantischen, natürlichen, femininen und hellfreundlichen Logo versuchte ich alles einzufangen, was meine Mode sein sollte. Meine Kleider würden sich an natürliche

Frauen richten, ihre Lebensfreude unterstreichen und ihnen Leichtigkeit schenken. Sie sollten die Schönheit, die jede Frau in sich trägt, hervorheben, ohne sich dabei selbst zu sehr in den Mittelpunkt zu stellen. Und natürlich würden sie auch romantisch sein, jedoch niemals aufdringlich. *Sanna Lindström*-Mode sollte eher zurückhaltend sein, sanft, weich, fließend und feminin. Frauen würden nicht in mein Atelier kommen, um ein Kleid zu kaufen, das sie für einen Tag »verkleidete«. Ich hatte kein geringeres Ziel, als Mode zu entwerfen, in der jede Frau sich einfach nur wohl und wunderschön fühlt. So, wie es sein sollte. Denn eines war mir von Anfang an wichtig, vielleicht gerade weil ich so eine schwere Zeit hinter mir hatte, die alles – wirklich alles – in eine andere Perspektive rückte: Ich wollte keine Mode um der Mode willen machen. Es sollte nicht um schillernde Kleider gehen und auffällige Designs. Ich wollte eine Marke aufbauen, in der eine Philosophie steckte, die Lebensfreude widerspiegelte und eine Atmosphäre des Wohlfühlens schuf. Wenn eine Kundin mein Atelier betrat, sollte sie schon nach dem ersten Schritt merken: Ich bin toll – und hier kann ich sein, wie ich bin.

Was meine Mode außerdem anders-besonders machen würde, war, dass die Kundinnen selbst mitgestalten können. Ich baute in mein Konzept genau das ein, was mir bei meiner Brautkleidsuche gefehlt hatte: Individualität und Mitgestaltungsmöglichkeit. Bis zu einem gewissen Grad sollte jede Braut ihr Kleid selbst mitdesignen können. Natürlich ginge das nicht komplett wie bei einer Maßanfertigung. Doch meine Bräute sollten die Wahl haben: Es sollte verschiedene Modelle geben, bei denen viele Elemente wie Ärmel, Rock, Ausschnitt oder Schnürung verändert werden können. Auch die Modelle untereinander sollten sich kombinieren lassen. Ganz genau so, wie ich es mir selbst gewünscht hatte, als ich damals bei der Brautkleidsuche mein Traumkleid oft in mehreren verschiedenen Brautkleidern gesehen hatte. Wie gern hätte ich auf die einzelnen Kleider gezeigt und gesagt: »Dieser Rock, dieser Stoff – und von dem Kleid hier die Schnürung. Wow!« Genau dieser Punkt sollte einer der wichtigsten bei *Sanna Lindström* werden. Ich finde einfach, dass jede Braut genau das Kleid bekommen sollte, von dem sie immer geträumt und für das sie lange gespart hatte. Keine Kompromisse beim Brautkleid – das war mein größter Wunsch. Ich kannte zu diesem Zeitpunkt kein Brautmodenatelier, das die Möglichkeit anbot, jedes Modell zu individualisieren, so wie ich es mir für meine zukünftigen Bräute vorgestellt hatte.

Natürlich träumte ich von einem eigenen Atelier und beschrieb dieses auch ganz genau in meinem Businessplan. Aber es war noch ein Traum. Nie im Leben hätte ich erwartet, dass alles dann so schnell gehen würde. Ich war hauptsächlich damit beschäftigt, mir die ersten Schritte zu überlegen und mich währenddessen – oder dadurch – am eigenen Schopf aus der Düsternis zu ziehen, die mich so lange umgeben hatte. »Wenn du das machst, dann machst du es richtig!«, dieser Satz ging mir dabei immer wieder durch den Kopf. Im Englischen gibt es die Redewendung »burn your bridges«. Im Deutschen sagt man »alle Brücken hinter sich abreißen«. Das bedeutet, dass man alle Möglichkeiten zerstört, in eine vorangegangene Situation zurückzukehren. Oder um es mit einer anderen deutschen Redewendung zu erklären: Lass dir kein Hintertürchen offen. Und das ließ ich nicht. Ich riss alle Brücken hinter mir ab. Einen Weg zurück ins Medizinstudium gab es einfach nicht mehr. Ich hatte alles hinter mir gelassen und vor allem: Ich hatte es auch losgelassen. Ich konnte zu tausend Prozent ins Abenteuer *Sanna Lindström* eintauchen.

Wenn die Ateliermiete nur für zwei Monate reicht

Als kleines Kind war ich mit meinem Papa und meinen Brüdern oft an Seen in der Umgebung gewesen. Zu jeder Jahreszeit. Wie man das von den Skandinaviern so kennt, sprangen wir sogar dann ins Wasser, wenn die meisten sich lieber noch eine zweite Jacke oder einen dritten Schal angezogen hätten. Ich weiß nicht, warum wir Leute aus dem Norden dieses ganze Eisbaden machen … Vielleicht weil wir wegen der kurzen Sommer keine andere Wahl haben? Möglicherweise sind wir auch nur ein bisschen liebenswert-verrückt. Wer weiß das schon so genau? Ich kann mich noch sehr gut daran erinnern, wie es sich anfühlte, langsam in die eiskalten Fluten zu steigen. Die Beine fingen an zu kribbeln, wir schnappten lachend nach Luft – und es wurde nur deshalb nach einer Weile angenehmer, weil der Körper ein bisschen taub wurde. Oder weil es außerhalb des Wassers noch kälter war. »Das härtet ab!«, hieß es.

Fast zwei Jahrzehnte später musste ich wieder an diese Ausflüge denken. Denn das Wasser, in das ich mit meiner Unternehmensgründung sprang, war mindestens genauso kalt. Wenn nicht sogar kälter! Denn anders als damals tauchte ich nicht langsam ein, um mich an die Temperatur zu gewöhnen. Nein, ich atmete tief durch, nahm Anlauf – und sprang einfach.

Nach dem ganzen Papierkram – Businessplan, Marketingstrategie, Gründungsdokumente … – ging es nun daran, *Sanna*

Lindström zum Leben zu erwecken. Wie damals bei meinem Brautkleid. Simon feuerte mich an und stärkte mir den Rücken, meine neu erwachte Kreativität verlieh mir Flügel, und mein Ehrgeiz ging wie ein Läufer auf Startposition. Das Unternehmen war binnen weniger Wochen in meinem Kopf entstanden. Doch weil es eine neue Idee war, konnte ich nicht wissen, ob die Welt darauf gewartet hatte: Werden die Leute meine Idee gut finden? Ich hatte keine Ahnung. Aber mein Bauchgefühl sagte mir, dass ich es ausprobieren musste. Was hatte ich zu verlieren?

Ich hatte mir den Aufbau des Unternehmens nicht kinderleicht vorgestellt. Aber dass es anfangs so schwierig werden würde, hatte ich auch nicht erwartet. Komplett grün hinter den Ohren öffnete ich die Tür zur Brautmodenbranche und stieß sofort auf die ersten Hindernisse. Wie wenn du fröhlich durch die Wohnung rennst und dir dann irgendwo den kleinen Zeh anstößt. Autsch! Die erste große Schwierigkeit: Meine Kollektion bestand aus genau acht Kleidern. Das ist sehr – sehr! – wenig. Die Kollektionen anderer Designer zählen mehrere Dutzend oder gar Hunderte. Doch das war nur ein Teil des Problems. Denn ich hatte nicht nur wenige Modelle, ich brauchte von diesen auch keine großen Stückzahlen. Ich fing ja gerade erst an. Das machte mich für Lieferanten extrem uninteressant. Dann gesellte sich noch Schwierigkeit Nummer drei in meine fröhliche Problemrunde: Die Kleider sollten auch noch individualisierbar sein. Ich bin sicher, einige Kleiderproduzenten haben nach meiner Anfrage den Hörer aufgelegt und zu ihrem Kollegen gesagt: »Weißt du was? Hier hat gerade eine Schwedin angerufen – und du glaubst gar nicht, was für eine Schnapsidee die hatte!« Aus ihrer Sicht hatten sie ja auch recht: Für Produzenten lohnte es sich bei dieser Art Auftrag gar nicht, die Nähmaschinen überhaupt einzuschalten. Sie machen dadurch Gewinn, dass sie unveränderbare Modelle in festgelegten Konfektionsgrößen in hoher Stückzahl produzieren. Das konnte ich ihnen nicht bieten. Doch ich gab nicht auf. Ich telefonierte und telefonierte. Jeder einzelnen Produktionsfirma erklärte ich aufs Neue meine Idee. »Schönen guten Tag, mein Name ist Sanna Lindström. Ich möchte Brautkleider anfertigen lassen!« Ich weiß nicht, wie oft ich diesen Satz gesagt habe. Ich besuchte Schneidereien vor Ort und reiste deshalb nach Portugal, Frankreich, Italien, Polen oder in die Türkei. Einmal sprach ich sogar mit einer Firma in China! Mir war es zwar sehr wichtig, innerhalb von Europa produzieren zu lassen, doch je mehr Absagen ich kassierte, desto weiter streckte ich meine Fühler aus. Dabei fand ich heraus: Die meisten großen Brautmodendesigns werden in Asien angefertigt. Na gut, dann rief ich eben auch dort an. Ich flog später sogar nach Schanghai, um mir vor Ort ein besseres Bild machen zu können. Kann ja nicht so schwer sein, einen passenden Partner zu finden. Dachte ich.

Aber es war wirklich schwer. Ich wollte doch gar kein Weltwunder, ich brauchte nur einen Lieferanten, der vertrauenswürdig, nett, unkompliziert, ehrlich, flexibel – und auch noch bereit war, kleine Stückzahlen von höchster Qualität anzufertigen, die für ihn nur vielleicht in Zukunft auch einen Gewinn bringen würden. Ich sage es mal so: Eine Nadel im Heuhaufen zu suchen, ist nichts dagegen. Doch das Handtuch werfen wollte ich auch nicht.

»Vielleicht gibt es einfach niemanden, der das macht?«, sagte ich eines Abends zu Simon und verlor zum ersten Mal ein klitzekleines bisschen meine Zuversicht. Doch schon am nächsten Morgen packte mich eine neue Welle Ehrgeiz und die Überzeugung, dass meine Idee gut war. »Das kann doch nicht unmöglich sein!«, murmelte ich vor mich hin. Also stieg ich erneut in das kalte Seewasser, nahm den Hörer in die Hand und wählte die nächste Nummer.

Durch eine Mischung aus Glück und Schicksal stieß ich schließlich auf jemanden, der zwar keine spontane Begeisterung zeigte, aber wenigstens nicht abwehrend die Hände in die Luft warf. Nach wochenlangen Enttäuschungen sagte diese eine Person plötzlich: »Okay, wir können das mal probieren.« Ich dachte erst, ich hätte mich verhört. Doch dann redete die Frau am anderen Ende der Leitung weiter: »Ich würde vorschlagen, Sie kommen hierher und wir lernen uns kennen.« Ich war so überrascht, dass ich fast vergaß zu antworten. »Äh ja, klar! Natürlich! Ich komme!«, stotterte ich. Eine Minute später buchte ich ein Flugticket nach Polen.

Mein persönliches Produzenten-Weltwunder heißt Natalia. Sie ist Unternehmerin, eine unglaublich starke Frau, Mutter von drei Kindern – und sie beeindruckte mich sofort. Würde ich sie vom Potenzial meiner Idee überzeugen können? Ich hoffte es so sehr! Als sie und ihr Mann mich vom Flughafen in Warschau abholten, kam Natalia direkt zur Sache. Sie blickte mir in die Augen und sagte: »Sanna, wir müssen reden. Bist du dir sicher, dass du bloß acht Kleider produzieren willst? Das ist nichts! Du kannst nicht nur acht Kleider für eine komplette Kollektion machen!« Ich war verunsichert, versuchte aber, sie zu überzeugen, dass es anders erst einmal nicht ging. Viel später sagte sie mir, dass sie sich damals ein bisschen in mir wiedererkannte, als ich mit dieser Idee vor ihrer Tür gestanden hatte. Ich glaube, das war einer der Hauptgründe, warum sie beschloss, mir auf die Beine zu helfen – gespannt darauf, ob ich dann würde loslaufen können.

Ich verstand ziemlich schnell, dass Natalia es eher gewohnt war, mit umfangreichen Kollektionen zu arbeiten, die aus fünfzig bis hundert Kleidern bestanden. Das schüchterte mich ein bisschen ein, war aber auf der anderen Seite auch wirklich gut. Denn Natalia war selbst Designerin, wusste eine Menge über die Branche, kannte seit Jahrzehnten die Abläufe der Herstellung eines Kleides und ließ mich daran teilhaben. Sie gab mir eine Chance, und die wollte ich ganz bestimmt nicht verspielen. Ihr Mann und sie hätten nicht herzlicher zu mir sein können. Auch das machte mir Mut. Sie nahmen mich unter ihre Fittiche und standen mir in der holprigen Anfangszeit mit Rat und Tat zur Seite. Das tun sie bis heute. Es gibt kaum etwas Wertvolleres als Menschen, denen man vertrauen kann. Natalia weiß, woher ich komme, wie alles begann – und ich werde nie vergessen, dass sie die erste Brautkleidproduzentin war, die an mich und meine Idee geglaubt hat. Am schönsten finde ich aber, dass wir über die Jahre Freundinnen geworden sind, die nächtelang über Brautkleiddesigns, unser Mutterdasein und das Leben im Allgemeinen philosophieren können.

Mit Natalia hatte ich die beste Produzentin gefunden, die ich mir hätte wünschen können. Doch zeitgleich bereitete mir die nächste Frage Kopfzerbrechen: Wo sollte ich meine Kleider eigentlich anbieten? Nach einem Blick auf mein Konto wusste ich einmal mehr, wie begrenzt meine Möglichkeiten waren. Ich hatte die beeindruckende Auswahl zwischen dem Mieten einer

Imbissbude oder einer Besenkammer. Ich tat, was ich in einer kniffligen Situation immer tue: Ich brainstormte mit Simon.

»Fürs Erste können wir das Obergeschoss zu einem Atelier umgestalten«, überlegte ich. Simon sah mich an und nickte. »Warum nicht, das würde gehen.« Damals lebten wir in einer Maisonettewohnung in Mönchengladbach. Ich seufzte. Das Obergeschoss lag direkt unterm Dach, mit zahlreichen kleinen Treppenstufen, die es zu erklimmen galt. In den Sommermonaten wurde es zudem auch noch sehr warm. Keine Atmosphäre also, um in mehrere Brautkleider zu schlüpfen, während die Begleitpersonen unter den Dachschrägen klemmen. Ich schüttelte den Kopf. Nein, das funktionierte so nicht. Und dann war da auch immer dieser Satz, der sich wie ein Gründungsmotto in mein Unternehmerherz gepflanzt hatte: »Wenn du das machst, dann machst du es richtig!« Ein Atelier unter aufgeheizten Dachschrägen war nicht »richtig«. Ich wollte nicht direkt mit einem vierstöckigen Atelier starten, aber ich wollte auch keine halben Sachen machen. Ein Dachgeschoss-Maisonette-Atelier war definitiv eine halbe Sache.

Eine »ganze Sache« sah in meinem Kopf ungefähr so aus: Ich käme morgens zu einem kleinen, romantischen Haus, das meinen Namen in verschnörkelter Schrift an Tür und Klingel trug. Wenn ich die Tür aufschloss, würde ich als Erstes meine selbst entworfenen Kleider sehen. Wenig später würde die Glocke läuten und angehende Bräute mit hoffnungsvollen und freudigen Gesichtern kämen herein. In der Mittagspause würde ich mir im Café um die Ecke ein Brötchen und einen Kaffee holen. Klar, meine Traumwelt war vielleicht ein wenig kitschig-romantisch, aber genau so stellte ich es mir vor.

Ein eigenes Atelier stand deshalb ganz oben auf meiner Liste. Ich hatte keine Ahnung, wie ich das finanziell stemmen sollte, doch ich fing trotzdem an, mich im Internet umzuschauen. Es waren wunderschöne Läden und Häuser dabei, die alle eines gemeinsam hatten: Sie waren zu teuer. Als ich mich durch die Inserate klickte und schon dachte, dass ich mir mein Atelier ja nun wirklich nicht auch noch selbst entwerfen könne, verknallte ich mich auf Anhieb. Als hätte ich einen Stromschlag bekommen, saß ich wie angewurzelt da und starrte auf den Bildschirm. Da war es: mein Atelier! Ich scrollte mich mit klopfendem Herzen durch die Informationen. Dann sah ich den Preis, und das Herz rutschte mir in die Hose. War das teuer! Der kleine Sorgen-Skeptiker auf meiner rechten Schulter sagte sofort: »Vergiss es, das wirst du dir nie leisten können. Das ist nicht deine Preisklasse.« Doch als Antwort tauchte mit einem trotzigen Knall auf meiner linken Schulter mein verwegener Unternehmer-Engel auf: »Also Sanna, wenn du etwas aus deinem Leben gelernt hast, dann das: Wenn du dich auf Anhieb verliebt hast, dann war es die Sache doch immer wert, oder? Lohnt es sich da nicht, ein bisschen drum zu kämpfen? Schau es dir wenigstens mal an. Würdest du es nicht bereuen, wenn du es nicht versuchst?«

Die beiden kleinen Sannas auf meinen Schultern stritten hin und her, während ich wieder und wieder die Bilder der Immobilie betrachtete. Das war einfach die perfekte Heimat für meine Brautkleider. Ein Altbau, denkmalgeschützt, mit hohen Decken und großen Fenstern, durch die genug Licht einfiel. In so einer Atmosphäre könnten meine Brautkleider ihre Wirkung richtig entfalten. Brautkleider sind romantisch, filigran, kunstvoll. Jedes Einzelne ist etwas Besonderes und wartet nur darauf, das eine Traumkleid für eine Braut und damit Teil einer individuellen Geschichte zu werden. Das ist es, was Brautkleider in meinen Augen versprechen. Aus diesem Grund sollte auch der Raum um sie herum besonders sein. Ein Altbau, Stuckdecken, hohe Wände und Helligkeit konnten das bieten. Hier würden die Kleider in all ihrer Pracht so zur Geltung kommen, wie es sein sollte. Ich wusste einfach: Das ist mein Atelier. Es hatte die ganze Zeit auf mich gewartet. Das Haus stammte aus dem 17. Jahrhundert, war aus großen, weißen Steinen gebaut und lag gegenüber einer Kirche mitten in der idyllischen, kopfsteingepflasterten Fußgängerzone im Stadtkern von Ratingen. In der großen Schaufensterfront sah ich schon meine Modelle stehen. »Wie viele Kleider müsste ich verkaufen, um mir die Miete leisten zu können?«, fragte ich mich im Stillen. »Das kannst du später noch überlegen«, antwortete die Unternehmer-Sanna auf meiner Schulter. »Ruf erst mal da an und frage nach. Das kostet nichts.« Mein innerer Skeptiker hob zu lautstarkem Protest an, doch ich ignorierte ihn, griff zum Telefon und wählte die Nummer des Eigentümers.

»Rolf Theißen, hallo?«, meldete sich eine sympathische Männerstimme.

Ich nahm all meinen Mut zusammen.

»Hallo, mein Name ist Sanna Lindström, ich komme aus Schweden und es tut mir leid, aber mein Deutsch ist nicht perfekt.« Ich war sehr aufgeregt. »Es wäre toll, wenn Sie langsam mit mir sprechen könnten, weil es für mich etwas schwierig ist, wenn Leute zu schnell Deutsch reden.« Nach dieser Ankündigung legte ich Herrn Theißen mein ganzes Kartenblatt auf den Tisch. Ich hielt mit nichts hinterm Berg. Mein Gefühl sagte mir, dass dies der beste und einzige Weg war. Ich sprach darüber, dass ich nach Deutschland ausgewandert war und alles daransetzte, meinen Traum zu verwirklichen. Dass ich noch ganz am Anfang stand. Und dass ich, seit ich die herrlichen Räume gesehen hatte, an nichts anderes mehr denken könne, als diese für mein Atelier zu mieten.

»Was genau machen Sie denn?«, fragte mich Rolf Theißen amüsiert.

Da hatte ich den wichtigsten Aspekt meiner »Bewerbung« vergessen zu erwähnen. Typisch ich. Zum Glück konnte ich schnell einen klaren Gedanken fassen und holte aus zu dem wohl wichtigsten Satz des Telefonats: »Ich designe Brautkleider«, antwortete ich. Es folgte eine kurze Stille, die mich sofort verunsicherte. Dann fing Rolf Theißen aus vollem Halse an zu lachen. Das war nicht ganz die Reaktion, die ich mir erhofft hatte. »Super, der Plan ist nach hinten losgegangen. Aber du wolltest ja nicht hören!«, meckerte die Skeptiker-Sanna in mir. Überzeugt davon, dass der Mann am anderen Ende der Leitung mich auslachte, bereute ich, überhaupt angerufen zu haben. War mein Traum tatsächlich zu realitätsfern? Das Lachen dauerte nur ein paar Sekunden, doch die reichten aus, um mich vollends zu verunsichern. Deshalb sagte ich nichts weiter.

Als er endlich zur Ruhe gekommen war und sich höflich geräuspert hatte, erklärte Rolf Theißen: »Wissen Sie was, Sanna? Gestern bin ich mit meiner Frau Ulla an dem Haus vorbeigefahren. Wir versuchen schon sehr lange, einen geeigneten Mieter zu finden, denn uns liegt dieses Haus unglaublich am Herzen. Wir haben viel Zeit und Geld investiert, damit es so aussieht wie jetzt. Deshalb wollen wir es nicht an irgendwen vermieten. Wir hatten schon sehr viele Anfragen, unter anderem für ein Tattoo-Studio, ein Restaurant, einen Weinkeller, aber immer passte etwas für uns nicht. Gestern sagte meine Frau Ulla zu mir: ›Rolf, hier sollte ein Brautmodengeschäft rein. Nichts würde besser passen.‹ Und jetzt rufen Sie an.« Als Rolf Theißen das sagte, klang er so überzeugend und herzlich, dass ich nicht anders konnte, als in sein Lachen einzustimmen. Das war schon mehr als ein Hoffnungsschimmer: Vielleicht würde doch alles irgendwie klappen?

Als ich einige Tage später zum ersten Mal die lichtdurchfluteten Räume in Ratingen betrat, verliebte ich mich noch mehr. Simon ging es genauso. Es war einfach perfekt, das sahen wir beide. Glücklicherweise sah es auch jemand anders so. Rolf und Ulla Theißen wurden die Vermieter meines ersten Ateliers – und später noch viel mehr als das: Sie sind zu Freunden, Ratgebern und stetigen Begleitern geworden. Ihretwegen kann ich meine *Sanna Lindström*-Geschichte irgendwann einmal mit den Worten beginnen: »Es war einmal ein kleines weißes Steinhaus in Ratingen, das an einer wunderschönen alten Kopfsteinpflasterstraße lag. In diesem hellen, einzigartigen Haus eröffnete ich mein erstes Brautmodenatelier.«

Von Anfang an war es mir sehr wichtig, diese beiden Menschen nicht zu enttäuschen. Denn was ich niemals vergessen werde: Rolf und Ulla entschieden sich nicht nur für uns, sie kamen uns obendrein auch noch mit der Miete entgegen. Das ist etwas, das ich kaum zu hoffen gewagt hatte. Es rührt mich jedes Mal, Menschen zu treffen, die anderen einfach helfen, ohne sich etwas davon zu versprechen. Ich konnte mein Glück kaum fassen: Erst fand ich in Natalia eine Produzentin, die mir half, jetzt kamen zwei weitere menschliche Engel dazu, die das Gleiche taten. Es lief also alles blendend, doch trotzdem bekam ich innerlich oft Gänsehaut: Auch nach ihrem Entgegenkommen war die Miete für meine Möglichkeiten zu hoch. Mit Natalia konnte ich nur weiter zusammenarbeiten, wenn ich es schaffte, genügend Bräute von meiner Arbeit zu überzeugen. Doch die wussten ja noch gar nicht, dass es mich gab! Wenn mein Vorhaben nicht funktionierte, würde ich mich nicht lange über Wasser halten können. Ich musste alles geben. Es so gut machen wie möglich. Der erste Versuch musste sitzen, sonst würde es schwer werden. Oder unmöglich.

Mittlerweile war 2016 schon fast vorbei, und 2017 klopfte an die Tür. Die große Ateliereröffnung planten wir für den 4. Februar. Doch damit das auch jemand mitbekam, war Werbung der nächste Schritt auf meinem Masterplan. Schließlich mussten die Bräute der Zukunft von mir erfahren. Großartig Marketing oder klassische Werbung kamen für mich kaum infrage, da die Kosten dafür zu hoch waren. Ich hatte also nicht viele Möglichkeiten, deshalb musste ich am besten möglichst viele Bräute auf einmal erreichen. Doch wo traf man möglichst viele Bräute auf einmal? Nachdem ich eine Weile gegrübelt hatte, fiel es mir wie Schuppen von den Augen: auf einer Hochzeitsmesse! Wo, wenn nicht dort, sammelten sie Eindrücke und Inspirationen, hatten die Gelegenheit, gleich mehrere Brautmodendesigner kennenzulernen und sich Termine für Anproben geben zu lassen? Das war genau das, was ich brauchte! Mein Eifer packte mich, und schnell fand ich heraus, dass eine große Hochzeitsmesse kurz vor meiner geplanten Ateliereröffnung stattfand: die *Trau-Dich!*-Messe in Düsseldorf. Das passte wie die Faust aufs Auge:

Auf der Messe konnte ich ordentlich Werbung machen und mit ein wenig Glück einige Bräute überzeugen, sich Anprobetermine bei mir geben zu lassen. Dann hätte ich gleich nach der Eröffnung schon die ersten Kundinnen in meinem Atelier.

Also tat ich, was ich tun musste: Ich buchte einen zwei mal neun Meter großen Messestand. Es war ein riesiges Teil - und man darf nicht vergessen: für acht Kleider! Jetzt hieß es, ein 18 Quadratmeter großes Schaufenster zu dekorieren. In den folgenden Wochen kümmerte ich mich rund um die Uhr um den Messeauftritt. Ich schlief quasi mit dem Kopf auf meinen Zeichnungen ein. Mein Plan war folgender: Ich wollte mit unserem Stand genau das Gefühl erzeugen, das die Bräute in unserem Atelier erwarten würde. Sie sollten in eine andere Welt eintauchen - und zwar in eine weiße, romantische Welt. Ich kaufte bahnenweise weißen Stoff, mit dem wir die ganze Rückseite des Standes verhängten. Auf eBay Kleinanzeigen suchte ich nach alten Möbeln, die Charme ausstrahlten, und restaurierte sie, bis sie wieder in voller Pracht dastanden. Bis tief in die Nächte packte ich Hunderte von Goodiebags, damit meine Besucher *Sanna Lindström* mit einem guten Gefühl verbanden. Die Goodiebags waren weiße Boutique-Tüten, die ich mit dem *Sanna Lindström*-Logo in Gold bedrucken ließ und mit rosafarbenem Seidenpapier auslegte. In jede Tüte kam eine mit Satinband verschnürte Schachtel, in der sich ein Taschenspiegel befand, der ebenfalls mit unserem Logo bedruckt war. Und natürlich eine kleine Tüte voll Süßigkeiten, so wie wir Schweden es lieben. Ein bisschen war es wieder so wie früher mit den Weihnachtszeitungen. Auch da hatte ich mich in die Arbeit gestürzt und jede Sekunde genossen. Mein

Unternehmerherz hüpfte fröhlich vor sich hin. Doch anders als früher schaffte ich jetzt nicht mehr alles allein. Das musste ich zum Glück auch nicht. Ohne die Hilfe von Simon, meiner Mama, die extra aus Schweden rübergeflogen war, und meinen drei engen Freundinnen Anna, Laura und Lea hätte ich die Vorbereitungen niemals stemmen können. Mit diesen tollen Menschen an meiner Seite wurde aus der großen Anstrengung gleichzeitig ein wunderbares Abenteuer. Das Einzige, was mir bis kurz vor Messebeginn noch Bauchschmerzen bereitete, war das, worum sich alles drehte: die Brautkleider. Genauer ging es um zwei von ihnen: *Julia* und *Lisa* - meine zwei besten Freundinnen.

Der richtige Schnitt für dein Traumkleid

Es ist unglaublich, was ein Kleid mit einer Braut machen kann. Nicht jedes Kleid, aber manche Kleider. Eines dann immer ganz besonders. Dieses eine Kleid fühlt sich dann an, als sei es nur für einen selbst gemacht. Wir können nicht komplett erklären, warum es genau dieses Kleid geworden ist oder was es mit uns macht. Aber es gibt ein paar Wegweiser, die uns auf den richtigen Weg zum Traumkleid führen können. Einer dieser Wegweiser ist der richtige Schnitt.

Der Schnitt des Brautkleides spielt sozusagen die Hauptrolle bei der Frage, ob sich eine Braut in einem Kleid wohlfühlt oder nicht. Wählt man den falschen Schnitt, kann eine Braut ein völlig falsches Bild von sich bekommen. Wählt man aber den richtigen Schnitt, schmeichelt das Kleid ihrem Körper und sorgt dafür, dass ihre natürliche Schönheit voll zur Geltung kommt. Diesen richtigen Schnitt zu finden, ist eine der größten Herausforderungen bei der Brautkleidsuche. Gerade auch wenn man mit einer Braut zu tun hat, die unter einem schlechten Selbstbewusstsein leidet. Hier braucht es viel Sensibilität, damit die Braut die Chance ergreifen kann, sich mit neuen Augen sehen zu können. Dazu gehört sehr viel Mut.

Als ich anfing, Brautkleider zu designen, legte ich den Fokus auf das Optische. Ich war hingerissen von den Stoffen, den detailreichen Spitzen und den wunderschönen Farben. Das bin ich bis heute. Mit den Jahren aber entdeckte ich eine große Liebe, für jede Körperform den richtigen Schnitt zu finden. Wenn ich heute designe, tue ich das aus einem ganz anderen

Blickwinkel als früher. Diesen Blickwinkel verdanke ich all der Erfahrung, die ich durch die vielen Anproben der letzten Jahre gewonnen habe. Ich habe gelernt, was Bräute mögen, die einen bestimmten Körpertyp haben. Ich konnte oft beobachten, was sie störte und wann sie unbewusst anfingen, mit den Händen über »Problemzonen« zu streichen. Manchmal brauchte es dann nur kleine Details, die dafür sorgten, dass sie sich wohlfühlten. Manchmal war aber der Schnitt komplett nicht geeignet.

Jedes Mal, bevor ich mit einem Design beginne, frage ich mich deshalb: Für wen designe ich dieses Kleid? Ich mache die Kleider nicht um der Kleider willen. Ich mache sie für jemanden. Diesen Jemand stelle ich mir dann ganz genau vor: Ist sie dünn und hat eine kleine Oberweite? Ist sie sehr groß und füllig? Oder eher kleiner, aber mit langem Oberkörper? Wie lang sind ihre Beine? Wenn ich dann einen bestimmten Typ vor Augen habe, stelle ich mir die nächste Frage: Was braucht diese Frau, damit sie sich wohlfühlt? So stelle ich mir Frage um Frage und nähere mich im Designprozess immer weiter dem finalen Modell. Die Fragen gehen nach und nach tiefer und beziehen auch verschiedene Persönlichkeiten mit ein. Zum Beispiel können zwei Frauen den nahezu exakt gleichen Körperbau, aber natürlich völlig verschiedene Persönlichkeiten haben. Stellen wir uns vor, beide Frauen haben eine sehr große Oberweite. Während die eine stolz auf ihre Oberweite ist und sie gern betonen möchte, kann die andere das genaue Gegenteil empfinden. Sie möchte den Fokus vielleicht viel lieber auf ihren Rücken lenken und ihre Oberweite bedecken. Obwohl also beide Frauen den gleichen Körpertyp mitbringen, werden zwei vollkommen unterschiedliche Kleider zu ihren Traumkleidern.

Eine Frage, die mir oft gestellt wird, ist die nach meinem Lieblingskleid oder Lieblingsschnitt. Meinem absoluten Favoriten. Diese Frage kann ich schwer bis gar nicht beantworten. Ich könnte vielleicht sagen, was mein persönliches Traumkleid wäre, würde ich genau jetzt noch mal heiraten. Ansonsten aber ist es unmöglich, darauf eine Antwort zu finden. Für mich geht es eher um das perfekte Match zwischen einem Kleid und einer Persönlichkeit. Dieses Kleid an genau dieser Braut mit genau diesem Körpertyp ist dann »mein Lieblingskleid«. Dadurch habe ich ständig neue Lieblingskleider. Natürlich habe ich in unserem Sortiment Kleider, die ich besonders mag. Aber wenn eine Frau das für sie richtige Kleid trägt, dann spüre ich so eine Liebe für dieses Kleid, dass es automatisch mein Lieblingskleid wird. Genauso kann es aber auch passieren, dass ich ein Kleid gar nicht mehr mag. Nämlich dann, wenn es nicht das richtige Kleid für eine Braut ist. So sorgt der Schnitt bei jeder Frau ganz individuell dafür, ob ein Kleid Traumkleidqualitäten hat oder nicht.

Wenn es um den richtigen Schnitt für den Körpertyp geht, gibt es ein paar allgemeine Tipps, die bei der Suche nach dem Traumkleid helfen können. Frauen mit einer größeren Oberweite sind gut damit beraten, ein Oberteil mit Trägern und Korsage zu wählen. Bei einer schweren Oberweite sind Stäbchen wichtig, um die Brust zu stützen. Auch die Breite der Träger kann den Ausschlag geben für den richtigen Halt: Je breiter die Träger, desto besser verteilt sich das Gewicht der Brust und desto höher wird der Tragekomfort. Bräuten, die ihre Oberweite etwas kaschieren möchten, empfehle ich Herz- oder V-Ausschnitte. Eine große Oberweite wird eher noch betont, wenn ein hochgeschlossenes Dekolleté gewählt wird. Für sehr zierlich gebaute Frauen empfiehlt es sich, die Korsage komplett wegzulassen und stattdessen vielleicht nur mit Cups zu arbeiten. Das sorgt für ein leichteres Erscheinungsbild.

Bräute, die gern ihre Oberarme kaschieren möchten, sollten eher keine eng anliegenden, langen Ärmel wählen, die auf dem Oberarm aufhören. Diese betonen sie eher. Flügelärmchen oder Tulpenärmel fallen lockerer. Wichtig zu beachten ist hier, dass die Ärmel entweder oberhalb oder unterhalb der Brust enden, sonst lenken sie die Blicke auf genau die Stelle, die eigentlich kaschiert werden soll.

Kleine Frauen mit eher kurzen Oberkörpern, die etwas größer wirken möchten, können sich mit V-Ausschnitt und einer leicht in den Rock herunterlaufenden Spitze optisch strecken. Auch ein weniger voluminöser Rock kann dazu beitragen. Zu voluminöse oder ausgestellte Röcke hingegen wirken schnell etwas »drückend«. Auf figurbetonte Schnitte sollte verzichten, wer seine Hüfte nicht zu sehr in den Vordergrund rücken will. Hier sollte der Fokus mehr auf der Taille liegen. Ein schöner Gürtel oder ein weiter Rock kann diese besonders in Szene setzen. Große Frauen, die nicht noch größer wirken möchten, sollten von Empirekleidern absehen, da diese die Beine durch die hohe Taille und den fließenden Stoff noch länger wirken lassen.

Doch jetzt werden wir konkret. Hier kommen Details zu den Schnitten, die wir bei *Sanna Lindström* führen.

A-Linie

Der wohl beliebteste Schnitt eines Brautkleides, der auch am häufigsten ausgewählt wird, ist die zeitlos klassische Form der A-Linie. Das Oberteil ist bei diesem Kleidertyp eher schmal geschnitten und liegt eng an. Der in der Taille ansetzende fließende bis leicht ausgestellte Rock betont hierbei die sanduhrförmige Figur der Braut.

Dieser Figurtyp strahlt in einer A-Linie

Eine A-Linie ist für die meisten Figurtypen geeignet. Das eng anliegende Oberteil hebt Dekolleté und Oberkörper besonders schön hervor, während der oft etwas weiter fallende Rock »Problemzönchen« an Beinen, Po oder Bauch kaschieren kann. Da die A-Linie für eine schlanke Silhouette sorgt und die Figur optisch streckt, fühlen sich viele Bräute mit den unterschiedlichsten Figurtypen in einem Brautkleid mit diesem Schnitt rundum wohl. Wie der Rock fällt, hängt ganz vom gewählten Obermaterial ab. Für einen weich fließenden Rock, der Leichtigkeit und Eleganz ausstrahlt und perfekt für Sommerhochzeiten geeignet ist, eignet sich Chiffon. Soft-Tüll hingegen wirkt deutlich leichter und verspielter. Für Bräute, die sich ein bisschen mehr Rock wünschen, aber kein richtiges Prinzessinnenkleid haben möchten, eignet sich Tüll für die oberen Lagen. Damit wird der Rock etwas ausgestellter und bildet das perfekte Mittelmaß zwischen der schlanken A-Linie und der weit ausgestellten Prinzessin.

Der Zauber der A-Linie ist besonders geeignet für

- kleine und große Frauen
- Frauen mit schmalen Silhouetten
- Frauen mit weiblichen Rundungen

Prinzessin (Duchesse)

Wer schon immer in einem wahren Traum aus Tüll »Ja« sagen wollte, für den ist der Prinzessinnenstil genau richtig. Man kennt diesen Schnitt auch unter dem Namen »Duchesse«. Hier trifft ein schmales und eng anliegendes Oberteil auf einen weit ausgestellten Tüllrock. Dieser voluminöse Rock ist es übrigens auch, der aus einer klassischen A-Linie eine Prinzessin macht. Um möglichst viel Volumen zu erzeugen, wird der Stoff in der Taille eingekräuselt. Aber auch Kleider, deren Röcke aus vielen Lagen bestehen, und die aus diesem Grund weit fallen, werden allgemein als »Prinzessin« bezeichnet.

Die Definition einer Prinzessin ist recht subjektiv. Manche Bräute wählen ein Prinzessinnenkleid mit wenigen Tüllschichten und nur leichtem Schwung in der Taille, andere hingegen wünschen sich noch einen viel voluminöseren Rock. Doch egal ob leichter Schwung oder sehr voluminös: In jedem Fall empfiehlt es sich, für den charakteristischen Prinzessinnen-Look einen Reifrock zu tragen.

Dieser Figurtyp strahlt in einer Prinzessin

Um einen Kontrast zu dem voluminösen, ausgestellten Rock zu bilden, braucht es im besten Fall eine etwas betontere Taille. Breitere Hüften sowie vermeintliche Problemzonen an Beinen und Po werden durch den üppigen Rock schön kaschiert. Beim Volumen spielt auch die Körpergröße eine Rolle: Kleinere Bräute können beispielsweise oft eine Lage Tüll weniger wählen, um den gleichen »Prinzessinnen-Effekt« zu erzielen.

Der Zauber der Prinzessin ist besonders geeignet für

- mittelgroße bis große Frauen
- Frauen mit schmalerer Taille, die diese betonen möchten
- Frauen mit breiteren Hüften
- Frauen mit weiblichen Rundungen

Empire

Bei Brautkleidern im Empireschnitt wird die Taille optisch unter die Brust gesetzt. Der Rock setzt also weit oben an und fällt locker nach unten. Durch seinen schönen, fließenden Fall ist Chiffon ein Material, das sich besonders gut für den Rock im Empirestil eignet. Bei einer schwangeren Braut wird hierdurch der Babybauch wunderschön in Szene gesetzt.

Dieser Figurtyp strahlt in einem Empirekleid

Kleider im Empirestil eignen sich sowohl für kleine als auch für große Frauen. Ganz besonders aber für schwangere Bräute. Der Babybauch findet bei dieser Passform genug Platz, und die Braut kann sich uneingeschränkt bewegen. Durch die hohe Taillennaht werden die Beine optisch verlängert und der Oberkörper wirkt etwas kürzer. Dieser Effekt lässt sich übrigens auch wunderbar nutzen, um vermeintliche Problemzonen zu kaschieren.

Der Zauber des Empirekleides ist besonders geeignet für

- schwangere Bräute
- zierliche Frauen
- Frauen mit wenig Taille
- kleinere Bräute, die ihre Beine optisch strecken wollen

Fit 'n' Flare

Der Name *Fit 'n' Flare* leitet sich aus den englischen Begriffen *fit* für »eng anliegend« und *flare* für »ausgestellt« ab. Der Begriff beschreibt die Passform des Kleides damit sehr gut: Das Kleid liegt bis unter dem Po eng an und weitet sich dann nach unten hin leicht aus. *Fit 'n' Flare* wird gern mal mit dem Meerjungfrauenschnitt verwechselt. Bei diesem stellt sich der Rock aber erst ab dem Knie aus. Das kann das Tragegefühl beeinträchtigen, da es häufig vorkommt, dass eine Braut sich in einer Meerjungfrau nicht gut bewegen kann.

Dieser Figurtyp strahlt in einem *Fit-'n'-Flare*-Kleid

Bei Kleidern im *Fit-'n'-Flare*-Stil wird die Figur der Braut hervorgehoben. Die eng anliegende Passform unterstreicht ihre Weiblichkeit. Insbesondere Po und Hüften werden bei diesem Schnitt perfekt in Szene gesetzt. *Fit 'n' Flare* eignet sich besonders für Frauen mit einer ausgeprägten Taille und langen Beinen und für alle Bräute, die sinnlich, elegant und sexy zugleich aussehen möchten.

Der Zauber des *Fit-'n'-Flare*-Kleides ist besonders geeignet für

- mittelgroße bis große Frauen
- Frauen mit weiblicher Silhouette und üppigem Po
- Frauen mit ausgeprägter Taille

Jedes meiner Brautkleiddesigns hatte ich nach einer meiner Freundinnen benannt. Das würde ich bis heute so machen, doch leider gingen mir irgendwann die Namen aus. Heute greife ich einfach auf schöne Frauennamen zurück. Ein Brautkleid ist nicht irgendein Kleidungsstück. Das Brautkleid steht für so viel, vor allem aber für das Gefühl von Glück und Liebe. Niemand wird je sein Brautkleid, das er liebt, hinten in den Schrank packen und sagen: »Ach ja, da ist ja noch mein Brautkleid.« Brautkleider werden so gut wie immer andächtig-freudig herausgeholt, manchmal werden sie sogar vererbt. Ziemlich gute Gründe für einen Namen, finde ich. Aber auch mir selbst war es wichtig, meinen Designs, in die ich so viel Liebe stecke, Namen zu geben. Irgendwie sind sie alle meine Freundinnen geworden, denn sie haben mein Leben so sehr bereichert. Mit ihnen kamen endlich die Erfüllung und das Glück, die ich lange gesucht hatte. Und zu guter Letzt wollte ich auch meinen Freundinnen damit zeigen, wie lieb ich sie habe, indem ich wunderschöne Brautkleider nach ihnen benannte, die so viele Frauen an einem der schönsten Tage ihres Lebens begleiten.

Dass Brautkleider durchaus auch Probleme machen können, merkte ich, als die Hochzeitsmesse immer näher rückte. Denn erst sechs der acht Modelle waren bisher aus der Produktion eingetroffen. Die zwei, die ich für Änderungen zurückschicken musste, ließen nach wie vor auf sich warten. Was hatte ich für eine Angst, dass ich an meinem riesigen Stand mit nur sechs Brautkleidern auftauchen würde! Die anderen Stände würden mit Hunderten von Kleidern um die Ecke kommen. Wenn jetzt zwei meiner Modelle nicht rechtzeitig fertig werden würden, wäre das ein echtes Problem. Dabei hatte niemand Schuld daran, dass die Kleider Änderungen brauchten. Es war ein sehr straffer Zeitplan, um die Anfertigung der Kleider überhaupt zu schaffen. Ich war so nervös! Und so erleichtert, als am letzten Tag vor der Messe endlich die zwei fehlenden Brautkleidmodelle bei uns eintrafen. Ich kann kaum in Worte fassen, was für ein riesiger Stein mir vom Herzen fiel, als ich sie auspackte und mit ihnen alles stimmte.

Als der erste Messetag anbrach und die Türen geöffnet wurden, konnte man bei mir nicht mehr nur von Nervosität sprechen. Ich war längst jenseits jeder Aufregung angekommen. Es war ein großes Glück, dass meine Liebsten immer noch alle mit anpackten: Simon, Mama und viele meiner Freunde. Es war das reinste Chaos. Bis zur letzten Sekunde wuselten wir herum wie die Hühner im Stall. Die beiden Männer vom Stand nebenan, die alles innerhalb kürzester Zeit aufgebaut hatten, sahen unsere Not und packten tatkräftig mit an. Das war so unglaublich nett! Es handelte sich um die Brüder David und Emanuel Dufour, zwei Herrenausstatter in langer Familientradition – und sehr gute Freunde von uns. Sie machen eigentlich das Gleiche wie wir mit *Sanna Lindström*, nur für Männer. Unsere Mode ergänzt sich, wir haben die gleiche Wellenlänge – es ist das *perfect match*.

So aufgeregt ich war – als die ersten Bräute an unseren Stand traten, hatte ich keine Zeit mehr, darüber auch nur eine Sekunde nachzudenken. Alles war so groß, voll, laut und aufregend, dass ich mich bis heute nur ausschnitthaft an diese trubeligen Tage erinnern kann. Doch ich weiß noch genau, was ich die meiste Zeit tief in mir drin spürte: Es war ein schönes, unglaublich warmes und freudiges Gefühl, als ich sah, wie viele Menschen Interesse zeigten und von meinem *Sanna Lindström*-Konzept begeistert waren. Da hingen meine Kleider, die, obwohl es nicht viele waren, mein ganzes Herz erfüllten. Wir hatten die Goodiebags zu riesigen Türmen gestapelt. Wie sie da standen, hießen sie jeden Besucher mit ihrem rosa Seidenpapier willkommen. Um den Stand wuselten die Besucher herum – und dazwischen sah ich immer wieder meine Freundinnen und meine Mama, die so einen unglaublichen Einsatz zeigten. Mich durchströmte eine tiefe Dankbarkeit für diese Menschen in meinem Leben, die alles stehen und liegen ließen, um mir zu helfen.

Unser Stand stach heraus: Er war hell, freundlich – und irgendwie anders. Die ganze Messe wurde ein riesiger Erfolg. Wir gewannen sogar den Preis für den schönsten Messestand, für den die Tausenden Besucher hatten abstimmen können. Damit hatte ich nicht im Traum gerechnet! Womit ich auch nicht gerechnet, aber worauf ich insgeheim gehofft hatte, trat ein: Die Leute buchten Termin um Termin. Nach zwei Tagen hatte ich mehr als hundert Anproben für die kommenden Monate im Kalender stehen. Ich war so dankbar und glücklich! Bis mir dann einfiel, dass ich all diese Anproben auch würde durchführen müssen. Ich, die ich noch nie eine Brautkleidanprobe gemacht hatte! Da hatte ich die Messetage geschafft, hatte noch so viel für die Eröffnung zu planen, und schon gab es eine neue Aufgabe zu meistern. Mir wurde klar, dass so eine Gründung mit einer wahren Achterbahn von extremen Gefühlslagen einherging – und zur gleichen Zeit eine der besten Herausforderungen war, die ich je erleben durfte.

Kaum war die Messe vorbei, hatte ich keine Zeit zum Ausruhen. Es waren nur noch wenige Tage bis zur Ateliereröffnung, und es musste noch unglaublich viel erledigt werden. Genau genommen noch alles. Weil ich die ganze Zeit mit dem Kopf in den Messevorbereitungen gesteckt hatte, war ich noch gar nicht dazu gekommen, mich um die Einrichtung des Ateliers zu kümmern. Der riesige Stein, der mir nach der Messe vom Herzen gefallen war, fiel mir nun auf die Füße. Immerzu hatte ich den Gedanken an die Ateliereröffnung mit den Worten »Ja, das wird schon ... erst mal die Messe schaffen!« beiseitegeschoben. Als ich dann in meinem leeren Atelier stand, fiel mir eine Sache besonders auf: Es war riesengroß! Ich hatte es bislang nicht ausgeräumt zu Gesicht bekommen. Mein Kopf wollte schon den Panikschalter anknipsen, doch ich stürzte mich lieber erneut in die Vorbereitungen. Wenn ich in dieser ganzen Zeit überhaupt geschlafen habe, dann nur vor Erschöpfung.

Wie für die Messe kaufte ich Möbel bei eBay Kleinanzeigen und restaurierte sie. Ich besorgte ein paar Paravents, die fürs Erste die provisorische Umkleide bilden würden. Dann kaufte ich noch ein bisschen Deko. Es sah nach einer Menge Kram aus, aber als ich alles im Atelier untergebracht hatte, sah ich meine Befürchtungen bestätigt: Es war eine Riesenkatastrophe! Da standen nun meine vier Pups-Möbel auf weiter Flur, und alles sah einfach nur verloren aus. Nicht mal ein Viertel des Ateliers war genutzt. Der Rest: gähnende Leere. Jetzt wurde ich wirklich panisch. Ich hatte Hunderte Menschen aus der Branche, Familie, Freunde und Journalisten zu unserer Eröffnung eingeladen. Doch vorerst sah das Ganze noch aus, als würde es ein oberpeinlicher Flop werden! Nach dem Motto: Sucht euch einen Platz, hier ist ja genug leerer Raum! Ich tat, was wohl viele in meiner Situation getan hätten: Ich setzte mich hin und weinte. Mit einem Mal verzweifelte ich an einer, wie mir schien, übermenschlich großen Herausforderung.

Wieder waren es die Menschen um mich herum, die mir halfen. Sagte ich schon, wie dankbar ich bin, solche Seelen um mich zu haben? Dieses Mal war es meine sehr gute Freundin Hannah, die mir Mut zusprach. Kurzerhand fuhr sie mit mir zu einem Möbelgeschäft. Danach ging es an die Deko. Wir klapperten sämtliche Geschäfte in Ratingen und Umgebung ab und kauften alles, was passte und nicht zu teuer war. Damit schafften wir es tatsächlich, die leeren Flächen zu füllen, ohne dass mein Atelier wie ein Flohmarkt aussah. Viele dieser Dinge, die wir damals kauften, habe ich heute noch. Erst vor Kurzem haben ein paar meiner Mitarbeiterinnen im Keller Plastikblumen aus der Zeit der ersten Ateliereröffnung gefunden. »Hä? Was ist das denn?«, lachten sie und hielten mir die Blumen unter die Nase. Ich musste auch lachen und dachte daran, wie diese Dinger mich damals gerettet hatten.

Wir arbeiteten rund um die Uhr und schafften es gerade so. Zuletzt stellte ich noch einen eisernen Rosenbogen auf, der als Kleiderstange für meine acht Brautkleider diente. Dieser

Rosenbogen überlebte noch Jahre. Als wir am Abend vor der Eröffnung auf dem Ratinger Kopfsteinpflaster standen und erschöpft auf die erleuchteten Ladenfenster blickten, war ich unheimlich stolz. Mein Atelier war nicht ansatzweise so perfekt, wie ich es mir immer erhofft hatte, aber es war meins. Mit all den Kompromissen war es für diesen Moment eben doch perfekt. Die Gäste konnten kommen.

Einige Stunden später schaute ich um mich herum und sah viele fröhliche Gesichter. So viele Menschen waren gekommen – Familie, Freunde, bekannte Fotografen, Journalisten und jede Menge Kollegen aus der Branche. Alle redeten durcheinander, bewunderten die Modelle, stießen mit Sekt an und aßen Mini-Cupcakes. Ich hielt sogar eine kleine Rede, obwohl ich das wirklich nicht gern tue. Es war einer dieser Abende, die ich nie im Leben vergessen werde.

Nun konnte die eigentliche Arbeit losgehen. Da ich zuvor niemals Anproben durchgeführt hatte, war vieles für mich Neuland. Doch auch hier tauchten wieder die Unternehmererfahrungen aus meiner Kindheit in mir auf. Jedes Lächeln beim Limonadenverkauf und jede Freude über die Weihnachtszeitungsbestellungen kehrte zu mir zurück. Es machte mich glücklich, andere glücklich zu machen. Wenn eine Braut zum ersten Mal *ihr* Kleid trägt, weiß sie das meist in der Sekunde, in der sie sich im Spiegel sieht. Dann rauscht oft ein großes Glücksgefühl durch ihren Körper, an dem so viel Hoffnung, Erleichterung und Selbstwertgefühl hängt. Dabei zu helfen, dieses Glück zu finden, ist etwas, das mich unendlich erfüllt. Es ist eine der schönsten Seiten meines Berufs.

Die ersten Bräute werde ich immer in Erinnerung behalten. Nicht nur dass sie meine Kleider kauften und dadurch für etwas Wasser auf dem Mühlenstein meines Kontos sorgten, sie schenkten mir etwas viel Wichtigeres: Stück für Stück gaben sie mir Selbstvertrauen zurück und bestärkten mich in meinem Glauben an meine Idee. Sie waren wie kleine Glühwürmchen in der Dunkelheit. Noch heute kann ich mich an jeden Namen und jedes Gesicht der Bräute erinnern, die in den ersten Monaten ein Kleid bei mir gekauft hatten. Sie werden für mich immer viel mehr als nur Kundinnen sein. Sie bedeuteten mir in diesen Momenten die Welt. Nichts war mir wichtiger, als diesen Frauen, die mir halfen, meinen Traum wahr werden zu lassen, bei der Suche nach ihrem Traumkleid zu helfen.

Doch wie so oft, wenn es bergauf geht, kommt irgendwann die Talfahrt. Nach den Erfolgen der Hochzeitsmesse und der Ateliereröffnung wartete sogar ein ziemliches »Bergab« auf mich. Zunächst startete ich noch guter Dinge. Jeden Tag lief ich lächelnd zu meinem Atelier und freute mich auf meine Bräute. Doch immer öfter kam es vor, dass ich vergeblich wartete. An eines hatte ich überhaupt nicht gedacht: Wenn jemand einen Termin bucht, heißt es nicht, dass er diesen auch wahrnimmt. Genau das war es, was mir in den folgenden Wochen den Boden unter den Füßen wegzuziehen drohte. Sehr viele Bräute, die sich auf der Messe einen Termin hatten geben lassen, tauchten einfach nicht auf. Manchmal kam von vier geplanten Bräuten nur eine einzige. Oft auch gar keine. Tagelang saß ich allein in meinem Atelier und wartete, während meine Verzweiflung wuchs. Wie sollte ich so die Miete bezahlen? Ich konnte bereits die Tage zählen, die mir bei dieser Lage bleiben würden, bis ich den Schlüssel wieder würde zurückgeben müssen. Diese erste Zeit in meinem geliebten Ratinger Atelier wurde zu einer der größeren Herausforderungen meines Lebens. Meine Zweifel über die Zukunft kehrten zurück, vertrieben den neu aufgebauten, noch zaghaften Glauben an mich selbst und dämpften meine hart zurückerkämpfte Lebensfreude. Ich hatte meine Ersparnisse, meine Hoffnungen, meine ganze Leidenschaft, meine Kreativität und all meine Zeit in meinen Traum gesteckt. Nun stand ich allein zwischen den Brautkleidern und verlor meine Zuversicht. Obwohl ich jeden Morgen lieber die Decke über den Kopf gezogen hätte, als mich der Einsamkeit meines Ateliers zu stellen, raffte ich mich wieder und wieder auf.

Durch die vielen ausgefallenen Anproben kam immer weniger Geld rein, dennoch musste ich eine weitere große Investition tätigen. Denn schon nach den ersten Terminen hatte ich einen großen Fehler erkannt, den ich gemacht hatte: Ich hatte jedes Brautkleidmodell nur in einer einzigen Größe bestellt. Und zwar in einer deutlich zu kleinen. Alle Kleider waren in den Konfektionsgrößen 36 oder 38 angefertigt worden, damit sie dem Fotomodell für die Werbematerialien passten. Dass die meisten anderen Frauen mit diesen Größen nicht viel anfangen können, war ja klar. Wer passt schon in eine 36? Natürlich bekamen ein paar von ihnen die Kleider zu, aber viele waren es nicht. Es war mir so unangenehm und tat mir so leid, denn ich wollte natürlich, dass die Bräute eine schöne Anprobe genießen konnten. Das war mit viel zu kleinen Kleidern natürlich schwierig. Deshalb war ich überrascht und auch unglaublich froh, wie viele der Bräute die ganze Sache mit Humor nahmen. Irgendwie entstand bei den Anproben oft so ein Vertrauen und so eine geschützte Atmosphäre, dass alle sich einfach nur wohlfühlten und wir sehr viel Spaß hatten. Trotzdem bestellte ich, so schnell ich konnte, neue Größen. Die Kleider waren sehr teuer, aber ich wusste, dass es eine wirklich wichtige Investition war. Vielleicht sogar die wichtigste in diesen Wochen.

Dennoch konnte ich nicht länger ignorieren, dass das Geld immer knapper wurde. Es war, als würde ich Wasser durch ein Sieb gießen: Es blieb einfach nichts hängen. Wir hatten alles sehr sportlich geplant und so kalkuliert, dass wir die Miete ganze zwei Monate bezahlen konnten. Rolf und Ulla wussten darüber Bescheid, denn wir waren von Anfang an ehrlich mit ihnen gewesen. Als es absehbar wurde, dass ich die Miete nicht mehr würde aufbringen können, musste ich zu ihnen gehen und sie darüber aufklären. Selten war mir etwas so unangenehm gewesen. Ich bat die beiden darum, weiter an mich zu glauben. Ich denke, jeder hätte verstanden, wenn sie bedauernd den Kopf geschüttelt hätten. Sie hatten bereits so viel für mich getan. Doch Rolf und Ulla kamen mir erneut mit der Miete entgegen. Das rührt mich bis heute tief ins Herz. Es war ein weiteres Mal, dass mir Menschen uneigennützig halfen und mir so die Möglichkeit gaben, weiterzukämpfen. Wie könnte ich heute sagen, dass ich alles allein geschafft hätte? Ohne die Hilfe dieser vielen Menschen wäre nichts von dem, was ich heute tue, möglich gewesen. Jedes Mal, wenn ich innehalte und auf die vergangenen Jahre zurückblicke, bin ich unendlich dankbar für die Menschen, die mein Leben bereichern.

Dadurch, dass Rolf und Ulla an mich glaubten, legte ich in den folgenden Wochen noch eine Schippe mehr drauf. Wenn das Schiff unterging, wollte ich wenigstens alles versucht haben.

Deshalb änderte ich meine Strategie: Ich musste wissen, welche Termine ausfallen würden, um sie neu zu besetzen. Ich rief also jede einzelne Braut im Voraus an, erinnerte sie an ihre Anprobe und versuchte, ihre Vorfreude auf den Termin neu zu entfachen. Es funktionierte. Es tauchten zwar immer noch nicht alle auf, aber nach und nach gab es mehr Bräute, die kamen, als solche, die fernblieben. Über jede Einzelne von ihnen freute ich mich wie über die ersten Blumen im Frühling.

Die Monate nach der Eröffnung kosteten sehr viel Kraft. Vor allem, weil ich am Anfang jede Rolle einnahm: Ich war Brautmodendesignerin, Beraterin, Telefonistin, Reinigungskraft, Buchhalterin und noch so vieles mehr. Es war ein einziges Auf und Ab, und ein Problem folgte auf das Nächste. Doch zwischendurch gab es auch immer wieder wunderschöne Momente. Die romantische Vorstellung, die ich einst gehabt hatte, war tatsächlich Wirklichkeit geworden: Ich arbeitete in meinem eigenen Atelier, kaufte frisches Obst und Blumen auf dem Markt und schlenderte in der Pause zu einem kleinen Café. Auch schön war, wie viele Menschen mich in der Stadt ansprachen: »Bist du diejenige mit dem neuen Brautmodenladen? Ich bleibe immer stehen und schaue mir deine Kleider im Schaufenster an!« Das ist es, was ich an Kleinstädten liebe: das Idyllische, Familiäre. Oft kamen Leute auch einfach ins Atelier rein, um Hallo zu sagen. Ich fühlte mich sehr willkommen.

Aber es gab auch eigentümliche Begegnungen. Eine Begebenheit in den ersten Monaten nahm mich ziemlich mit. Ich werde niemals vergessen, wie ich mich fühlte, als es passierte. Es fing mit einer wunderbaren Anprobe an, bei der eine Braut genau das Kleid fand, was sie sich gewünscht hatte. Sie nutzte die Möglichkeit, das Design mitzugestalten, fügte lange Ärmel hinzu und wählte einen anderen Rückenausschnitt. Ich war so gespannt, wie die endgültige Anprobe sein würde. Ich wünschte mir so sehr, dass die Braut richtig glücklich ist. Und das war sie. Sogar überglücklich. Noch am selben Tag schrieb sie mir eine Nachricht. Sie bedankte sich und sagte, dass das Kleid noch viel schöner geworden sei, als sie es sich vorgestellt hatte.

Einige Tage später, es war vielleicht zwanzig Uhr, klopfte es an die Ateliertür. Ich öffnete und sah mich der Braut und ihrer Mutter gegenüber. Ohne Vorwarnung begann Letztere auf mich loszugehen. Sie beschimpfte mich und machte mir große Vorwürfe: »Meine Tochter heiratet in wenigen Tagen, und Sie haben ihre Hochzeit zerstört! Es ist Ihre Schuld, dass sie so unglücklich mit ihrem Kleid ist. Was Sie entworfen haben, ist Schrott! Finden Sie SOFORT eine Lösung!« Ich war völlig perplex und blickte Hilfe suchend zur Braut. Doch diese schaute nur auf den Boden und sagte kein Wort.

Ich ließ die beiden herein und schlug mit zittriger Stimme vor, sofort in die Anprobe zu gehen. Doch – Zufall oder nicht – hatten sie das Kleid zu Hause gelassen. Stattdessen fauchte die Frau mich weiter an: »Wenn Sie das nicht in Ordnung bringen, sorgt mein Anwalt dafür, dass Sie Ihren Laden dichtmachen können!« Ich fiel aus allen Wolken und konnte die Tränen nicht zurückhalten. Ich hatte keine Möglichkeit, etwas zu machen, da ich das Kleid nicht sehen konnte. Weil ich völlig verunsichert war, ließ ich mich darauf ein, der Braut das Geld zurückzuerstatten. Die Mutter hatte es mit ihrer burschikosen Art geschafft, mich in die Ecke zu drängen. Heute, mit einiger

Erfahrung und mit mehr unternehmerischem Selbstbewusstsein, würde ich so etwas nicht mehr mit mir machen lassen. Ich würde darauf bestehen, das Kleid erneut an der Braut zu sehen. Damals jedoch tat ich es, da die Mutter mir so viele böse Worte an den Kopf schmiss und ich der Situation entfliehen wollte.

Nachdem die beiden mein Atelier verlassen hatten, saß ich weinend auf dem Boden der Anprobe. Ich fürchtete, dass alles vorbei wäre. Was, wenn mehr Bräute so reagierten? Wenn ich nicht in der Lage war, Frauen für den glücklichsten Moment ihres Lebens auszustatten? Simon schaffte es, mir wieder Mut zuzusprechen.

Doch die Geschichte war noch nicht zu Ende. An einem der nächsten Abende war ich wieder allein im Atelier, als plötzlich ein Mann hereinstürmte. Er war wahnsinnig aufgebracht, und es stellte sich heraus, dass es sich um den Ehemann der Braut handelte. Auch er begann, mich zu beschimpfen. Er verlangte, dass ich die Änderungen des neuen Brautkleides bezahlte. Ich konnte es nicht fassen, hatte aber auch ziemliche Angst, weil der Mann nicht nur groß und wütend, sondern auch noch recht muskulös war. Doch auf einmal sprang in mir ein Schalter auf »Jetzt reicht es mir aber!«. Was fiel dem Kerl ein, am Abend in mein leeres Atelier zu kommen und mich in so eine Situation zu bringen? Ich nahm all meinen Mut zusammen und sagte mit fester Stimme: »Bis hierhin und nicht weiter. Sie verlassen jetzt auf der Stelle meinen Laden!« Zu meiner Erleichterung tat er das auch. Ich war danach ziemlich fertig, hatte es aber geschafft, mich nicht auf seine Forderungen einzulassen.

Ich habe viel darüber nachgedacht, welche Gründe diese Menschen dazu gebracht haben könnten, so zu handeln. Doch am Ende sind das nur Spekulationen, und ich werde es nie herausfinden. Dieses Erlebnis hatte mich sehr getroffen. Aber es hatte mich auch wieder ein Stück stärker werden lassen. Das Kleid bekam ich am Ende übrigens wieder. Warum es der Braut plötzlich nicht mehr gefallen hatte, ist mir bis heute ein Rätsel.

Das nächste Problem ließ nicht besonders lange auf sich warten. Als ich durch den Erfolg meiner Anruf-Aktion gerade ein wenig Hoffnung geschöpft hatte, erschien es auf der Bildfläche: das Sommerloch. Wer denkt denn an so was – die meisten heiraten doch im Sommer? Das ist zwar richtig, aber sie kaufen ihre Kleider schon im Winter. Und zwar nicht nur einige wenige Bräute, sondern so gut wie alle! Das Sommerloch machte es mir noch schwerer, an neue Anprobetermine zu kommen. Also hangelte ich mich im Sommer von Woche zu Woche und drehte jeden Euro zweimal um. Als es Richtung Herbst ging, klingelte die Ladenglocke zum Glück wieder öfter. Was für ein wunderschönes Geräusch! Mit jedem Glockenläuten und mit jeder Anruferin, die sagte, dass sie von unserem neuen Geschäft gehört hatte, wuchs meine Zuversicht. Ich liebte das Gefühl, wenn die Bräute mich glücklich anlächelten, weil sie die Möglichkeit bekamen, ihre Kleider nach ihren Wünschen anzupassen. Mein Bauchgefühl sagte mir, dass ein kleiner Wendepunkt näher rückte. Ich betete, dass es so war. Einen weiteren Anschubser bekam ich, als plötzlich Interviewanfragen von kleineren lokalen Zeitungen und Zeitschriften eintrudelten. Daran merkte ich, dass die traditionellen Printmedien eine sehr gute Möglichkeit sind, um Bräute zu erreichen. Omas erzählten ihren Enkelinnen von meinen Kleidern, Mütter ihren

Töchtern, und Freundinnen sagten untereinander: »Da ist ein neuer Brautmodenladen in Ratingen!« Doch trotz dieses noch recht kleinen Aufschwungs reichten die Einnahmen hinten und vorne nicht. Die monatelange Talfahrt hatte ein zu großes Loch in meine Finanzen gerissen. Als ich ausrechnete, wie lange – oder wie kurz – das Geld für die Miete noch reichen würde, fiel mir kaum etwas ein, was ich noch tun konnte, um das Ruder herumzureißen. Aber manchmal geschieht genau in solchen Momenten etwas Unerwartetes: In irgendeinem Winkel tief in sich drin findet man Kraftreserven, die dafür sorgen, dass man noch einmal alles gibt. Ein bisschen so wie bei Langstreckenläufern, sie sprechen dann vom »Geheimnis der zweiten Luft«. Wenn Läufer einfach nicht mehr können, haben sie ein so großes Sauerstoffdefizit im Körper aufgebaut, dass die Muskeln müde werden. Der Körper wird dann automatisch langsamer. Wo andere aufhören würden, machen Sportler aber weiter. Da ihr Körper jetzt weniger schnell unterwegs ist, baut sich das Sauerstoffdefizit langsam ab. Sobald wieder mehr Sauerstoff da ist, kann es mit neuer Kraft weitergehen. Die Läufer werden plötzlich von neuer Energie durchströmt. Aus irgendeinem Grund packte auch mich plötzlich diese »zweite Luft«. Ich wurde unfassbar kreativ, entwarf Designs, spielte mit Ideen und suchte gemeinsam mit Simon nach einer Möglichkeit, ohne großes Budget Aufmerksamkeit auf *Sanna Lindström* zu lenken. Wir mussten einfach noch etwas bekannter werden!

Simon sagte eines Tages zu mir: »Wenn jemand am besten erzählen kann, worum es bei *Sanna Lindström* geht, dann du.« Er schlug einen kurzen Film vor, den wir auf Social Media teilen könnten. Auch wenn ich zu dem Zeitpunkt wirklich tausend

Dinge lieber getan hätte, als mich vor eine Kamera zu stellen, war ich überzeugt: Damit Dinge sich ändern, muss man selbst aktiv werden. Ich nutzte einen Teil meiner zweiten Luft, um gemeinsam mit ihm und einem Freund ein kleines Video zu drehen. In diesem einminütigen Film gab ich ganz persönliche Einblicke in das Atelier, in mein Zuhause – und zeigte, wie ich bin. Man sieht mich, wie ich in unserem Hochzeitsalbum blättere, man sieht meinen kleinen Hund Nomi und sogar einen Ausschnitt von unserer Trauung. Aus dem Off hört man meine Stimme. Ich erzähle, warum ich Brautkleider designe, und vor allem für wen. Ich weiß noch, dass der Film mit den Worten beginnt: »In Schweden sagen wir, dass Brautkleider etwas Magisches an sich haben.« Genau das versuchten wir rüberzubringen: das Ziel von *Sanna Lindström*, für jede Frau diese einzigartige Magie zu finden. Das Video wurde wirklich schön, und wir gaben ihm den Titel »Das schönste Kleid deines Lebens«. Als wir es posteten, hatte ich trotzdem zwei oder drei kleine Bauchschmerzen. Doch ich wusste: Ich will zeigen, wer ich bin und was ich vorhabe! Es stellte sich heraus, dass die Bauchschmerzen unberechtigt waren. Das Video ging zwar nicht viral oder schlug ein wie ein ungebremster Meteorit aus dem Sonnensystem, doch es erzeugte eine große Aufmerksamkeit. Insgesamt wurde es fast hunderttausend Mal aufgerufen und von über zweihundert Menschen und Hochzeitsplattformen auf Facebook geteilt. Leute verlinkten Bekannte oder Freunde darunter. Kurz gesagt: Es kam an. Nicht nur bei den Menschen, auch bei der Presse. Zwei Zeitungen berichteten über *Sanna Lindström*. Auch ein Hochzeitsmagazin schrieb einen Artikel. Von da an ging es aufwärts. Ich bemerkte, dass mein Ateliertelefon öfter klingelte als noch wenige Wochen zuvor. Gleichzeitig geschah noch etwas Großartiges: Die berühmte und beliebte Tänzerin Motshegetsi »Motsi« Mabuse entschied sich, ihr Hochzeitskleid bei mir anfertigen zu lassen.

Ich lernte Motsi auf der Geburtstagsfeier einer gemeinsamen Bekannten kennen. Es war einer dieser wunderbaren Zufälle, die manchmal im Leben passieren. Man weiß nicht, dass der Mensch, dem man gerade freundlich zulächelt, eine sehr große Rolle im eigenen Leben spielen wird, aber im Rückblick erinnert man sich an die erste Begegnung als schicksalhaft. Dass ich Motsi traf, war ein glücklicher Zufall, für den ich sehr dankbar bin. Wir kamen schnell ins Gespräch. Das ist bei Motsi nicht schwierig, denn sie ist ein wunderbar sympathischer, humorvoll-witziger und herzlicher Mensch. Doch wir hatten auch noch eine große Gemeinsamkeit: Wir beide waren nach Deutschland ausgewandert. So etwas verbindet sofort. Sie fragte mich, wie meine erste Zeit in meiner neuen Heimat gelaufen sei und was meine Pläne wären. Als ich ihr von *Sanna Lindström* erzählte, leuchteten ihre Augen begeistert auf. Denn was ich nicht gewusst hatte: Motsi würde bald heiraten – und sie hatte noch kein Kleid. »Kann ich ein paar deiner Designs sehen?«, fragte sie sofort. Ich freute mich so sehr über ihr Interesse, dass ich mein Handy herauskramte und ihr ein paar meiner Skizzen zeigte. Wir unterhielten uns ziemlich lange und hatten viel Spaß an dem Abend. Nach so vielen Jahren, in denen ich mich unter Menschen wie das schwedische fünfte Rad am Wagen gefühlt hatte, war das endlich mal wieder ein

Abend, bei dem ich mich rundum wohlfühlte. Als Simon und ich später im Auto nach Hause fuhren und er sagte: »Das war eine tolle Feier, oder?«, musste ich nicht weinen wie damals, als ich nichts von dem verstanden hatte, was die Leute erzählten. Stattdessen blickte ich ihn lächelnd an und sagte müde-zufrieden: »Ja, das war wirklich eine schöne Feier!«

Trotzdem war ich überrascht – oder vielmehr geschockt! –, als Motsi mich ein paar Tage später fragte, ob ich ihr Hochzeitskleid designen würde. Ich fühlte mich unendlich geschmeichelt, dass sie mir diese Aufgabe anvertrauen wollte. Zur gleichen Zeit bekam ich aber auch richtig Angst, ihren Ansprüchen nicht gewachsen zu sein. Doch ich wusste: »Das ist jetzt eine Chance, die du nicht verstreichen lassen darfst. Ran an den Schreibtisch!«

Zuerst sprach ich lange mit Motsi, was genau sie sich unter ihrem Traumkleid vorstellte. Was sie mit ihrem Kleid ausdrücken wollte. Schon während unserer Gespräche entstanden Skizzen in meinem Kopf, die ich auf Papier übertrug. Als ich fertig war, schickte ich ihr die Entwürfe zu. Während ich auf ihre Reaktion wartete, kam ich mir vor wie eine aufgeregte Motte unter einer Straßenlaterne. Ich flatterte hin und her, fing hier etwas an, dann da etwas – konnte mich aber vor Nervosität kaum konzentrieren. Gleichzeitig war ich auch glücklich und stolz. Freude und Versagensangst spielten in meinem Kopf Pingpong. »Was, wenn sie es nicht mag?« – »Das Brautkleid von Motsi Mabuse – von mir!« – »Oh Gott, und wenn sie es fürchterlich findet? Wie peinlich wäre das!« Als Motsi sich dann zurückmeldete, konnte ich all meine Sorgen davonfliegen lassen. Denn sie sagte etwas, was mich mit einem Schlag zur glücklichsten Person machte: »Sanna, ich finde es super! Das ist genau das, was ich mir vorstelle.« Wir änderten nur ein paar kleine Details, und dann sendete ich den Entwurf an die Näherei. Spannend wurde es noch einmal, als das Kleid bei mir eintraf. Es war alles supergeheim, weshalb ich das Brautkleid unauffällig verpackte und mich auf den Weg zu Motsi machte. Ich schmuggelte mich und das Kleid zu unserem Treffpunkt in einem schicken Hotel, und dann machten wir die erste Anprobe. Mein Herz trommelte wie ein Schlagzeuger auf einem Rockkonzert, so aufgeregt war ich. Wenn jetzt etwas nicht passte, woher sollten wir noch die Zeit für Änderungen nehmen? Es war alles so knapp vor der Hochzeit, dass ich sehr angespannt war. Doch ich hatte mir die Sorgen umsonst gemacht: Es passte fast wie angegossen, und Motsi sah traumhaft aus. Kleine Änderungen sorgten für den perfekten Sitz – und dann stand ihrer Hochzeit, was das Brautkleid anging, nichts mehr im Weg. Ich hatte diese große Aufgabe gewuppt! Ich war so froh, dass Motsi mir ihr Vertrauen geschenkt hatte, dass alles passte und dass sie so glücklich war. Ich stieß mit Simon auf den Erfolg an, und danach schlief ich so lange wie schon ewig nicht mehr.

Es war eine wundervolle und großartige Aufgabe gewesen, das Kleid für Motsi zu entwerfen. Diese Herausforderung brachte mich auch als Designerin ein großes Stück weiter. Einige Wochen später kamen Motsi und ihr Mann mit ihrer Hochzeit auf die Titelseite der *Gala*. Dort stand auch, woher ihr Kleid stammte. Nach unserem Imagevideo und den Presseartikeln erfuhren auf diese Weise noch mehr Bräute von *Sanna Lindström*. Ab diesem Zeitpunkt stand mein Ateliertelefon in Ratingen dann gar nicht mehr still. Mit den wenigen Mitteln, die wir gehabt hatten, war es uns gelungen, für Aufwind zu sorgen. Ich genoss den Flug unglaublich, nicht wissend, wie weit mich meine Flügel in den kommenden Jahren noch tragen würden.

Das schönste Kleid deines Lebens

Man kennt euch ja von Zwischen Tüll und Tränen *und man sieht immer so hübsche Bräute, die alle schlank oder etwas stämmiger sind. Aber man selber, also mit meiner Konfektionsgröße, hat immer Angst, nichts zu bekommen. In der Nacht vor meiner ersten Anprobe bei euch habe ich so schlimme Albträume gehabt, dass ich kein Kleid finde und dass gesagt wird: »Für Frauen mit Ihrer Konfektionsgröße haben wir nur schwarze Kleider!« Ich weiß, dass es absolut absurd ist, aber man hört viel aus manchen Läden. Außerdem war es mir wichtig, nicht so ein typisches Kleid zu haben, das jede Frau ab Kleidergröße 50 gezwungen ist zu tragen. Dieser glänzende, hässliche weiße Stoff, der starr in der A-Linie liegt, um alle Kurven geschickt zu kaschieren. Ich wollte keine Steinchen, die verspielt auf mein Dekolleté hinweisen, um von meinen Oberarmen abzulenken. Ich wollte einfach eine wunderschöne Braut sein, die wie alle anderen Bräute einfach nur strahlen will. Die man anguckt und leise sagt: »Wow, sieht die gut aus!« Das habe ich dank euch geschafft. So viele Komplimente habe ich bekommen! Noch heute sagen alle, wie hübsch ich aussah. Ich hoffe einfach, dass ganz viele wunderschöne Plus-Size-Bräute sich bei euch wohlfühlen und ihren Traum dank euch verwirklichen können. Niemand muss mehr Angst haben, wenn er euch kennt.*

Diese E-Mail bekamen wir von Julia, die bei uns ihr Traumkleid gefunden hat. Ihre Worte haben mich sehr berührt, zugleich aber auch zwiegespalten zurückgelassen. Einerseits hat es mich traurig gemacht, dass Frauen sich so fühlen. Auf der anderen Seite war ich unglaublich glücklich, dass wir ihr so helfen konnten. Ein besseres Feedback für das, was wir tun, kann ich mir überhaupt nicht vorstellen. Es trifft haargenau das, was wir bewirken wollen: dass jede Frau ihr Traumkleid findet und ihre natürliche Schönheit erkennt.

Von jung bis alt, von selbstbewusst bis still, von groß bis klein, von ganz dünn bis füllig: Zu uns kommen die unterschiedlichsten Frauen. Das ist auch gut so, denn *Sanna Lindström* spricht alle Frauen an, nicht nur einen einzigen Typ. In unsere Ateliers kommen Bräute, die schon ihr Leben lang auf den Moment der Anprobe gewartet haben, genauso wie solche, die das Ganze einfach nur schnell hinter sich bringen möchten. Meist weil sie mit einem sehr schlechten Selbstwertgefühl kämpfen und überzeugt sind, dass sie in einem Brautkleid nicht gut aussehen. Es gibt auch Frauen, die nie zuvor ein Kleid getragen haben, die sich aber an ihrem besonderen Tag femininer kleiden möchten. Dann gibt es diejenigen, die schon alles recherchiert haben und genau wissen, was sie wollen. Oder solche, die bereits in zehn Läden waren und ganz verzweifelt sind, weil sie befürchten, ihr Traumkleid nie zu finden.

Vielen aber geht es so wie Julia. Sie sind voller Selbstzweifel und bauen deshalb riesige Ängste vor der Brautkleidanprobe auf. Diese Bräute sind das Gegenteil der Bräute, die die Anprobe der Kleider als absolutes Highlight feiern. Das ist natürlich auch total schön. Aber es gibt eben auch viele Frauen, denen es nicht so geht. Ich finde es sehr wichtig, besonders diese Seite zu beleuchten, weil oft nur die andere gezeigt wird. Die, bei der jedes kleine Mädchen von ihrem Brautkleid träumt. Aber so ist das im wahren Leben nicht immer. So viele Frauen haben enorme Selbstzweifel und deshalb im Vorfeld der Brautkleidsuche richtige Albträume. Die Vorstellung, auf einem Podest zu stehen, mit dem eigenen Körper konfrontiert und dann auch noch von allen beurteilt zu werden, fühlt sich für diese Bräute nicht gerade verheißungsvoll an. Das kann ich total nachfühlen. Es ist ein unglaublich emotionaler und intimer Moment, ein Brautkleid anzuziehen. Die Vorstellung, dass jemand sagen könnte: »Nein, das steht dir nicht!« – wen würde das nicht mitten ins Herz treffen?

Es ist nahezu unmöglich, die typische, von den Medien und der Werbung aufgebaute Idealvorstellung einer Braut zu erfüllen. Wie auch? Gerade in der Brautmodenbranche wird jeder immerzu mit »Size Zero« konfrontiert. Alles, was man sieht, sind unglaublich hübsche Model-Frauen in wunderschönen Kleidern. Natürlich steht diesen Frauen jedes Kleid. Sie würden selbst in einem Kartoffelsack noch umwerfend aussehen. Das ist auch schön. Aber es spiegelt eben nicht die ganze Realität wider. Vor allem nicht, wenn man dann noch an die Retusche denkt, die solche Bilder durchlaufen, um die Perfektion noch perfekter zu machen. Hier wird es schwierig, denn das löst viele Ängste aus. Die Angst, nicht in ein Kleid hineinzupassen. Die Angst, der »falsche« Typ Frau für ein Brautkleid zu sein oder womöglich gar nicht das Kleid der Träume zu finden. Ich finde es schade, dass so viele Frauen sich durch solche Gedanken die Vorfreude auf die wundervollen Momente einer Anprobe nehmen lassen. Genau deshalb machen wir es bei *Sanna Lindström* anders. Nicht erst in der Anprobe, sondern schon lange vorher. In unserer ganzen Kommunikation bemühen wir uns darum, Ängste zu nehmen. Wir sagen: »Es spielt keine Rolle, wie du aussiehst oder wer du bist. So wie du bist, bist du du. Und genau so freuen wir uns auf dich.« Nichts ist uns wichtiger, als eine Atmosphäre des Vertrauens zu schaffen. Das ist immer unser Ziel. Auf Instagram zeigen wir unsere Beraterinnen, damit Bräute, die zu uns kommen, nicht denken müssen: »Oh Gott, ich kenne hier niemanden! Was halten die wohl von mir?« Stattdessen können sie sich entspannen. Wir Frauen sind genau so, wie wir sind, gut. Es ist so wichtig, sich das zu verinnerlichen, gerade in einer Branche, in der oft das Gegenteil dargestellt wird: Du bist nur schön, wenn du so und so aussiehst. Völliger Quatsch übrigens, wenn man mich fragt.

Dabei geht es nicht nur um Frauen, die Sorge haben, weil sie ein paar Pfündchen mehr auf den Hüften haben. Auch schlanke Frauen können Ängste hegen. Manche fühlen sich zu groß, andere zu klein, manche nicht weiblich genug oder manche mögen ihre Arme nicht. Andere haben auf den ersten Blick gar keinen Grund für Selbstzweifel. Doch sie stecken in ihnen drin. Es gibt so unterschiedliche Körper- und Persönlichkeitstypen. Wir wissen: Für jeden gibt es das eine Traumkleid! Ganz sicher. Wir sind kein Modelabel, bei dem es die extravagantesten Kleider gibt. Bei uns stehen die Frauen im Mittelpunkt. Die Kleider treten einen Schritt zurück und haben nur eine Aufgabe: die natürliche Schönheit der Bräute zu unterstreichen, sie strahlen zu lassen. Das ist auch der Grund, warum wir so viele Eindrücke aus unseren Anproben zeigen. Immer wenn eine Braut damit einverstanden ist, machen wir eine Instagram-Story mit ihr. Wir filmen dann in einer kurzen Sequenz, wie ihr Traumkleid an ihr aussieht. Gesichter sind nicht zu sehen, dafür aber, wie unterschiedlichste Körpertypen in den Kleidern wirken. Auch das kann viele Ängste verpuffen lassen oder zumindest kleiner machen. Die Bräute wissen dann genau, was sie erwartet, wenn sie zu uns kommen. Sie wissen dadurch, was *Sanna Lindström* ist. Vor allem aber, was *Sanna Lindström* nicht ist.

Es kommen auch immer wieder Bräute mit der Angst zu uns, dass sie sich am Ende verkleidet fühlen. Sie sehen vielleicht wunderbar in einem Kleid aus, fühlen sich aber nicht wohl, weil sie sich nicht wie sie selbst fühlen. Auch das ist eine wichtige Aufgabe, genau das zu erkennen – und diese Angst dann zu nehmen. Deshalb haben wir einen bestimmten Ablauf, dem wir folgen, um unseren Bräuten dabei zu helfen, ihr Traumkleid zu finden.

Das Wichtigste kommt zuerst: Bevor die Anprobe stattfindet, möchten wir die Braut kennenlernen. In einem Gespräch versuchen wir, alles Mögliche zu fragen. Wie ist die Braut so? Wie wird ihre Hochzeit sein? Was gefällt ihr? Worüber macht sie sich Sorgen? Worauf freut sie sich bei der Hochzeit am meisten? Durch diese Fragen können wir uns dann so gut wie möglich auf die Anprobe vorbereiten und alles so arrangieren, dass die Braut sich rundum wohlfühlt. Dieses Kennenlernen und der Vertrauensaufbau ziehen sich durch die ganze Anprobe. Bei jedem Kleid, in das die Braut schlüpft, achten wir genau darauf, wie sie guckt. Wie sie sich bewegt. Was ihr daran gefällt – und was überhaupt nicht geht. So erkennen wir, welche Besonderheiten ihr an einem Design gefallen, suchen die nächsten Kleider entsprechend aus oder schlagen Änderungen vor, die gemacht werden könnten. Das ist ja, was *Sanna Lindström* ausmacht: dass Brautkleider mitgestaltet werden können.

Manchmal steht eine Braut vor dem Spiegel und wirklich alles passt. Aber trotzdem hüpft ihr Herz nicht vor Freude. Oft weiß sie selbst gar nicht warum. Eine gute Beraterin hat aber eine Ahnung, weil sie die ganze Zeit gut zugehört hat. Dann steckt sie vielleicht einfach nur ein paar Flügelärmchen an das Kleid. Ein kleines Detail, was einen großen Unterschied machen kann. Plötzlich gibt es einen innerlichen Blitz, und die Braut ist verliebt. In das Kleid, aber vor allem in sich selbst.

Was mir auch ausgesprochen wichtig ist: Wir versuchen niemals, einer Braut ein Kleid unbedingt zu verkaufen. Natürlich ist das unser Geschäft und wir leben vom Verkauf. Aber keine Braut soll bei *Sanna Lindström* je das Gefühl bekommen, dass wir ihr etwas andrehen. »Das Kleid ist gerade im Angebot, also jetzt oder nie!«, wird man bei uns nicht hören. Wir arbeiten alle an demselben Ziel, und zwar das Kleid zu finden, in dem sich eine Braut wunderschön und wohlfühlt. Wenn sie ein paar Nächte drüber schlafen möchte, soll sie das unbedingt tun. Es ist eine große Entscheidung. Wenn es dann tatsächlich ihr Kleid war, wird sie sich melden. Wenn sie ein anderes Kleid bei einem anderen Brautmodenatelier findet, ist das auch in Ordnung. Denn darum geht es ja am Ende: dass sie es findet.

Dazu ist es am besten, wenn eine Braut offen bleibt. Manchmal kommen Bräute zu uns, die sich in ein ganz bestimmtes Modell verliebt haben. Entweder passt das dann auch zu ihren Vorstellungen, und sie gehen glücklich nach Hause. Es kommt aber auch vor, dass eine Braut enttäuscht ist, weil sie sich in dem Modell überhaupt nicht wohlfühlt. Das ist dann erst einmal eine gewisse Enttäuschung. Selbst wenn das Kleid großartig an einer Braut aussieht, darf man nie den Wohlfühlfaktor unterschätzen. Es geht keinesfalls nur um die Optik. Genau das ist dann der Punkt, an dem wir mit ganz viel Feingefühl helfen können, auch andere Modelle ins Auge zu fassen. Nicht selten kommt dann dabei heraus, dass die Braut viele Modelle gar nicht in Betracht gezogen hatte, weil sie davon ausging, dass sie ihr sowieso nicht stehen. Und dann – Tadaa! – sieht sie umwerfend aus. Noch wichtiger: Sie fühlt sich wohl und wie sie selbst.

Dieses Offenbleiben ist übrigens etwas, was ich durch meine Anfangszeit in Ratingen gelernt hatte. Gerade weil ich nur acht Kleider zur Auswahl hatte. Da haben die Bräute dann zwangsläufig alle Kleider durchprobiert, wenn sich das erste doch nicht so toll angefühlt hatte. Dann kam beispielsweise eine Braut zu mir und wollte ein trägerloses, schlicht herunterfließendes Kleid. Am Ende ging sie überglücklich mit einem Tülltraum nach Hause. So etwas kann passieren, wenn man offen bleibt. Man findet sein Traumkleid, von dem man nie gedacht hätte, dass es das Traumkleid ist.

Diese Transformation ist es, die mich mit am meisten berührt. Ich würde lügen, wenn ich behaupten würde, dass ich nicht immer noch ab und zu mal mitweine, wenn eine Braut ihr Traumkleid findet. Jede Braut bringt ihre eigene Geschichte mit, und jede dieser Geschichten berührt auf eine andere Art. Besonders aber sind es die Momente, wenn sich bei einer Braut plötzlich etwas verändert, die mich zum Weinen bringen. Bevor ich Brautmodendesignerin wurde, hätte ich nie gedacht, was ein einziges Kleidungsstück auslösen kann. Dass es so unendlich viele Emotionen zutage fördern kann. Erst seit *Sanna Lindström* weiß ich wirklich, wie viel Brautkleider bei Bräuten verändern können. Ich bin sehr dankbar, dass ich diese emotionalen Momente miterleben darf.

So verrückt es sich anhört: Es gibt Bräute, die verlassen das Atelier als ein anderer Mensch, als der sie gekommen sind. Vielleicht weil sie durch die Anprobe ein neues Selbstbewusstsein gewonnen haben. Oder weil die Erfahrung der Anprobe irgendetwas mit ihnen gemacht hat. Weil sie sich neu in sich selbst verliebt haben. Oder überhaupt zum allerersten Mal. Manche Bräute realisieren auch erst in dem Moment, in dem sie ihr Traumkleid gefunden haben, dass sie heiraten werden. Sie sagen dann leise: »Oh ja, genau so habe ich es mir erträumt!« Dann fangen viele an zu weinen. Wenn Momente wie diese geschehen, dann bekomme ich eine Gänsehaut, und mir wird wohlig warm. Im ganzen Raum ist dann dieses große Glück spürbar.

Natürlich bricht nicht jede Braut sofort in Tränen aus, wenn sie ihr Traumkleid gefunden hat. Tatsächlich sorgt dieses Bild manchmal sogar für Druck bei den Bräuten. Sie fragen sich dann: »Ist es nur mein Traumkleid, wenn es mich zum Weinen bringt?« Darauf habe ich eine ganz klare Antwort: Auf keinen Fall! Ganz viele Frauen müssen nicht weinen. Sie hüpfen, lachen, tanzen, umarmen ihre Mama oder lächeln einfach nur leise vor sich hin. Durch das Designen meines eigenen Kleides habe ich selbst den Moment, in dem ich mein Brautkleid plötzlich gefunden habe, nie erlebt. Ich denke aber, dass ich nicht unbedingt der Typ wäre, der weinen muss. Ich glaube, ich würde vor Freude hüpfen. Andererseits bin ich aber sicher: Würde meine beste Freundin das erste Mal in ihrem Traumkleid vor mir stehen, könnte ich meine Tränen nicht zurückhalten. Das weiß ich zu hundert Prozent.

Zwei Ateliers, aber nur eine »Sanna«

2017 war bislang unglaublich gewesen. Als der Herbst vor der Tür stand und ich zurückblickte auf das, was alles passiert war, kam mir das Jahr doppelt so lang vor. Wie hatte das alles in ein Dreivierteljahr gepasst? Hätte mir zu diesem Zeitpunkt jemand gesagt, dass 2017 noch längst nicht fertig war mit mir, hätte ich vermutlich irre aufgelacht und demjenigen einen Vogel gezeigt. »Das reicht erst mal, danke!«, hätte ich abgewunken und mich schleunigst vom Acker gemacht. Es kam aber wieder anders, als ich dachte. Wie jedes Mal begann alles recht harmlos. »Kennst du diese Hochzeitssendung auf VOX? Das wäre doch vielleicht was für euch, oder?«, sagte eine Bekannte zu mir. Ich hatte keine Ahnung, wovon sie sprach. Als ich mir die Sendung *Zwischen Tüll und Tränen* später anschaute, gefiel sie mir sofort. Da waren echte Brautmodenausstatter und Bräute, weshalb alles authentisch und aus dem Leben gegriffen war. Am Abend erzählte ich Simon davon, und wir schauten zusammen eine weitere Folge. Simon gefiel das Konzept auch. »Eine superschöne Sendung. Aber etwas fehlt: DU! Du MUSST dich dort bewerben!« Ich schaute ihn an und lachte. Was sollten die Fernsehleute mit mir kleinem Fisch denn anfangen? Ich hatte nach wie vor nur acht Kleider im Angebot. Einen Messestand damit zu bestreiten, war eine Sache. Aber damit ins Fernsehen zu kommen? Eher nicht. Vielleicht ließ ich mich auch nur deshalb auf die Idee mit der Bewerbung ein, weil ich es für so unrealistisch hielt. Hätte ich ernsthaft darüber nachgedacht, dass eine Zusage bedeuten würde, dass ich vor einer Kamera stehe, hätte ich es wahrscheinlich nicht gemacht. Ich bin eigentlich jemand, der lieber abseits der Kamera steht. Irgendwo im Hintergrund. Hinter einem Baum. Am besten eine Straße weiter. Mindestens. Doch weil ich gar nicht damit rechnete, dachte ich über den Kamerateil nicht groß nach. »Wir können es ja mal probieren und schauen, was passiert«, sagte ich zu Simon. Mein Bauchgefühl hatte nichts dagegen, also taten wir es. Unsere Freundin Laura half uns, ein Bewerbungsvideo aufzunehmen, in dem ich mich und mein Atelier vorstellte. Als es im Kasten war, schickten wir es zum Sender. Dass sich darauf jemand zurückmelden würde, glaubte ich eher nicht. Doch genau das passierte.

Eines Vormittags arbeitete ich in meinem Atelier wie an jedem anderen Vormittag auch, da klingelte mein Telefon genau so, wie es sonst auch immer klingelt. Absolut nichts hatte an diesem Morgen darauf hingedeutet, dass dieser Tag einer dieser Tage sein würde, an denen ein Stein ins Rollen kommt, durch den sich alles verändert. Ich war normal aufgestanden, hatte normal gefrühstückt und war mit meinem üblichen Kaffee ganz normal ins Atelier geschlendert. Ich sagte deshalb auch ganz normal: »Hej, hier ist Sanna, was kann ich für dich tun?« Als die Stimme am anderen Ende der Leitung Folgendes sagte, war es mit der Normalität dann aber vorbei: »Hallo Sanna, ich rufe im Auftrag der VOX-Sendung *Zwischen Tüll und Tränen* an. Wir haben dein Bewerbungsvideo erhalten und würden dich gern kennenlernen. Wann können wir für einen Probedreh vorbeikommen?« Ich verfiel augenblicklich in eine Art Trance und schaffte es gerade noch so, das Telefonat zu Ende zu führen. Um mich herum war es ganz still. In mir drin aber begann der Lärm von Dutzenden Stimmen, die aufgeregt durcheinanderquatschten:

»Oh Gott, im Ernst?«

»Ein Fernsehteam, hier?«

»Oh nein, dann muss ICH ja vor die Kamera?«

»Aber ich hab doch nur acht Kleider!«

»Hoffentlich schaut das keiner, den ich kenne!«

»Ich muss Simon anrufen. JETZT.«

Simon kriegte sich vor Begeisterung gar nicht mehr ein. »Das ist ja großartig, Sanni! Wow! Ich bin so stolz auf dich!«

Seine Aufregung steckte mich an. Er freute sich so sehr, dass ich in sein Lachen einstimmte. »Auweia, Simon, was sag ich da denn?« Und dann: »Oh nein! Ich kann doch gar nicht so gut Deutsch!« Diese Erkenntnis traf mich aus heiterem Himmel. Mein Deutsch! Ich war immer noch nicht besonders sicher mit der neuen Sprache – und nun hatte ich mich fürs Fernsehen beworben. Schön blöd! Wie sollte ich das denn hinbekommen? Natürlich schaffte es Simon, mich mit seiner »Simon-Art« wieder zu beruhigen. Keine Ahnung, wie er das immer macht. Er war so begeistert und redete mir die ganze Sache einfach wieder schön. Er glaubte so sehr an mich, dass ich meinen heruntergefallenen Mut vom Boden aufhob und mir wieder auf den Kopf setzte. Dann machte ich mich ans Organisieren.

Mit VOX hatte ich abgesprochen, dass ich eine Braut finden würde, die damit einverstanden war, sich bei ihrer Brautkleidsuche filmen zu lassen. Nach dem Dreh würden die

Verantwortlichen beim Sender entscheiden, ob sie die Aufnahme ausstrahlen würden oder nicht. Es galt also: Entweder war der erste Schuss ein Treffer, oder der Ausflug ins Nachmittagsprogramm war auch schon wieder vorbei. Um es milde auszudrücken: Ich war bombennervös. Doch jetzt stand ich in meinem Atelier, jemand befestigte ein Mikrofon an meiner Bluse, und ich war im Begriff, meine Kleider im Fernsehen zu präsentieren. Mit meiner ganz besonderen schwedisch-deutschen Sprache und den teilweise erfundenen Begriffen. Großartig. Wie war ich da nur wieder hineingeraten? Ein Blick auf Simons vertrautes Gesicht, der im Hintergrund stand und mir versteckt einen Daumen nach oben zeigte, beruhigte mich etwas. Dann lächelte ich der Braut zu, die genauso aufgeregt war wie ich. Während ich sie ansah, dachte ich plötzlich: »Und wenn ihr keines von den Kleidern gefällt?« Ein Kälteschauer jagte mir über die Haut. Dass ich nicht vor lauter Nervosität durchdrehte und davonlief, lag vor allem daran, dass alle so nett waren. Ich fühlte mich von Anfang an gut aufgehoben.

Der Dreh verlief gut. Wenn ich mir das Filmteam wegdachte, fühlte es sich sogar fast so an wie eine normale Anprobe. Das lag auch an Julia, der Braut. Ich hatte sie erst vor Kurzem bei einem Event in meinem Atelier kennengelernt. Damals hatte Julia sich schon ein wenig in das Kleid *Linnea* verliebt. Sie hatte es noch nicht einmal anprobiert, aber erklärte sich sofort bereit, beim Probedreh dabei zu sein. Es wurde auch für mich unglaublich spannend: Würde *Linnea* tatsächlich ihr Traumkleid sein? Als Julia sich zum ersten Mal im Spiegel sah, vergaß ich beinahe, dass rund um uns Kameras standen. Ich glaube, ich hielt sogar die Luft an. Doch als ich ihren Blick sah, diesen einen, ganz speziellen Blick, wusste ich, dass es passiert war: Julia hatte in *Linnea* ihr Traumkleid gefunden. Unglaublich viele Emotionen durchströmten meinen Körper, als ich zusah, wie Julia lächelte und sich von allen Seiten betrachtete: Glück, Freude und große Erleichterung. Julia sah wunderschön und glücklich aus. Jeder im Raum merkte, dass sie sich auch so fühlte. Es war ein richtiges Happy End. Als die Redakteurin sagte: »Super, dann haben wir alles!«, fiel die Nervosität endlich von mir ab. Ich hätte sofort ins Bett kriechen und bis zum nächsten Morgen durchschlafen können. Nachdem der Probedreh so großartig für alle gelaufen war, wurde *Sanna Lindström* ein fester Bestandteil der Sendung. Ich brauchte Wochen, um das wirklich glauben zu können. Immer wieder hielt ich mitten am Tag inne und dachte: »Wow! Wir sind tatsächlich bei VOX! Wie unglaublich das alles ist!« Es war unfassbar aufregend, wunderschön und manchmal auch geradezu unwirklich.

Das Beste war: Auch die Ausstrahlungstermine von *Zwischen Tüll und Tränen* halfen uns, vielen Frauen *Sanna Lindström* und die Philosophie dahinter näherzubringen. Alles lief wunderbar, doch ehe ich mich versah, hetzte ich plötzlich ganz schön hinterher. Ich hatte so viel Arbeit, dass es allein nicht mehr zu schaffen war. Durch die ganze Aufmerksamkeit entstanden neue Zukunftsperspektiven für mein Unternehmen, sodass ich jetzt dafür sorgen musste, dass das ganze Ding nicht auf tönernen Füßen stand. Mehr so auf Stahlbeton. Es gab nur eine Person, die ich mir für die Zukunft auch beruflich an meiner Seite wünschte: Simon. Da er sowieso schon von Anfang an mit drinsteckte und meine Rückendeckung war, beschlossen wir eines Tages wieder: Wenn, dann richtig! Simon kündigte seinen Agenturjob und stieg bei *Sanna Lindström* ein. Er fand es richtig spannend, diese Aufgabe mit mir zusammen anzugehen. Wir machten es jetzt also so richtig offiziell. Auf Papier. Wir hatten gemerkt, wie viel Spaß es uns machte, gemeinsam daran zu arbeiten, uns Zukunftsvisionen auszudenken und nächste Schritte zu planen. Irgendwann stellte sich für Simon dann gar nicht mehr die Frage, »ob« er bei *Sanna Lindström* einstieg, sondern nur noch »wann«.

Oft werden wir gefragt: »Geht das denn? Verheiratet sein und zusammen arbeiten? Braucht nicht jeder auch mal seinen eigenen Bereich?« Ich kann dazu nur sagen: Es funktioniert. Und zwar richtig gut! So gut, dass ich es mir nicht anders vorstellen könnte. Ich glaube, es muss auf jeden Fall eine Grundbereitschaft da sein, rund um die Uhr zusammen sein zu wollen und alles miteinander zu teilen. Andererseits haben wir auch ganz automatisch dafür gesorgt, dass jeder seinen Bereich hat. Das ergab sich einfach aus unseren unterschiedlichen Stärken. Dazu kommt, dass wir beide es lieben zu arbeiten. Wir können uns in etwas reinstürzen und komplett darin aufgehen. So sind wir einfach. Doch natürlich gibt es wie überall auch mal schwierige Situationen oder Momente. Das gehört einfach dazu. Manchmal fällt es uns schwer, den Geschäfts- und den Ehepartner voneinander zu trennen. Deshalb achten wir besonders darauf und lernen nach wie vor dazu. Denn was auf jeden Fall zu tausend Prozent überwiegt, ist, dass uns die Zusammenarbeit einfach Spaß macht. Schon von Tag eins an. Simon und ich ergänzen uns sehr gut. Er kümmert sich zu einem sehr großen Teil um die Bereiche Kommunikation und

Marketing. Auch alles, was mit Digital und Medien zu tun hat, ist einfach genau sein Ding. Für mich ist das richtig toll, denn ich liebe es, mich neben meinen geschäftlichen Themen auf den kreativen Designteil zu konzentrieren. Neue Modelle zu entwerfen, Stoffe auszusuchen, auszustatten, einzurichten. Heute, wo wir ein großes Team aufgebaut haben, kümmert Simon sich auch um das Management und die Entwicklung unserer Mitarbeiter. Er macht das so gut und mit so viel Empathie, dass ich mich manchmal frage, woher er das hat. Es muss einfach schon immer in ihm geschlummert haben. Er steckt uns alle richtig an mit seiner Motivation, seiner positiven Art und seinen Ideen. Es macht einfach nur Spaß mit ihm, und ich bin über die Maßen froh, dass er da ist. Wir lieben es, das Unternehmen weiterzuentwickeln, uns neue Produkte auszudenken, das Erlebnis in unseren Ateliers immer wieder aufs Neue zu optimieren und vielen Frauen Lebensfreude und Mut zu schenken, sich ganz selbstbewusst feminin zu kleiden und zu fühlen. Unsere Zusammenarbeit ist, als teilten wir unser absolutes Lieblingshobby. Das ist einfach Gold wert.

Mit einem Vollzeit-Simon an meiner Seite fühlte sich alles leichter an. *Sanna Lindström* bestand jetzt sogar aus drei Personen, denn wir stellten auch unsere erste fest angestellte Mitarbeiterin ein: unsere liebe Clara, die als unsere Schneiderin arbeitete und auch Anproben durchführte. Mit dieser Hilfe dauerte es nicht lange, bis eine neue Idee in unseren Köpfen wuchs: Ein weiteres Atelier – irgendwann –, das wäre doch schön! Natürlich waren wir nicht unternehmerisch-lebensmüde. Wir hatten uns gerade erst durch die schwere Auf-und-Ab-Anfangsphase geboxt. Auch wenn es jetzt immer besser lief, gab es noch keine Rücklagen. Ein zweites Atelier würde so viel Arbeit bedeuten, so viel Investition, so viel Risiko. Nein, erst einmal nicht. Wie gesagt: Irgendwann mal. Aber man darf ja träumen ...

Dass wir davon träumten, wusste unser guter Freund Emanuel von den Dufour-Brüdern. Er rief eines Tages an und überraschte uns mit folgenden Worten: »Ich weiß von einem Ladenlokal im Stadtzentrum von Mönchengladbach, das genau euer Ding sein könnte.«

Die Straße, die er uns nannte, lag gerade einmal fünf Gehminuten von unserer Wohnung entfernt. »Wir können uns den Laden ja anschauen. Nein sagen können wir dann immer noch«, schlug Simon vor. Es war eigentlich nicht drin für uns. Aber unsere Neugier war geweckt. Einfach mal schauen konnte wirklich nicht schaden.

Wir vereinbarten einen Termin, und der Vermieter schickte uns ein paar Infos. Als ich die Fotos sah, war es wieder um mich geschehen: Das Haus war ein Traum! Ich reagierte wie damals in Ratingen: Sofort überschlug ich im Kopf, wie viele Kleider wir im Monat verkaufen müssten, um die Miete zahlen zu können. Für mich stand fast zu hundert Prozent fest, dass ich da gerade unser zweites Atelier vor mir sah. So schnell konnte aus »nur eine Träumerei« ein »Das ist es!« werden.

Als wir vor dem Haus standen, erwischte es auch Simon. Ich sah es ihm sofort an. Wie in Ratingen handelte es sich auch bei diesem Haus um ein denkmalgeschütztes Gebäude mit einer großen Schaufensterfront. Der absolute Blickfang aber war die Tür. Ich habe noch nie eine schönere Altbautür gesehen. Sie war mintgrün und hatte große goldene Klinken. Diese Tür stach in der gesamten Straße heraus. Das gefiel uns sehr. Doch erst als wir eintraten, stand uns beiden der Mund so richtig offen. Mit dem Schritt über die Schwelle waren wir in eine andere Welt getreten. Der Vermieter Ulf hatte ein absolutes Händchen dafür bewiesen, die Räumlichkeiten so zu gestalten, dass sie ganz der Erbauungszeit des Hauses entsprachen. Es war atemberaubend schön. Den Mittelpunkt bildete eine alte Holztreppe mit geschnitztem Geländer, die alle drei mit altem Dielenboden ausgestatteten Etagen verband. Das Atelier bot Platz für zwei Anprobesuiten, zusätzlich gab es einen romantischen Innenhof und ein weiteres kleines Atelier im Gartenhaus, das wir erst mal als Bürofläche nutzen könnten. Simon und ich waren hin und weg. Das merkte auch der Vermieter: »Sie sollten sich schnell entscheiden, das Interesse ist groß.« Das glaubten wir sofort. Nicht nur das Haus, auch der Vermieter war eine Glückssache. Bei Ulf hatten wir ein gutes Gefühl. Ich glaube, ihm ging es mit uns genauso, denn er schüttelte uns herzlich die Hand.

Schon beim Nach-Hause-Schlendern begannen Simon und ich, Vorteile und Risiken abzuwägen. Wir kannten sie alle, aber es war gut, sie noch mal auszusprechen. Pluspunkte waren die Lage, das großartige Haus und der viele Platz. Dagegen standen unsere knappen Rücklagen und die hohe Miete. Alles in allem keine leichte Entscheidung. Ich sah die kleine Skeptiker-Sanna schon den Kopf schütteln. Doch dieses Mal ignorierte ich die beiden Sannas in mir drin komplett. Ich hatte ja nun den besten Geschäftspartner an meiner Seite. Außerdem hatten Simon und ich ein Ritual, wenn wir vor großen Entscheidungen standen. Wir fragten uns laut: »Was wäre das Allerschlimmste, das passieren könnte, wenn es schiefgeht?« Dann suchten wir die denkbar schlimmste Situation, in die wir geraten könnten. Dass Aliens auf dem Planeten landen und das Haus besetzen würden, zählte nicht. Es musste im Rahmen der realistischen Wendungen liegen. Diese schlimmstmögliche Wendung war: Wenn wir das Atelier nicht zum Laufen kriegen würden, reichte unsere Miete für zwei Monate. Danach müssten wir es wieder schließen. Der Standort in Ratingen wäre dadurch jedoch nicht gefährdet. Das Einzige, was wir mit dieser Aktion in den Sand setzen könnten, war vor allem viel Zeit, Energie und unser Erspartes. Das wäre natürlich ärgerlich, aber es würde uns nicht ruinieren.

Auch hier spielten wir beim Vermieter mit offenen Karten. Entweder es lief an, oder er würde sich gleich wieder nach neuen Mietern umsehen müssen. Wir hatten bisher vieles geschafft, standen aber trotz allem noch relativ am Anfang mit unserem Unternehmen. Eine Erfolgsgarantie konnten wir Ulf deshalb nicht geben. Entschied er sich für uns, entschied er sich für eine Art Überraschungsei, bei dem er nicht wusste, was am Ende drin war: irgendein Zusammenbau-Dings oder eine von den schönen Sammelfiguren. Doch wir hatten unseren Mut zusammengenommen und wollten es mit all unserem Enthusiasmus angehen. Jetzt kam es darauf an, ob Ulf, der unser großes Potenzial durchaus sah, auch mitzog. Und das tat er. Wir hatten ihn überzeugt, und Ulf sah etwas in uns, was ihn dazu bewog, uns das Vorhaben zuzutrauen. Er hatte das Herz am richtigen Fleck – und so kam es, dass er unser neuer Vermieter wurde. Wir legten damit gleich zwei Grundsteine: einen für unser zweites Atelier und einen für die wunderbare Freundschaft mit Ulf.

Nun hatte 2017 uns also noch ein neues Atelier vor die Tür gelegt. Niemals hätte ich das gedacht, als ich im Januar die ersten *Sanna Lindström*-Tüten für die Messe gepackt hatte. Ich fragte mich, was in diesem Jahr noch alles geschehen würde. Vielleicht flogen wir zum Mond? Ich war mittlerweile bereit, auch das zu glauben. Ich glaube aber auch, dass wir weniger risikofreudig gewesen wären, hätten wir nicht zuvor solch dunkle Zeiten durchleben müssen. Jeder von uns hatte gelernt, dass das Leben kurz war und schneller vorbei sein konnte, als wir dachten. Immer wieder riefen wir uns das mit einem Satz ins Gedächtnis, den wir beide verinnerlicht hatten: »Warum warten?« Worauf? Dass ein anderer Moment besser passt? Dass noch eine Chance wie diese um die Ecke kommt? Wir hatten auf die harte Tour mitbekommen, wie endlich das Leben sein kann. Also: Worauf warten? Gibt es ihn überhaupt, den perfekten Moment? Genau jetzt hatten wir die Chance auf eine Traumimmobilie direkt vor unserer Haustür. Es braucht keine Wahrscheinlichkeitsrechnung, um zu erkennen, dass eine bessere Gelegenheit so schnell nicht kommen würde. Wir mussten es einfach tun.

Glücklicherweise ist Simon genau wie ich: Er zerdenkt Dinge nicht lange, ist sehr ergebnisorientiert und hat keine Angst vor großen Entscheidungen. Gleichzeitig war uns aber bewusst, dass ein hartes Stück Arbeit auf uns zukommen würde. Natürlich war das ganz schön einschüchternd und beängstigend. Wir hatten eine Menge schlafloser Nächte. Aber: Wir waren zu zweit. Also nahmen wir all unseren Mut zusammen und riskierten es. Es würde schon schiefgehen. Oder, um es mit dem Optimismus einer der berühmtesten Schwedinnen und einer meiner Kindheitsheldinnen – Pippi Långstrump – zu sagen: »Das habe ich noch nie vorher versucht, also bin ich völlig sicher, dass ich es schaffe.«

Genau wie zu Beginn 2017 warteten jetzt erst die *TrauDich!*-Messe und dann die Ateliereröffnung auf uns. Für die Messe brauchten wir einen neuen Hingucker. Etwas, bei dem man seine Begleitung antippt und sagt: »Oh, schau, wie schön!« Da ich das meistens sage, wenn ich Blumen sehe, kam ich auf die Idee einer riesigen Blumenwand. Ich organisierte eine große weiße Platte und setzte in die Mitte das große L unseres *Sanna Lindström*-Logos. Dann kaufte ich eine Menge Blumen im Großhandel. Nächtelang klebte ich eine Blume nach der anderen auf die Platte. Am Ende war kein Weiß mehr zu sehen, außer in der Mitte rund um das Logo. Als ich fertig war, betrachteten wir, was ich gebastelt hatte: ein überdimensionales *Sanna Lindström*-Logo mit pastellfarbenen Blumen. »Wow, du hast dich selbst übertroffen«, sagte Simon lachend. »Es sieht wirklich großartig aus!«

Genau wie im Jahr zuvor waren die Messetage laut, voll, bunt, aufregend und gegen Ende hin sehr anstrengend. Die Blumenwand war der absolute Renner, und wir wurden sehr oft darauf angesprochen. Mittlerweile ist sie zu einer Art Markenzeichen von uns geworden. Auf jeder Messe ist eine dabei, und in jedem unserer Ateliers lassen sich unsere Bräute davor fotografieren. Richtig überwältigt war ich, als wir zum zweiten Mal in Folge den Preis für den innovativsten Messestand gewannen. Ich habe mich so unglaublich gefreut! Vor allem weil dieser Preis von den Besuchern vergeben wird. Nach der Messe waren wir vollkommen k. o., aber glücklich. Denn das wichtigste Ziel hatten wir erreicht: Unsere Terminbücher für Ratingen und Mönchengladbach waren richtig gut gefüllt. Für das zweite Atelier standen alle Ampeln auf Grün. Doch ich hatte keine Ahnung, was für ein Chaos noch auf uns wartete.

Wie im Jahr zuvor hatten wir nur wenig Zeit, um die Eröffnung des zweiten Ateliers vorzubereiten. Wir arbeiteten bis zum Umfallen. Dieses Mal würde auch VOX dabei sein. Bei dem Gedanken, dass die Kameras alles filmen würden, geriet ich noch mehr unter Druck. Wieder einmal standen wir vor der Aufgabe, sehr viel Platz mit sehr wenig Möbeln und Kleidern füllen zu müssen. Es kam mir fast vor wie ein Staffellauf: Entscheidung - Unterschrift - Schlüsselübergabe - Eröffnung. Ich packte also den Staffelstab und rannte los. Man stelle sich nur mal vor, die Leute würden in ein kahles Atelier eintreten. »Und hier kommen wir in den zweiten Stock. Sie sehen nicht viel, aber wenn Sie ganz leise sind, hören Sie ein richtig schönes Echo!« Das durfte auf keinen Fall passieren. Wir schöpften alle Mittel aus, die wir hatten. Viele waren das nicht mehr. Ich kaufte wieder halb eBay Kleinanzeigen leer und restaurierte, was das Zeug hielt. Wir holten den gleichen Rosenbogen wie in Ratingen, und für alles, was noch leer aussah, wendeten wir unseren erprobten Masterplan an: Wir füllten mit Deko auf. Wie durch ein Wunder wurde alles fertig, wenige Minuten bevor die ersten Gäste eintrafen. Wir liefen quasi noch mit dem letzten Staffelstab in den Händen jubelnd ins Ziel.

Simons Familie, meine Familie aus Schweden, Freunde, Bekannte, unsere Clara – allesamt standen wir am Eröffnungsabend vor dem Atelier und freuten uns. Als die ersten Gäste eintrafen und die Kameras aufleuchteten, waren wir unglaublich glücklich. Ich genoss sogar ein kleines bisschen die Rede, die ich halten musste. Das will viel heißen. Ich war so stolz auf uns und auf das, was wir gemeinsam geschafft hatten. Wenn ich heute die *Zwischen Tüll und Tränen*-Folge der Eröffnung anschaue, muss ich trotzdem ganz schön lachen. Es gibt eine Szene, da gehe ich vor der Kamera die Treppe hoch. Dabei sage ich: »Jetzt zeige ich euch das Kleiderzimmer.« Wer die Sendung kennt, der rechnet natürlich mit einem Raum, in dem sich ganze Kleiderstangen unter vielen Roben geradezu verbiegen. Als ich aber die Tür öffne und stolz sage: »Hier hängen die Brautkleider!«, sieht man erst mal einen nahezu leeren Raum. Da war kaum etwas drin. Genau genommen nur der Rosenbogen mit den acht Kleidern. Am liebsten würde ich die Stelle in der Sendung nachvertonen und so ein »Dü-dü-dümmm« drunterlegen. Es ist so lustig. Aber es ist auch toll, dass ich durch die Dreharbeiten immer wieder zurückschauen kann, wo wir mal angefangen haben.

Simon und ich waren nach der Eröffnung die Letzten, die das Atelier verließen. Wir löschten die Lichter, schlossen die wunderschöne mintgrüne Tür ab und nahmen uns auf der Straße ganz fest in den Arm. Jedes Mal, wenn ich auf unseren Weg zurückblicke, bin ich dankbar dafür, dass ich all die großen Entscheidungen nie habe allein treffen müssen. Dass ich immer jemanden an meiner Seite hatte, der diese Meilensteine mit mir zusammen erlebt hat. Simon ist mein bester Freund, mein engster Vertrauter, mein Ehemann und mein Geschäftspartner. Wie viel Glück muss man haben, um all das in einer einzigen Person zu finden? Für immer und ewig werde ich dankbar dafür sein, dass es mich damals nach Nha Trang verschlagen und Simons Bus eine Panne gehabt hat. Entweder war das Schicksal gewesen – oder der beste Zufall des Universums.

Wir gönnten uns keine Pause: Am nächsten Morgen ging es im Mönchengladbacher Atelier direkt los. Sogar mit Fernsehteam, denn ein weiterer Dreh für *Zwischen Tüll und Tränen* stand an. Hätte ich gewusst, was das für ein Tag werden würde, hätte ich mir die Decke über den Kopf gezogen und gesagt: »Brautmodendesignerin? Ihr müsst mich verwechseln.« Doch der Reihe nach: Während ich in Mönchengladbach mit meiner Braut und dem Fernsehteam beschäftigt war, öffnete Clara in Ratingen die Ateliertür. Vor ihr stand eine junge Frau, die ihrem Anprobetermin lange entgegengefiebert hatte. Sie begrüßte Clara, trat ins Atelier und schaute sich freudig um. Doch was sie erwartet hatte, sah sie nicht: mich. Damit hatte die Braut nicht gerechnet. Automatisch war sie davon ausgegangen, dass sie den Anprobetermin mit mir haben würde. So kannte sie es ja auch aus *Zwischen Tüll und Tränen*. Dass jemand anders die Anprobe durchführen würde, das war ihr gar nicht in den Sinn gekommen. Wir wiederum hatten nicht damit gerechnet, dass es Bräuten so wichtig sein könnte, von mir beraten zu werden. Natürlich wussten wir, dass die Bräute erwarteten, mich in unseren Ateliers anzutreffen, einfach weil sie mich aus dem Fernsehen und von Instagram kannten. Aber es war bis zu diesem Tag noch nie vorgekommen, dass jemand aus allen Wolken fiel, wenn ich mal nicht da war. Die Braut war so enttäuscht, dass sie in Tränen ausbrach. Es hätte mir das Herz gebrochen, wenn ich das gesehen hätte, aber ich hatte nicht die geringste Ahnung. Clara versuchte, die Braut zu trösten, rief aber schließlich doch in Mönchengladbach an.

Simon ging ran. »Auweia, was machen wir denn jetzt?«, er war ratlos.

»Das weiß ich auch nicht.«, antwortet Clara, »Aber die Braut möchte unbedingt zu Sanna.«

Was Simon nicht wusste: Die Braut hatte einiges auf sich genommen, um mich zu treffen. Sie war sieben Stunden Auto gefahren, nur um sich von mir beraten zu lassen. Sie schenkte mir im Voraus ihr Vertrauen und glaubte fest daran, dass ich ihr helfen könne, ihr Traumkleid zu finden. Was für eine Riesenehre! Sie war die erste Kundin, die von so weit her gekommen war. Das rührt mich bis heute enorm. Aber auch ohne das zu wissen, wollte Simon die Braut auf keinen Fall enttäuschen. Deshalb überlegte er sich einen Plan. »Clara, kannst du die Braut fragen, ob sie bereit wäre, hier nach Mönchengladbach zu kommen und noch etwas zu warten? Dann könnte Sanna sich nach den Dreharbeiten um sie kümmern.« Die völlig erledigte Braut setzte sich also erneut in ihr Auto und wartete dann noch mal drei Stunden, bis die Dreharbeiten beendet waren. Normalerweise hätte der Dreh nicht ansatzweise mehr so lange gedauert, doch einer der Kameramänner war mitsamt seiner teuren Technik die Treppe heruntergerauscht. Dadurch verzögerte sich alles. Ich fragte mich, ob wir den Tag wohl alle heil überstehen würden. Simon und meine Freundinnen gaben derweil alles, um die wartende Braut glücklich zu machen. Sie brachten Kuchen, Plätzchen, frischen Kaffee und zeigten ihr das neue Atelier. Erst als ich sie endlich begrüßen konnte, erzählte sie uns ihre ganze Odyssee. Weil sie so fertig und aufgelöst war, stand ich auch kurz davor, ein paar Tränen zu vergießen. Stattdessen aber zog ich innerlich meine Ritterrüstung an und nahm mir felsenfest vor, ihr Traumkleid zu finden. Das war meine Mission! Noch mehr als sonst, wenn das überhaupt geht. Ich werde diese Anprobe und diese Braut nie vergessen, denn durch das vorangegangene Chaos fanden wir sofort einen ganz vertrauten Zugang zueinander. Ich jubilierte laut, als sie einige Zeit später vor dem Spiegel stand und wieder weinen musste. Dieses Mal vor Glück. Wir hatten ihr Traumkleid wirklich gefunden. Noch nie hatte ich mich darüber mehr gefreut. Ich schloss die Braut sehr in mein Herz.

Da wir in Mönchengladbach nun zwei Suiten und mit gleichzeitigen Anproben noch nicht so viel Erfahrung gesammelt hatten, wartete schon das nächste Desaster: Wir hatten eine Doppelbuchung im System. Es standen also plötzlich zwei Bräute mit ihren Begleitungen für ein und dieselbe Suite vor der Tür. Um die Gemüter zu beruhigen, wollten wir für alle eine Runde Sekt ausschenken. Doch ein Blick in die Kammer verriet, dass die Eröffnungsfeier feucht-fröhlicher abgelaufen war als geplant: Der Sekt war alle. Auch das noch! Als wir abends übermüdet im Bett lagen, war das Letzte, was wir uns schworen: »Wir müssen uns um eine bessere Organisation kümmern.« Danach fielen wir in einen traumlosen Schlaf.

Trotz des hohen Arbeitspensums hatten wir eine unfassbar tolle Zeit, die vor lauter Kreativität nur so strotzte. Unser Team wuchs um zwei weitere Angestellte. Wir waren wie eine Familie und packten alle überall mit an, immer da, wo es gerade brannte. Irgendwie loderte immer irgendwo irgendwas. Und sei es nur in Teelichtgröße. Dass wir nun so tolle Mitarbeiter hatten, die uns tatkräftig unterstützten und auch Aufgaben übernahmen, die nicht ihrem eigentlichen Jobtitel entsprachen, machte uns sehr glücklich und noch viel dankbarer.

Das erste Jahr nach der Eröffnung in Mönchengladbach, also das zweite Jahr für Ratingen, war eines der schönsten bisher. Wir lachten viel und liebten es, die Marke *Sanna Lindström* immer weiter zu entwickeln. Weil unser Team immer größer wurde, platzte das Atelier in Mönchengladbach aber schon Mitte 2018 aus allen Nähten. Irgendwann sagte Simon zu mir: »Es hilft nichts, wir brauchen mehr Bürofläche.« Ich stimmte dem vollkommen zu. Die Schreibtische standen dicht an dicht – und eigentlich brauchten wir den Platz für unsere Bräute und die Anproben. Es wurde richtig, richtig eng.

»Ich rufe Ulf an, der weiß vielleicht etwas«, schlug ich vor und griff zum Hörer. Unser Vermieter versprach, sich sofort zu melden, wenn ihm etwas Passendes unterkam. Das tat er dann auch. Ungefähr zehn Minuten vom Atelier entfernt gab es eine wunderschöne Altbauwohnung. Wir sagten schnell zu. Doch dann kam wieder ein Zufall um die Ecke.

Am selben Abend, an dem wir uns entschieden hatten, die Wohnung anzumieten, stand Simon vor dem Atelier und unterhielt sich mit unserem Nachbarn, dem Inhaber eines Friseursalons. »Simon, hast du es schon gehört?«, der Nachbar zeigte auf das Haus gegenüber. »Das Kosmetikstudio zieht aus.« Simon war sofort aus dem Häuschen. Da wurden wunderschöne, helle Räumlichkeiten mit großen Schaufenstern frei, drei Schritte von unserem Atelier entfernt! Noch in der Nacht warfen wir dem Vermieter einen Brief in den Briefkasten, dass wir Interesse daran hätten, die Räume zu übernehmen. In den Umschlag legten wir dann noch eine unserer Visitenkarten.

Am nächsten Morgen stand der Vermieter prompt in unserem Atelier. Wir einigten uns sofort, und ein paar Tage später bezogen wir unser neues Büro. Noch während des Renovierens fragten wir uns schon, wie wir ohne diese zusätzliche Fläche klargekommen waren. Für die nächsten Jahre war dieses Büro unser *Sanna Lindström*-Hauptquartier.

Noch etwas anderes Großartiges passierte in dieser wunderschönen Zeit in Mönchengladbach. Es gab da nämlich etwas, das mir schon lange im Kopf hin und her gegangen war, und das drehte sich um eine weitere Kollektion. Doch dieses Mal ging es nicht um Brautkleider, sondern um Kleider für Brautjungfern und besondere Anlässe. Ich sah farbige Kleider in unterschiedlichen Schnitten und Stoffen vor mir. Auch diese Idee war durch meine eigene Hochzeit entstanden. Ich hatte damals vor der Schwierigkeit gestanden, dass meine Brautjungfern Kleider brauchten, aber vom Typ her alle unterschiedlich waren und andere Geschmäcker hatten. Ich bin niemand, der seine besten Freundinnen einfach in irgendwelche Kleider steckt, nur damit sie gleich aussehen. Mir war es wichtig, dass meine Liebsten sich schön und wohlfühlten. Doch Kleider zu finden, die alle drei mochten und die allen dreien gleich gut standen, war schwierig gewesen. Deshalb die Überlegung: Ich würde verschiedene Designs für Brautjungfernkleider entwerfen, die es in mehreren Farben gab. So könnten sich die Brautjungfern passende Kleider und Schnitte aussuchen, die ihrem Stil und Figurtyp entsprachen – und trotzdem würde farblich alles zusammenpassen. Wir hielten das für eine tolle kleine Nebenbei-Idee, die unsere Brautkleidmode ergänzen könnte. Keiner von uns hätte damit gerechnet, dass diese Nebenbei-Idee einschlagen würde wie ein Meteorit! Wir hatten komplett unterschätzt, wie viele Menschen es gab, die sich dieses Angebot wünschten.

Als wir die Brautjungfernkleider vorstellten, kamen plötzlich sehr viele Bestellungen rein. Das war großartig und einfach der Wahnsinn, aber gleichzeitig auch eine mittelschwere Katastrophe. Denn wir hatten noch gar nicht die Logistik aufgebaut, um so viele Bestellungen abarbeiten zu können. Geschweige denn ein Retouren-System. Es mussten plötzlich Hunderte Bestellungen durchgeführt werden – und mit ihnen kam eine weitere Flut von Anprobeterminen. Es war eine Herausforderung, aber auch wieder eine, der wir uns mit aller Begeisterung stellten.

Die erste Zeit in Mönchengladbach lehrte uns vieles. Jede Erfahrung sogen wir auf wie Schwämme. Simon ermutigte uns immer wieder mit dem Spruch: »Fehler gibt es nur beim zweiten Mal. Alles andere sind Entdeckungen.« Aus diesem Grund lagen mir die beinahe verpatzten Anprobetermine, die gleich nach der Eröffnung passiert waren, noch eine Weile im Magen. Von einem rundum gelungenen Kundenerlebnis konnte ich hier nicht sprechen. Auch wenn wir gerade noch die Kurve gekriegt hatten. Niemand sollte sich so lange gedulden müssen oder in seinen Erwartungen enttäuscht werden. Ein Punkt war natürlich die Annahme, dass ein Anprobetermin bei *Sanna Lindström* zwangsläufig bedeutet, dass die Anprobe von mir durchgeführt wird. Wir merkten schnell, dass viele Bräute das erwarteten. Doch Tatsache war: Ich konnte niemals überall gleichzeitig sein. Die logische Folge war, dass wir versuchen mussten, die Erwartungshaltung unserer Bräute zu ändern. Sie durften nicht davon ausgehen, jedes Mal in meine Arme zu laufen. Und sie sollten sich zu Recht genauso auf die anderen *Sanna Lindström*-Mädels freuen wie auf mich.

Denn *Sanna Lindström* ist viel mehr als nur ich. Simon und ich überlegten, welche Lösung wir finden konnten, bei der niemand das Gefühl bekam, dass plötzlich irgendetwas fehlte. Wir beschlossen, dass wir damit anfangen würden, noch mehr von unseren Mädels und den Ateliers zu zeigen – und vor allem unsere Community noch stärker in unsere Kommunikation mit einzubeziehen. Simon stand damit vor einer relativ kniffligen Aufgabe, denn gerade durch *Zwischen Tüll und Tränen* verknüpften sehr viele mein Gesicht mit *Sanna Lindström*. Das Erste, was Simon sich ausdachte, war ein großes Fotoshooting, bei dem unsere Bräute im Mittelpunkt stehen sollten. Wir hatten bereits eine kleine Community auf Instagram, deshalb starteten wir hier ein Gewinnspiel mit dem mehrdeutigen Titel »Ich sage Ja!«. Es ging darum, nicht nur bei der Hochzeit »Ja« zu sagen, sondern vor allem auch zu sich selbst.

Der Gewinn war richtig toll: Es wurden drei Mädels ausgelost, die mit uns nach Schweden reisten und die drei Gesichter unserer neuen *Sanna Lindström*-Kampagne wurden. Dazu planten wir ein großes Fotoshooting in Uppsala. Mit diesem Gewinnspiel schaffte es Simon, unsere Bräute genau da hinzurücken, wo sie sein sollten: in den Mittelpunkt von *Sanna*

Lindström. Denn sie sind ein großer Teil davon. Nicht nur ich. Nicht nur die Kleider. Sondern die Bräute und die Kleider.

Die Reise war ein voller Erfolg. Simon und ein Freund von ihm machten die Bilder, mein Bruder filmte – und wir wohnten allesamt in meinem Elternhaus. Das war die erste Kampagne, die auf Models verzichtete und unsere echten Bräute in den Fokus rückte. Für mich war das gleich doppelt toll: Ich sah, wie sehr es die Bräute begeisterte, und gleichzeitig konnte ich einen Schritt in den Hintergrund rücken. Das tat mir gut und machte mich noch stolzer auf das, was wir gemeinsam aufgebaut haben.

Diese Aktion war nur ein erster Schritt, doch er stieß vieles an. Am meisten, dass Instagram heute der Kanal ist, über den wir jeden in unsere *Sanna Lindström*-Welt mitnehmen, der möchte. Alle zusammen bilden wir eine große Community, die *Sanna Lindström* mitgestaltet und zu dem macht, was es heute ist. Dabei ist uns Natürlichkeit total wichtig. Wenn die Welt von einer Sache wirklich genug hat, dann sind es perfekt retuschierte Bilder, die eine Welt abbilden, die es gar nicht gibt. Nichts und niemand ist immer nur perfekt. Deshalb nehmen wir unsere Community in Live-Videos einfach mit in unsere Ateliers. Wenn dabei mal etwas umfällt, jemand sich verspricht, an dem Tag einen Pickel auf der Stirn hat – ist doch egal! Die Modebranche, die Werbung, Social Media und alles, was damit zusammenhängt, quellen fast über vor Schönheitsidealen. Es ist, als ob die Menschen – und nicht nur die Mädchen und Frauen, bei den Jungs ist es auch längst angekommen – an jeder Ecke angebrüllt würden, sie sollten möglichst perfekt sein. Denn nur wer schön sei, werde erfolgreich. Nur wer schön sei, werde geliebt.

Das ist keine Botschaft, die wir vermitteln wollen. Niemals. Vor allem weil sie einfach nicht stimmt. Jede Braut, die zu uns kommt, soll sich wohlfühlen und wissen: Hier kannst du sein, wie du bist. Bis heute suchen wir unsere Kampagnenmodelle hauptsächlich über Instagram. Wir teilen unseren echten Alltag über unsere Storys. Wir posten die Hochzeitsbilder vieler glücklicher *Sanna Lindström*-Bräute, die sie uns extra dafür schicken. Wir fragen nach, was sie sich wünschen, lassen über neue Designs abstimmen und geben der Community auch selbst die Möglichkeit, mit Ideen zu spielen. Am schönsten finde ich, dass wir uns auch über Probleme und Schwächen austauschen. Wie toll ist das in einer Welt, in der alle darauf gepolt werden, ihre vermeintlichen Makel zu verstecken. Vielleicht ist diese Erfahrung, die ich mit unserer Community gemacht habe, auch einer der Gründe, warum ich mich entschieden habe, dieses Buch zu schreiben. Es ist nicht einfach, das eigene Leben, und vor allem schwere Zeiten, niederzuschreiben. Aber meine Community geht mit gutem Beispiel voran, und deshalb mache ich das jetzt auch. Wer weiß: Wenn es nur einem Menschen in irgendeiner Weise hilft, dann hat es sich für mich gelohnt. Also seht her: »Das bin ich! Ich habe Fehler, ich habe Ängste, und es ist nicht immer alles pastellfarben. Vieles ist anstrengend und schwer. Aber wisst ihr was? Ich kämpfe jeden Tag dafür, ein großartiges Leben zu haben. Ich versuche, so vielen Menschen wie möglich dabei zu helfen, sich wohlzufühlen. Und wenn ich das kann, schafft ihr das auch!«

Simon legte sich total ins Zeug. Eine weitere Idee von ihm, damit *Sanna Lindström* mehr für sich allein stand und nicht immer nur in Verbindung mit mir gebracht wurde, war: Es sollte noch eine andere Person außer mir geben, die unsere Community in die *Sanna Lindström*-Welt mitnahm. Das hatte vor allem einen ganz besonderen Grund: Simon und ich wünschten uns von Herzen eine Familie und planten das auch bereits. Spätestens also wenn ein Baby da war, brauchten wir unbedingt ein weiteres vertrautes und freundliches Gesicht für unsere Instagram-Community. Doch wer sollte das sein? Wir fingen an zu suchen. In der Zwischenzeit neigte sich das Jahr 2018 dem Ende zu. Das letzte große Event des Jahres war eine weitere Hochzeitsmesse. Ich glaube, die vollen Messetage waren seit Langem mal wieder eine Zeit, in der wir nicht daran dachten, dass wir jemanden für unsere Community suchten. Und genau in diesem Moment tauchte Sarah in unserem Leben auf.

Simon war gerade mit einem Sushi-Tablett, das wir von einem Partner bekommen hatten, auf der Messe unterwegs. Dabei traf er Sarah, die ebenfalls auf der Messe arbeitete. Sie unterhielt sich mit Simon und fing an, von unserem Stand zu schwärmen. Sie hatte keine Ahnung, dass Simon Geschäftsführer war, und hielt ihn für einen kellnernden *Sanna Lindström*-Mitarbeiter. Simon klärte sie nicht auf, lud sie aber spontan ein: »Schau doch mal bei unserem Stand vorbei! Die Designerin ist auch da, und ich bin sicher, dass sie sich freuen wird, dich kennenzulernen!« Genau das tat Sarah dann. Wir verstanden uns auf Anhieb. Weil ich genau wusste, dass Simon meiner Meinung war, bot ich Sarah an, bei uns zu arbeiten. Sie versprühte so viel Lebensfreude und hatte eine so angenehme Art, dass sie perfekt zu *Sanna Lindström* passte. Sarah war erst mal ganz perplex, aber auch unglaublich erfreut. Damit hatte sie überhaupt nicht gerechnet. Ich war so begeistert von ihr, dass ich sie persönlich huckepack in unser Atelier getragen hätte. Doch das war gar nicht nötig. Sarah musste nicht lange überlegen, weil sie sich sofort in unser Konzept und in die *Sanna Lindström*-Kleider verliebt hatte. Deshalb sagte sie »Ja«, kündigte ihren Job und fing kurz darauf bei uns an.

Von Anfang an war es, als ob Sarah schon immer da gewesen wäre. Sie passte zu uns wie die berühmte Faust aufs Auge. Auch die Community war gleich begeistert von meiner »deutschen Schwester«, wie viele sie betitelten. Sie zeigt die Ateliers, sie stellt unsere Kleider vor, und wenn die Bräute einverstanden sind, dürfen die Zuschauer sogar bei den Anproben Mäuschen spielen. So können wir mit ganz authentischen Einblicken zeigen, was Bräute in unseren Ateliers erwartet. Dass Sarah zu uns kam, war vor allem für mich eine große Erleichterung. Denn eines Morgens traf mich die eine Nachricht, auf die ich schon so lange gewartet hatte, wie aus heiterem Himmel. Ich wusste mit einem Mal, dass *Sanna Lindström* nicht mehr mein einziges »Baby« war: Ich war schwanger.

Aller guten Dinge sind drei

Solange ich denken kann, war für mich klar, dass ich eines Tages Kinder haben möchte. Das war nicht nur ein Wunsch, es war ein Lebensziel von mir, Mama zu werden. Als Simon und ich beschlossen, mit der Familienplanung zu starten, war ich einfach nur glücklich. Ein bisschen Unsicherheit und Angst schwangen mit, aber ich glaube, das geht jedem so, der diesen speziellen Meilenstein in Angriff nimmt. Er ist einfach so groß, so lebensverändernd. Doch gleichzeitig stieg in mir die Aufregung, und ich dachte mehrere Male am Tag: »Oh Mann! Wir werden Eltern! Aaaah!« Ich konnte es kaum abwarten.

Leider war Warten jedoch genau das, was wir tun mussten. Denn obwohl wir komplett bereit waren, klappte es einfach nicht mit der Schwangerschaft. Das beunruhigte mich sehr. Dass es nicht ganz einfach war, wusste ich zwar. Aber Monat um Monat ging ins Land, und ich wurde nicht schwanger. Nachdem mehr als ein Jahr vergangen war, steckte ich tief in Grübeleien: »Warum klappt es bei uns nicht?« Ich war noch nicht so weit, aufzugeben, wurde aber immer verzweifelter. Und frustrierter. Gut gemeinte Ratschläge störten mich plötzlich sehr. »Du darfst nicht so viel darüber nachdenken, lass einfach mal los.« Es war, als schlage man jemandem vor, nicht an rosa Elefanten zu denken, indem man ihm sagt, er solle nicht an rosa Elefanten denken.

Immer mal wieder war ich ein paar Tage überfällig und begann, mich zu freuen. Doch genauso oft wurde ich dann doch enttäuscht. Erst viel später erfuhr ich, wie vielen Frauen es so ergeht. Manche werden sofort schwanger, aber sehr viele eben auch nicht. Wer weiß, vielleicht setzt man sich zu sehr unter Druck. Allerdings entstand der Druck bei mir auch erst, als es einfach nicht klappen wollte.

In meiner Verzweiflung stieß ich durch Zufall auf Himbeerblättertee. Überall wurde dieser für Schwangere und alle, die es werden wollen, empfohlen. Sogar von Hebammen. Ich als frühere Medizinstudentin bin bei solchen Dingen normalerweise sehr skeptisch. Aber in Deutschland sagt man ja so schön: In der Not frisst der Teufel Fliegen. In meinem Fall trank er eben Himbeerblättertee. Wenn es nicht klappte, war ich auf eine sehr gelungene Marketingkampagne hereingefallen. Ich bestellte schließlich einen geradezu lächerlich überteuerten Tee mit Storch vorne drauf. Es war schon sehr süß gemacht, das musste ich zugeben. Ob es dann am Tee lag oder nicht, kann ich nicht sagen, aber kurz darauf, etwa eineinhalb Jahre, nachdem wir beschlossen hatten, es zu versuchen, spürte ich, dass etwas anders war. Ich hätte meine linke Hand drauf verwetten können: Jetzt hat es geklappt, jetzt bin ich schwanger.

Der Moment, als ich mit dem Test in der Hand Richtung Bad ging, fühlte sich ganz merkwürdig an. Ich wusste, dass mein Leben sich gleich komplett verändern könnte. Es war unglaublich spannend, und ich war extrem aufgeregt. Die Minuten, die ich auf das Ergebnis warten musste, waren nervenaufreibend. Als ich auf dem Toilettendeckel saß und mich anstrengte, nicht auf den Schwangerschaftstest zu schauen, holte mich eine Erinnerung ein: Auf diesen Kacheln hatte ich gelegen, als ich so krank gewesen war. Ich hatte vor innerem Schmerz geschrien und geweint, bis keine Tränen mehr in mir gewesen waren. Damals war mir der Gedanke, noch ein ganzes Leben vor mir zu haben, unerträglich erschienen. Jetzt saß ich hier und konnte es kaum erwarten, dass ein weiteres Leben begann. Es war noch gar nicht so lange her, und doch war so viel passiert. Ich atmete durch und schaute auf den Schwangerschaftstest. Wieder begann ich im Bad zu weinen, doch dieses Mal vor lauter Freude: Ich war tatsächlich schwanger.

Als der zweite Test dem ersten zustimmte, konnte ich mein Glück kaum fassen – und war komplett überfordert mit der Situation. Ich machte ein paar Schritte nach links, dann ein paar nach rechts, lachte laut, setzte mich hin und stand wieder auf. Dann griff ich zum Telefon und rief Simons Schwester an, die meine Hebamme sein sollte. Sie war die Erste, mit der ich die Neuigkeit teilte. Obwohl ihr Alltag aus Schwangeren, Geburten und Babys bestand, war auch sie völlig aus dem Häuschen. Ist ja klar: Sie hatte gerade erfahren, dass sie Tante wurde! Wir kriegten uns kaum ein.

»Hast du Simon schon Bescheid gesagt?«, fragte sie nach einer Weile.

»Nein, noch nicht«, antwortete ich, »ich muss ihm das persönlich sagen. Heute Abend, wenn er von der Arbeit kommt.« Sofort fing ich an, alles vorzubereiten.

Ich hatte schon im Voraus einen kleinen Baby-Body gekauft und ihn aus Spaß mit dem *Sanna Lindström*-Kranz bedrucken lassen. Zusammen mit ein paar Socken und einem der beiden positiven Schwangerschaftstests verpackte ich ihn zu einem kleinen Paket. Als ich die Schleife gebunden hatte, wusste ich, dass ich es nie im Leben bis abends aushalten würde. Also klemmte ich mir das Paket unter den Arm, schnappte mir die Autoschlüssel und fuhr zu Simons Büro. Ich wusste, dass er an dem Tag allein dort sein würde. Als ich durch die Tür stürmte, guckte Simon einigermaßen verwirrt.

»Hey, was machst du denn hier?«, begrüßte er mich lächelnd.

Ich hielt ihm das Paket unter die Nase: »Weißt du, wir haben uns schon lange nicht mehr einfach so etwas Gutes getan. Deshalb dachte ich, ich fange heute damit an.«

Simon war sichtlich amüsiert. Er löste die Schleife, packte alles aus – und dann stand ihm erst mal der Mund offen. Er war total baff. Dann fing er gleichzeitig an zu lachen und zu weinen. Als wir uns in die Arme fielen, weinte ich auch schon wieder. Es war ein richtig schöner Moment. Auf der Rangliste der schönsten Momente zwischen Simon und mir belegte er sofort Platz eins. Wie alle anderen schönsten Momente von uns übrigens auch.

Unterdessen war es in unseren Ateliers schon wieder ganz schön eng geworden. Das Problem waren jetzt nicht mehr so sehr die Bestellungen und Lieferungen, sondern die Anprobetermine. Wir kamen einfach nicht hinterher mit den Anfragen. Wer anrief, um einen Termin zu vereinbaren, musste mittlerweile monatelang warten. Ausgebucht zu sein ist zwar ein wirklich tolles »Problem«, aber man darf auch nicht unterschätzen, für wie viel Frust das sorgen kann. Wir mussten immer wieder absagen, enttäuschte Bräute trösten und uns entschuldigen. Das ist kein schönes Gefühl. Wie gern hätten wir einfach jeden zu uns eingeladen und dafür extra noch Dutzende neue

Mitarbeiter eingestellt. Nur: Wir hatten nicht genug Anprobesuiten. Es gab keine Möglichkeit, die Ateliers räumlich zu erweitern. Aber auf einen alten Bekannten konnten wir uns immer verlassen, wenn wir ihn brauchten: den Zufall. Und so klingelte eines Tages wieder einmal das Telefon. Es war unser Vermieter Ulf.

»Hey Sanna, ich glaube, ich habe da was für euch!«, sagte er am anderen Ende der Leitung ganz geheimnisvoll. Er klang, als könnte er die Neuigkeit kaum noch zurückhalten. »Ein denkmalgeschütztes Schmuckstück, und es ist wie für euch gemacht!« Simon und ich schauten uns perplex an. Ein drittes Atelier? Wir erfuhren, dass Ulf ein dreihundert Jahre altes Haus in Krefeld erworben hatte, dem er zu seinem alten Glanz verhelfen wollte. Schon als er es zum ersten Mal gesehen hatte, waren wir ihm in den Sinn gekommen. Das Haus war von 1701, hatte zwei Etagen und war deutlich größer als unsere beiden bisherigen Ateliers. Mit diesem Haus würden wir dreihundert Quadratmeter Atelierfläche hinzugewinnen. »Ich werde das wunderschöne alte Gebäude von Grund auf renovieren. Wenn ihr euch entscheidet, da drin ein neues Atelier zu eröffnen, dann könnte ich es direkt an euren Stil anpassen«, schlug Ulf vor. Das war natürlich ein großartiges Angebot.

Schon wenige Tage später standen wir vor dem Gebäude – und unsere Münder wieder einmal weit offen. Die alte Kopfsteinpflasterstraße, in der das Haus stand, erinnerte mich sofort an Ratingen. Schon von außen sahen wir, dass dieses Gebäude einzigartig war. Doch anders als bei dem Atelier in Mönchengladbach versetzte uns der Schritt über die Schwelle nicht in eine andere Welt, sondern auf eine Baustelle. Der

Boden war pure Erde, überall lagen Balken, und einige Wände waren nicht ganz vollständig. Dennoch war die Schönheit des Hauses sofort zu erkennen.

Zuerst begrüßte uns ein ganz langer, halb fertiger Flur. Der vordere Teil hatte einen so schön gefliesten Boden, wie ich ihn selten gesehen habe. Solche Böden gibt es heute kaum noch. Es ist ein ganz besonderes Muster, das ich immer wieder anschauen muss, wenn ich nach Krefeld komme. Selbst wenn man solche Fliesen nachproduzieren würde, man könnte es kaum schaffen, den gleichen Flair zu erzeugen. Die Fliesen waren durch die Jahre abgeschliffen und erzählten von den vielen Menschen, die hier ein- und ausgegangen waren. Hinter dem langen Flur öffnete sich ein weiterer, der noch größer war. Ich stellte mir vor, wie hier riesige Kronleuchter von der hohen Decke hängen könnten. Dann sah ich die Holztreppe. Sie war einfach ein Traum. Bei jedem Schritt knarrte sie ein wenig, als erzählte sie von den aufregenden Zeiten, die sie schon erlebt hatte. Sie erinnerte mich sofort an die Holztreppe in meinem Elternhaus. Diese ist natürlich nicht so alt und bei Weitem nicht so unfassbar schön, aber auch bei dieser Holztreppe habe ich das gemütliche Knarren der Dielen schon immer geliebt. Außer wenn ich mitten in der Nacht nach dem Feiern nach Hause kam und mich unbemerkt in mein Zimmer schleichen wollte! Ulf hatte recht gehabt: Es war die perfekte Immobilie für uns. Wir hatten im Prinzip keine Wahl – und sagten Ulf noch am gleichen Tag zu.

Die Eröffnung des neuen Ateliers in Krefeld war für uns alle ein wunderschöner, aber riesiger Kraftakt. Wie bei den Malen zuvor schafften wir die Vorbereitungen pünktlich auf die letzte Minute, was wir ohne unser unvergleichliches Team, das sein ganzes Herzblut in tage- und nächtelanger Arbeit gab, niemals geschafft hätten. In der Zeit nach der Eröffnung fiel Simon und mir mehr und mehr auf, dass wir aus den Unternehmenskinderschuhen rausgewachsen waren. Es wurde Zeit, die manchmal noch sehr chaotische Organisation hinter uns zu lassen. Wir kümmerten uns nun verstärkt um Personalmanagement und Strukturen, denn auch unser Team wuchs immer mehr. Wir wollten unbedingt sicherstellen, dass jeder sich wohlfühlte, gesehen wurde und einen Ansprechpartner hatte. Es war schon bei zwei Standorten unmöglich gewesen, überall gleichzeitig zu sein. Mit drei Standorten brauchten wir nun wirklich handfeste Prozesse und beispielsweise Standort- oder Teamleiter. Wir wurden erwachsener – als Unternehmen, aber auch privat. Die Schwangerschaft versetzte uns immer wieder in einen Glücksrausch. An manchen Abenden saßen wir zusammen auf dem Sofa, tranken Tee und philosophierten über die Zukunft. Wie es wohl sein würde, Eltern zu werden? Ob unser Kind ein Mädchen oder eine Junge werden würde? Wie würde es mit *Sanna Lindström* weitergehen, vor allem in den ersten Monaten nach der Geburt? Bei diesen Gelegenheiten warfen wir auch gern einen Blick zurück und erinnerten uns an die ganzen Dinge, die wir in den zwei Jahren mit unserem Unternehmen nun schon erlebt hatten. Es war so viel Wunderbares passiert. Doch es war auch nicht immer alles Gold gewesen, was so schön geglänzt hatte. Man darf sich keine Illusionen machen, denn es hatten auch immer wieder Steine im Weg herumgelegen. Manchmal waren es Kieselsteine, die man schnell beiseite räumen konnte.

Manchmal aber auch größere Brocken oder richtige Felsen. Hindernisse können einen zu Fall bringen oder mindestens dafür sorgen, dass man sich ein Knie aufschlägt. Aber dann hat man die Wahl: aufgeben – oder ein Pflaster draufkleben und daraus lernen. Ich war froh, dass wir uns immer für das Lernen entschieden hatten. Dass wir nie aufgaben. Denn es gab durchaus sehr schwierige Zeiten.

Zum Beispiel passierte mal ein kleiner Tippfehler in der Größentabelle unseres Onlineshops. Alle 159 Bestellungen, die getätigt wurden, bis uns der Fehler auffiel, basierten damit auf falschen Maßangaben. Zusätzlich zu all dem Chaos, das herrschte, mussten wir 159 Kundinnen anrufen, ihnen den Fehler erklären und sie bitten, uns ihre Maße durchzugeben, damit sie auch die richtige Größe bekamen. Es war sehr peinlich. Aber natürlich auch menschlich. Fehler passieren einfach, und wir schafften es dennoch, alle glücklich zu machen. Wichtig ist es vor allem, wie man mit einem Fehler umgeht. Dass man aus ihnen lernt. Zum Glück hatten wir die nettesten Bräute der Welt. Wir hatten tolle Anproben, lernten die wunderbarsten Menschen kennen und erlebten schöne und vertraute gemeinsame Stunden. Das ist nicht selbstverständlich. Vertrauen ist nichts, was einfach so da ist. Doch wir bekamen es gemeinsam hin, in all dem Chaos immer wieder eine Wohlfühlatmosphäre zu schaffen, in der sich alle sicher fühlten und loslassen konnten.

Als die ersten überwältigenden Glücksgefühle nach dem Schwangerschaftstest vorbei waren, ging es mir erst einmal richtig schlecht. Ich hatte die große Niete in der Lotterie des ersten Schwangerschaftstrimesters gezogen: Übelkeit. In meinem Leben habe ich mich noch nicht so oft übergeben. Jeden Tag rannte ich morgens, mittags und abends ins Bad und hing über der Kloschüssel. Ganze 14 Wochen lang. Von meiner Ärztin bekam ich Tabletten gegen die Übelkeit, doch die halfen nur gegen das ständige Übergeben. Schlecht war mir trotzdem ständig. Ich hatte keine Probleme mit bestimmten Gerüchen, auch war es nicht so, dass bestimmte Sachen Ekel in mir auslösten. Im Gegenteil: Ich aß wie ein Scheunendrescher. Ich hätte jeden Esswettbewerb gewonnen in dieser Zeit. »Meine Damen und Herren, begrüßen Sie mit uns Sanna Lindström, die mehrfache Weltmeisterin im Tortenessen!« Mit links hätte ich alle Titel holen können. Ich war nur leider auch die Weltmeisterin darin, alles im Anschluss wieder rückwärts zu essen. Es war furchtbar. Doch obwohl ich wusste, dass das viele Essen nicht gerade hilfreich war, wenn man unter ständiger Übelkeit litt, konnte ich damit einfach nicht aufhören.

Am meisten hatten es mir zwei Dinge angetan: der Krautsalat vom Griechen und Orangen. Meine Mutter erzählte mir, dass meine Oma während ihrer Schwangerschaft auch sehr viele Orangen verdrückt hatte. Ich schaffte mindestens fünf am Tag. Um mich herum roch es immer wie Weihnachten. Was ganz gut passte, denn es war Winter. Der Krautsalat war eher ungewöhnlich, da ich vor meiner Schwangerschaft nie besonders viel davon gegessen hatte. Aber plötzlich konnte ich nur noch an Krautsalat denken. Es wurde eine ähnliche Obsession wie die Sache mit dem Kuchenteig. Am liebsten hätte ich eine Badewanne voll Krautsalat gehabt, in die ich mich hätte reinsetzen können. Die Badewanne bekam ich zwar nicht, aber der liebste

Mann auf der Welt fuhr nach der Arbeit ständig beim Restaurant vorbei und brachte mir den Krautsalat in rauen Mengen.

Ich glaube, dass ich nicht rund um die Uhr aß, lag hauptsächlich daran, dass ich auch ständig müde war. Ich hätte oft einfach im Stehen einschlafen können. Direkt nach dem Aufwachen war ich gleich wieder völlig erschöpft. Ich kam mir vor wie so eine kleine Raupe, die erst ganz viel essen musste, um sich dann zu verpuppen und ewig zu schlafen. Bis am Ende ein Schmetterling da war. In diesem Fall dann natürlich unser Baby. Schwierig war dieses ganze Essen, Übergeben und Einschlafen vor allem bei der Arbeit im Atelier. In der Anfangszeit erzählten wir unserem Team noch nichts von der Schwangerschaft. Wir wollten erst sichergehen, dass die magische Drei-Monats-Grenze überstanden war. Ich hatte also meine liebe Mühe damit, mein neues Ich, das die meiste Zeit grün im Gesicht war, zu verstecken. Ich war damit erfolgreich, denn es merkte tatsächlich keiner. Beruhigend zu wissen, dass ich, falls es mit *Sanna Lindström* mal bergab gehen sollte, auf jeden Fall eine super Geheimagentin abgeben würde. Erst auf unserer Weihnachtsfeier verkündeten wir es allen. Die freudestrahlenden und überraschten Gesichter meiner lieben Mitarbeiterinnen werde ich niemals vergessen. Niemand hatte das vermutet. Alle hatten gedacht, meine Abgeschlagenheit rührte von der vielen Arbeit her. Ich sag es ja: Geheimagentin. Ich.

Als die Übelkeit endlich vorüber war, durchströmte mich eine unglaubliche Energie. Ich hatte eine extrem gesteigerte Lebenslust, eine riesige Motivation zu arbeiten und konnte es morgens gar nicht abwarten, im Atelier loszulegen. Ich weiß selbst nicht, woher das kam, es war einfach da. Also arbeitete ich während meiner Schwangerschaft bis zum letzten Tag wie ein Wirbelwind. Mir ging es dabei super, aber ich war mir natürlich bewusst darüber, dass Simon und mein Team mich die ganze Zeit wachsam im Auge behielten. Was im Übrigen auch ein wunderschönes Gefühl war.

Ähnlich wie beim Thema Krautsalat konnte ich mich noch bei einer anderen Sache kaum stoppen: Babysachen einkaufen. Kaum wussten wir, dass wir einen kleinen Jungen bekommen würden, ging es auch schon los. Es begann mit einer grauen Strickjacke, die am Ende tatsächlich auch das Erste war, was unser Sohn trug, und endete damit, dass ich Steckdosenabdeckungen für unsere ganze Wohnung besorgte. Plus Ersatz-Steckdosenabdeckungen. Als ich aus dem Laden trat, dachte ich: »Sag mal, bist du jetzt ein bisschen bescheuert geworden? Das Kind kann doch noch ganz lange nicht laufen!« Mich hatte der totale Kaufrausch gepackt. Natürlich informierte ich mich, was ich alles brauchen würde und tappte in die typische Mami-Falle: Ich ließ mich von den vielen Ratschlägen verunsichern. Ich erwischte mich dabei, wie ich dachte: »Wenn du dies und das jetzt nicht kaufst, wirst du eine schlechte Mami, denn alle anderen haben das schon längst.«

Beruhigen konnten mich zum Glück zwei meiner engsten Freundinnen in Deutschland, die wunderbarerweise zur gleichen Zeit schwanger waren. Caro war mir schon ein paar Monate voraus, Lisa war genau einen Monat nach mir schwanger geworden. Wir gründeten eine WhatsApp-Gruppe, die wir »Big Moms« nannten. Es war großartig, alles mit zwei Menschen teilen zu können, die sich in genau der gleichen Lebenssituation befanden. Und dann waren es auch noch meine besten Freundinnen. Wie viel Glück kann man haben? Dass Caro zuerst ihr Kind bekam, gab uns beiden anderen auch unfassbar viel Sicherheit. Denn da war jemand, der das alles gerade erst durchhatte. Wir konnten sie alles fragen, und so manche Unsicherheit ließ sich mit einem »Bei mir war das auch so« schnell zerstreuen. Es war ein Traum.

Das Wichtigste, was ich aus meiner Schwangerschaft mitgenommen habe: Es ist alles halb so wild. Man muss nicht die perfekt vorbereitete Mama sein. Vieles braucht man weder vom ersten Tag an zu haben noch zu können. Das Zweitwichtigste: Sorge dafür, dass ein griechisches Restaurant in deiner Nähe ist.

Zehn Tipps für deine perfekte Hochzeit

In meinen vielen Gesprächen mit *Sanna Lindström*-Bräuten dreht sich eine Menge auch um die Hochzeitsplanung. Ich finde es wunderbar und wahnsinnig spannend, mich immer wieder neu darüber auszutauschen und von den individuellen Vorstellungen und Träumen zu erfahren. Ich merke dabei aber auch oft, wie viele Fragen Bräute zu diesem Thema haben. Oftmals ist die Brautkleidsuche einer der ersten Schritte, und deshalb sind wir oft auch die erste Anlaufstelle auf dem häufig langen Weg der Hochzeitsplanung. Weil das so ist, dachte ich mir, auch dieses Buch für das Thema zu nutzen, um noch viel mehr Bräuten ein paar Tipps mitzugeben. Dafür greife ich gern auf die vielen Fragen, die ich gehört habe, die tollen Ideen, die mir erzählt wurden, und natürlich auch auf meine eigene Erfahrung mit der Hochzeitsplanung zurück. Ich hoffe, diese zehn Tipps können dir bei deiner Planung helfen – und dir vielleicht auch die ein oder andere Inspiration geben. Den wohl wichtigsten Tipp gibt es vorneweg: Es ist eure Hochzeit. Sagt euer Bauchgefühl, dass etwas gut ist, dann ist es auch gut.

1. Druck gehört auf Fahrradreifen, nicht in deine Hochzeitsplanung

Gerade in der Hochzeitsbranche übertrumpft eine geniale Idee die nächste. Als ich geheiratet habe, war der Druck noch nicht so groß. Klar, es gab schon Facebook und Co. Aber die ganze Planung drehte sich um die Big Five: Einladungen, Kleid, Location, Dekoration und Essen. Das war's. Das ganze Drumherum war mehr Beiwerk. Heute kann man von Feuerwerk bis Donutwand alles organisieren. Muss man aber nicht. Lass dich nicht auf den Druck ein, dass alles an diesem Tag übertrieben toll sein muss. Am Ende geht es vor allem darum, dass ihr euch an diesem Tag versprecht, für immer beieinander zu sein. Es geht um Liebe, nicht um Deko. Mach dich frei von dem Gedanken, was andere über deine Hochzeit sagen werden. Denke nicht an Instagram. Kleb dir einen Zettel an deinen Spiegel, auf dem in großen Buchstaben »Gelassenheit« steht. Lass Platz für den Spaß an der Planung. Diese Zeit kommt im besten Fall nie wieder zurück. Genieße sie!

Hol dir Inspiration, bleib aber bei deinem eigenen Stil – und stelle diesen auch hinterher nicht infrage. Du wirst sonst immer Dinge finden, die bei anderen besser oder schöner waren. Vergleichst du dich aber nicht, sondern freust dich einfach über die vielen anderen Ideen, kannst du wie Simon und ich im Rückblick sagen: Wir hatten den traumhaftesten Tag, den wir uns hätten vorstellen können!

Wichtig dabei ist eine gesunde Passiert-halt-Einstellung: Dann fällt eben mal etwas um, oder niemand hat die Milch für den Kaffee gekauft (wie bei Simon und mir!). Was in deiner Handtasche nicht fehlen darf, sind jede Menge gelassene Schulterzucken. Die kannst du dann im Ernstfall rausholen, ruhig bleiben und dir sagen: »Irgendwie ist das alles gar nicht schlimm.« Und das Beste daran ist: Die kleinen Fehler und Missgeschicke werden zu den lustigen Begebenheiten, von denen du noch Jahre später erzählen wirst.

2. Denk an das weiße Kaninchen: Plane genug Zeit ein

Das weiße Kaninchen bei Alice im Wunderland sagt: »Grüß Gott, bis bald, auf Wiedersehen, muss gehen, muss gehen, muss gehen!« Damit du nicht herumrennst wie ein aufgescheuchter Hoppelhase, nimm dir genügend Zeit. Den Tipp gibt es vermutlich in jedem Brautratgeber, aber er stimmt auch. Nicht weil du selbst ein Jahr oder mehr brauchst, um alles vorzubereiten. Hauptsächlich geht es um die Dienstleister. Besonders im Hochsommer, wenn alle heiraten, sind viele ausgebucht. Gerade wenn dir eine Location oder ein Fotograf besonders wichtig ist, kannst du dir viel Stress ersparen, wenn du rechtzeitig anfängst. Man fängt langsam an und wird über die Zeit immer konkreter.

Besonders wichtig ist aus meiner Sicht natürlich das Brautkleid: Zuerst muss man eines finden. Das kann unter Umständen etwas dauern. Wir fertigen alle Brautkleider individuell an. Das bringt eine Lieferzeit von etwa vier bis sechs Monaten mit sich. Wenn das Kleid dann da ist, muss es in der Regel noch von einer Schneiderin angepasst werden. Es gibt also einen Absteckermin, für den ebenfalls wieder Zeit da sein muss. Deshalb auch hier: Lieber entspannt drum kümmern als auf den letzten Drücker. Und ist es nicht ein schönes Gefühl, das Brautkleid fertig im Schrank zu wissen?

3. Unerwartet verliebt: Bleib offen bei deiner Brautkleidsuche

Wo wir schon beim Thema Brautkleid sind: Wie oft erlebe ich es, dass Bräute ein ganz bestimmtes Brautkleiddesign im Kopf haben. Das kann funktionieren, doch manchmal sorgt genau diese Vorstellung für eine Menge Panik. Es gehört sowieso zu den Top-10-Shoppingflüchen, immer genau das NICHT zu finden, was man sucht. Denk nur mal daran, was ich für einen

Stress hatte, als ich nichts finden konnte! Es ist also wichtig, dass du offen bleibst – auch für andere Schnitte und Stile. Es kommt nicht selten vor, dass Bräute einen bestimmten Schnitt haben wollen, dann aber merken, dass dieser gar nicht so gut zu ihrem Figurtyp passt. Ein anderer Stil, den sie nicht auf dem Schirm hatten, macht aus ihnen dann aber die schönste Braut ihres Universums!

Gib also auch anderen Ideen eine Chance. Wenn es wirklich nicht passt, waren es am Ende auch nur ein paar Minuten Anprobierzeit. Dafür weißt du dann sicher, was infrage kommt und was nicht. Trau dich auch, ganz andere Kleider zu probieren. Viele Bräute kommen schon mit der festen Meinung in unsere Ateliers, die besagt: »Nein, so etwas steht mir nicht.« Und dann steht es ihnen unwahrscheinlich gut! Genau dafür sind meine Mädels und ich da: Wir haben so viel Erfahrung und beraten dich ganz genau. Also lass dich fallen und vertraue darauf, dass dein Traumkleid dich finden wird. Du wirst bei dem ersten Blick in den Spiegel wissen, wenn es so weit ist.

4. Nur die Wichtigsten: Überlege dir, wer zur Brautkleidsuche mitkommen soll

Natürlich darfst du zu deiner Brautkleidsuche mitnehmen, wen du möchtest. Ob es nur eine vertraute Person oder eine ganze Schar von Freundinnen ist, das ist deine Entscheidung. Aber lass mich dir einen Rat geben, der auf all den Anproben basiert, die ich schon erleben durfte: Nimm so wenig Begleitpersonen mit wie möglich. Je mehr Meinungen es im Raum gibt, desto größer kann die Verwirrung sein. Jeder hat einen eigenen Geschmack, sieht dich mit anderen Augen und soll das natürlich auch sagen dürfen. Wichtig ist aber, dass du deine eigene Stimme dabei nicht überhörst.

Ich gebe dir mal ein Beispiel, wie ich es schon öfter erlebt habe: Eine Braut zieht ein Kleid an und kommt aus der Anprobe. Sie sieht sich eine Sekunde lang im Spiegel, ihr Herz hüpft, und jede Faser in ihr ruft: »Das ist mein Kleid!« Doch eine halbe Sekunde später sagt die beste Freundin: »Also, das erste Kleid hat mir besser gefallen!« Was macht das mit der Braut? Natürlich kann sie sagen: »Ja, das erste Kleid war schön. Aber in diesem fühle ich mich einfach großartig!« Und ihre Freundin sagt dann vielleicht: »Ja, stimmt, das ist natürlich auch schön.« Aber im Kopf der Braut bleibt die erste Aussage stehen. Immer wenn sie ihr Kleid anzieht, denkt sie: »War das erste Kleid vielleicht doch schöner?« Es mag sein, dass ihr beide Kleider ganz wunderbar stehen und sie in beiden die schönste Braut ist. Was ihre Freundin nicht beurteilen kann, ist, wie sie sich in den Kleidern fühlt. Sie hat es nicht böse gemeint, sie hat einfach ihren ersten Eindruck benannt. Aber es ist ihr Eindruck, nicht der der Braut.

Genau aus diesem Grund sagen wir den Begleitpersonen immer, dass sie zunächst ein paar Momente still sein sollen, wenn die Braut in den Raum kommt. Damit sie ankommen und das Kleid »fühlen« kann. Sie kann zuerst sagen, was sie denkt - dann erst alle anderen. Die Brautkleidsuche ist so ein persönlicher und intimer Moment. Viele Bräute sind hierbei sehr verletzlich. Je besser deine Begleitpersonen dich kennen, desto besser können sie sich in dich hineinversetzen. Deine engste Vertrauensperson weiß vielleicht, dass du deine Hüfte nicht so magst. Obwohl das erste Kleid dir vielleicht steht, weiß sie genau, dass du dich im zweiten viel wohler fühlst. Deshalb kann sie dann aus vollem Herzen sagen: »Ja, das ist dein Kleid!« Das ist es, was du am meisten brauchst. Es ist egal, wer welches Kleid am schönsten findet. Es ist wichtig, was du denkst und fühlst. Es ist ja auch dein Kleid. Und dein Moment.

5. Bloß kein Kniefall: Übe das Laufen in deinem Brautkleid

Erinnerst du dich? Da hatte ich das perfekte Kleid mit fünf Lagen Tüll – und dann war in der Kirche ein Teppich ausgelegt! »Tüll und Tränen« macht Sinn, »Tüll und Teppich« geht gar nicht! Deshalb mein unbedingter Rat: Wenn es darum geht, mit dem Brautkleid das Laufen zu üben, dann solltest du alle möglichen Untergründe austesten. Besonders aber Teppich! Vor allem Standesämter verlegen gern mal diese Stolperfallen, sogar auf den Treppen. Wenn es mit dem Laufen nicht funktionieren will, aber das Kleid hochhalten auch nicht geht, dann gibt es den Trick, den auch ich genutzt habe: das Kleid vorne minimal kürzen. Fällt gar nicht auf, sorgt aber dafür, dass du nicht vor der versammelten Festgemeinde auf die Knie fällst. Das ist schließlich immer noch die Aufgabe des Bräutigams.

Nicht zu vergessen: Schuhe einlaufen! Besonders wenn du nicht oft in hochhackigen Schuhen unterwegs bist, lohnt es sich, das Ganze einfach zu üben. Kein Teppich und keine Absätze sollten der Grund dafür sein, dass du dich an deinem Hochzeitstag unwohl fühlst. Um auf Nummer sicher zu gehen, pack dir für deine Hochzeitsfeier noch ein paar bequeme Schuhe ein. Deine Tanzfüße werden es dir danken.

Auch ein ganz wichtiger Tipp, um alles richtig zu machen: Bring zum ersten Absteckermin deine Brautschuhe mit, wenn du sie schon gekauft hast. So kann dein Kleid auf genau die richtige Länge gekürzt werden.

6. Kein Goldesel in Sicht? So klappt es trotzdem mit dem Budget

Bei der Planung einer Hochzeit ist das Budget schneller weg, als du »Ja, ich will!« sagen kannst. Deshalb versuche immer zu schauen, wo du Abstriche machen kannst. Dabei ist es hilfreich, dich zu fragen: Was brauchen wir nicht, um die perfekte Hochzeit zu erleben? Bei den Sachen, die unbedingt notwendig sind, kann ein bisschen Einfallsreichtum sinnvoll sein. Bei unserer Hochzeit haben unzählige Freunde mitgeholfen. Eine Freundin hat für mein Make-up gesorgt, eine Kommilitonin hat für die Kaffeerunde lauter kleine Mini-Cupcakes gebacken. Der tolle Nebeneffekt: Wir hatten gemeinsam eine wunderbare Zeit, an die wir uns heute noch gern erinnern. Bei der Frage, was wichtig ist und was nicht, denke auch an Tipp 1: Ist es wichtig, weil es dir am Herzen liegt – oder weil es bei anderen gut ankommt? In diese Falle laufen wir alle gern.

Eine Sache, auf die ich wirklich niemals hätte verzichten können, waren Blumen. Doch schon bei der ersten Recherche merkte ich, wie teuer das werden würde. Blumen sind in Schweden eine wirklich kostspielige Angelegenheit. Allein für den Brautstrauß und die Sträuße der Brautjungfern hätten wir fast sechshundert Euro auf den Tisch legen müssen. Wir waren damals noch Studenten, also kam das nicht infrage.

Ich überlegte mir also einen Plan und ging auf den Markt. Dort sprach ich mit dem Blumenhändler und fragte ihn, ob er mir Blumen beim Großmarkt bestellen könnte. Er war so freundlich, mir zu helfen. Zwei Tage vor der Hochzeit kam die Lieferung dann an. Unser Wohnzimmer war ein einziges Blumenmeer! Gebunden haben wir die Sträuße selbst. Ich habe Sekt gekauft und verbrachte mit meinen Brautjungfern einen der schönsten Nachmittage. Natürlich sahen die Sträuße und die Tischdeko nicht so perfekt aus wie vom Floristen. Aber Blumen sind von selbst schon schön genug. Es gibt unzählige YouTube-Videos, die Schritt für Schritt erklären, wie du auf einfache Weise wunderschöne Blumendeko binden oder locker zusammenstellen kannst.

Die Kosten für alle Blumen beliefen sich am Ende auf 250 Euro. Für viele Punkte auf der Hochzeitsvorbereitungsliste lassen sich Alternativen wie diese finden. Am Ende gefiel mir diese unperfekt-perfekte Deko viel besser als der Blumenschmuck aus den Hochglanzmagazinen. Denn wir hatten eine besondere Zutat hinzugefügt: ganz viel Liebe!

Wir haben bei unserer Hochzeit viel auf unsere Freunde und Bekannten gebaut. Eine Freundin liebt es zu backen, also fragte ich sie, ob sie die Torte machen möchte. Ein Kollege von Simon ist leidenschaftlicher Fotograf, also vertrauten wir ihm die Hochzeitsbilder an. Natürlich haben wir sie auch dafür entlohnt. Das Beste daran ist, dass die Nähe und Vertrautheit zu diesen Menschen dafür sorgt, dass man sich umso mehr entspannen kann.

7. Kommt von Herzen: Mach ganz viel selbst

Der Tipp gilt besonders für all die Bräute, die Zeit und Spaß am Dinge-selber-Machen haben. Das spart nicht nur viel Geld, sondern sorgt für wunderbare Vorfreude-Erlebnisse – wie eben das Blumenbinden mit meinen Brautjungfern. Es gab bei uns auch Hochzeitseinladungen-Bastelabende und Kochtage. Nicht nur dir, auch deinen Gästen wird es Spaß machen, auf diese Weise in den schönsten Tag deines Lebens involviert zu werden.

Ein schöner Punkt, der sich ganz besonders fürs Selbermachen eignet, ist das Thema Gastgeschenke. Eine Braut erzählte mir, dass sie auf jeden Platz ein Foto gelegt hatte, auf dem der Gast mit ihr selbst oder dem Bräutigam drauf war. Wie willkommen und wertgeschätzt muss sich jeder gefühlt haben! So eine kleine Geste zeigt: Du bist ein Teil meines Lebens, und ich freue mich, dass du da bist! Gleichzeitig war das ein wunderbarer Eisbrecher, denn sobald alle Gäste Platz genommen hatten, wurden die Fotos herumgezeigt und die Geschichten dazu erzählt.

Ähnliches haben wir auch bei unserer Hochzeit gemacht. Wir erstellten kleine Hefte für die Gäste. In ihnen erzählten wir eine mit Fotos bebilderte Geschichte von uns als Paar – und druckten auch die Menükarte ab. Den Hauptpunkt aber bildeten die Gäste selbst: Im Heft wurde jeder mit Foto und einigen Worten oder einer witzigen Anekdote vorgestellt. Es war unglaublich viel Arbeit, aber die Gäste waren begeistert. Das Heft erfreute, sorgte für Gesprächsstoff und ist auch im Nachhinein eine wunderschöne Erinnerung. Wir blättern es immer wieder gern durch.

Garantiert ist: Selbstgemachtes sorgt für das Fünkchen Liebe und Aufmerksamkeit, das es braucht, damit jeder sich so richtig wohlfühlt.

8. Organisation ist alles: Benenne einen »Toastmaster«

In Schweden gehören sie zu jeder Hochzeit dazu, in Deutschland kennt man sie nicht überall: die Toastmaster. Es ist wunderbar, so jemanden zu haben. Ich erkläre kurz, worum es geht: Toastmaster sind die Personen, die durch den Tag führen. Sie begrüßen die Gäste, stellen die Leute, die eine Rede halten wollen, in einer kleinen Moderation vor, und wissen auf alle Fragen eine Antwort. Man kann einen Toastmaster haben oder auch zwei – beispielsweise einen Mann und eine Frau. Während die Trauzeugen für das Brautpaar da sind, kümmern sich die Toastmaster um Gäste und Organisatorisches. Nach der Begrüßung durch das Brautpaar übernehmen sie das Mikrofon, um zu erklären, wie der Tag ablaufen und wann es Essen geben wird, wo die Toiletten sind, was für Programmpunkte anstehen – einfach alles. Die Toastmaster sind im besten Fall schon vor der Hochzeit ansprechbar. Gäste, die Spiele, Präsentationen oder irgendetwas anderes planen, wenden sich dann an sie. Wenn ein Problem aufkommt, kann jeder sich an die Toastmaster wenden – und ihr als Brautpaar könnt einfach den Tag genießen!

9. Wenn Wolken aufziehen: Mach einen Plan B für schlechtes Wetter

Jeder wünscht sich Sonnenschein, doch darauf verlassen kann und sollte man sich nicht. Niemals lässt sich vorausplanen, was der Wettergott vorhat. Vor allem nicht, wenn ihr den Hochzeitstag ein Jahr vorher festlegt. Damit du nicht immerzu sorgenvoll in den Himmel schaust, bereite einfach einen Plan B vor. Und denke daran: Ein plötzlicher Regenguss kann auch für ein tolles Erlebnis sorgen. Stell dir nur mal vor, deine Gäste klappen bunte Schirme auf, die du für alle Fälle besorgt hast, und tanzen im Regen. Was für eine wunderbare und spaßige Angelegenheit das sein kann, über die alle herzlich lachen werden! Simon und ich hatten auch nicht mit den Sturmböen gerechnet, die an unserem Hochzeitstag übers Land fegten. Aber was haben wir jetzt für schöne Hochzeitsfotos!

Doch natürlich: Schönes Wetter ist einfach toll. Ich drücke dir dafür alle Daumen, die ich finden kann. Falls es aber nicht klappt, sei nicht traurig. Nimm dir ein Blatt Papier zur Hand und schreibe auf, wie der Ablauf sein wird, falls Tropfen vom Himmel fallen. Wo werden die Fotos gemacht? Wo kann der Sektempfang stattfinden? Kannst du jemanden organisieren, der in Bereitschaft bleibt, um notfalls Zelte aufzubauen? Planung ist alles. Regen wird dir deinen Tag dann ganz sicher nicht verderben.

10. Lasst mich durch, ich hab Nadel und Faden: Pack dir eine Notfalltasche

Stelle alles zusammen, was du am Hochzeitstag brauchen könntest. Deine Brautjungfern oder Trauzeugin können dir dabei sicher helfen. Die sind dann auch die Hüter dieser Notfalltasche, denn du solltest sie nicht den ganzen Tag mit dir herumschleppen müssen.

Eine kleine Packliste für deine Notfalltasche:

- Taschentücher für die Freudentränen
- Make-up und Taschenspiegel zum Nachbessern
- Nadel und weißes Garn, falls etwas am Brautkleid ausgebessert werden muss
- Sicherheitsnadeln für alle Fälle
- Fleckenreiniger, falls die Tante beim Umarmen für Lippenstift- oder Make-up-Spuren auf dem weißen Brautkleid sorgt

- Haarnadeln, falls mal etwas verrutscht
- Ersatz-Strumpfhose oder klarer Nagellack, um Laufmaschen zu stoppen
- Labello für trockene Lippen
- Blasenpflaster für deine Füße
- ein bequemes Paar Schuhe
- ... und was sonst noch für dich wichtig sein kann

Auch ganz wichtig neben der Notfalltasche: Pack dir ein zweites Outfit für den Tag danach ein! Ich gebe zu, es war der größte Lacher für unsere Familien, als Simon und ich am Tag nach der Hochzeit nach Hause kamen.

Simon und ich verbrachten unsere Hochzeitsnacht in einem Hotel in Uppsala. Die ganze Zeit hatte ich mir gesagt: Pack dir ein paar Klamotten für den Tag danach ein! Ich packte am Ende auch wirklich eine Tasche. Die stellte ich dann bei meinen Eltern ins Auto. Blöd war, dass sie die Tasche dann wieder nach Hause chauffierten, als sie die Feier verließen. Am Morgen hatten wir dann nur Simons Hemd, seinen Anzug und mein Brautkleid. Also improvisierten wir.

Es war ein Bild für die Götter – und unsere Familien kippten fast aus den Pantoffeln vor Lachen, während sie beobachteten, wie Simon und ich am Vormittag heimkamen. Wir beide sahen aus, wie wir uns fühlten: Müde, verstrubbelt, aber glücklich. Ich trug Simons Unterhemd, das ich zu einer Art Minikleid umfunktioniert hatte. Es war wirklich verboten kurz. Deshalb hatte ich mir außerdem sein Oberhemd um die Taille gebunden. Dazu trug ich meine Hochzeitsschuhe mit den zwölf Zentimeter hohen Absätzen. Ich sah aus wie Julia Roberts in

Pretty Woman, bevor sie Richard Gere kennengelernt hatte. Neben mir schlenderte Simon daher, der nun ohne Hemd war, dafür aber seine Weste trug, die freie Sicht auf seine Brusthaare gewährte. Er grinste schief. Genau wie ich. Meine Damen und Herren: Bonnie und Clyde!

Aus meiner Erfahrung kann ich nur raten: Falls ihr nicht zu Hause schlaft, sorge dafür, dass eine Tasche mit euren Wechselklamotten da landet, wo ihr die Nacht verbringt. Unser Erlebnis ist im Nachhinein wirklich zu einer witzigen Anekdote geworden, aber es war auch anstrengend. Wenn ich nicht auf die Idee mit Simons Hemden gekommen wäre, hätte ich so fertig, wie ich war, erneut in fünf Lagen Tüll schlüpfen müssen. Allein die Schnürung hätte Simon und mich komplett überfordert. Was hätte ich für meine bequemen Klamotten und Turnschuhe gegeben. Aber auch hier gilt: Ein Problem ist immer das, was du daraus machst. Egal was passiert, sieh es von der lustigen Seite!

Der Mutter-Ehefrau-Unternehmerin-Ich-Spagat

Als Liam geboren wurde, war ich die glücklichste Frau der Welt. Alles, was ich tun konnte und wollte, war, dieses kleine Wesen anzustaunen und zu knuddeln. Die ersten drei Tage verbrachten wir in einem eigenen Zimmer in der Klinik. Es wurden die drei schönsten Tage in meinem Leben. Simon und ich, die beiden Arbeitstiere, die kaum einen Tag ohne Laptop oder Aufgaben verbringen, taten nichts anderes, als uns diese perfekten kleinen Hände und Füße anzuschauen. In Ruhe und Geborgenheit lernten wir unseren Sohn kennen. Das süßeste kleine Wesen, das wir je gesehen hatten. Alles andere im Leben war mir in diesem Moment vollkommen unwichtig. Es gab nur unsere kleine neue Familie. Und die Vorfreude auf die gemeinsamen Abenteuer, die uns bevorstanden.

Als wir aus dem Krankenhaus entlassen wurden und unseren kleinen Liam mit nach Hause nahmen, war es immer noch ein wahnsinnig ungewohntes Gefühl, plötzlich zu dritt zu sein. »Ich komme mir vor, als würden wir etwas Verbotenes tun, dass wir Liam einfach mitnehmen«, sagte Simon, als wir ins Auto stiegen. Ich musste lachen, mir ging es genauso. Da war jetzt dieses kleine, entzückende Wesen, für das wir verantwortlich waren, das zu uns gehörte und hundert Prozent von uns abhängig war. Das war ein schönes, aber auch ziemlich überwältigendes Gefühl.

Die ersten zwei oder drei Wochen verbrachten wir in freudig-staunender Zufriedenheit. Liam schlief die meiste Zeit, war ruhig und entspannt. »Was haben wir nur für ein Glück«, dachten wir uns, »dass unser Kind so gar nicht schreit!« Alles war so schön. »Du bist das Beste, was mir je passiert ist«, flüsterte ich Liam zu, der in meinen Armen schlief.

Ganz so ruhig und entspannt blieb es dann leider nicht. Denn mit einem Mal war nichts mehr ruhig. Als hätte jemand einen Schalter umgelegt, wachte Liam eines Nachts auf und begann zu schreien. Und damit hörte er dann für drei oder vier Monate kaum noch auf. Mit einem Mal wussten wir, dass unser winziger, wunderschöner Mann eine sehr große Stimme hat. Er war der Pavarotti unter den Babys. Nur leider sang er keine Arien, sondern schrie sich die Seele aus dem Leib. Wir wussten nicht warum. Es war unerträglich, ihn so leiden zu sehen. Wir versuchten wirklich alles: Wir beruhigten ihn, wir streichelten ihn, trugen ihn herum, schaukelten ihn, wickelten ihn, probierten ihn zu füttern, gingen zum Kinderarzt, fragten die Hebamme, unsere Eltern, unsere Freunde, googelten das Internet durch – nichts half. Kein Ratschlag brachte Erleichterung. Uns zerriss es jedes Mal aufs Neue das Herz, dass Liam so litt. Wenn er schlief, dann vor Erschöpfung und meist auch nicht lange. Ihn hatten die Neugeborenen-Koliken erwischt, und wir konnten nicht viel mehr tun, außer da sein, Wärme geben und den kleinen Bauch massieren. Es war keine leichte Zeit für Liam, dem es so schlecht ging. Und auch nicht für Simon und mich, da wir uns so machtlos fühlten. Diese Koliken machten die erste Zeit als Mama für mich zu einer der größten Herausforderungen, der ich mich je stellen musste. Neben meiner

Krankheit natürlich. Es wurde unmöglich, Liam abzulegen, denn dann schrie er sofort wieder los. Leider konnte Simon mir kaum helfen, denn aus irgendeinem Grund fand unser Baby nur auf meinem Arm Ruhe. Obwohl wir es immer wieder versuchten, klappte es einfach nicht anders.

Am meisten litt Liam, aber auch wir kamen mit jeder Woche mehr an unsere Grenzen. Besonders der Schlafmangel und die Hilflosigkeit zerrten an meinen Nerven. Ich war unendlich erschöpft, musste aber funktionieren. Vor allem da ich parallel immer noch viel für *Sanna Lindström* machen musste, da ich einige Verantwortungsbereiche, wie meine Designs, nicht einfach abgeben konnte. Es war unerträglich, das eigene Baby so schreien zu sehen. Ich war die Mama, und ich konnte meinem Kind nicht helfen! Heute weiß ich, dass es vielen Eltern so geht. Aber damals entwickelte ich extreme Schuldgefühle, weil ich zwischendurch einfach nicht mehr konnte. Ich war erledigt, hatte wochenlang nicht wirklich geschlafen, meine Hormone spielten verrückt, und wenn Simon im Büro war, musste ich alles irgendwie allein schaffen. Ich war so müde. Doch auch wenn Liam schlief, fand ich keine Zeit, mich auszuruhen. Ich nutzte stattdessen jede einzelne »freie« Minute, die ich bekommen konnte, um die wichtigsten Dinge für *Sanna Lindström* zu erledigen. Wie gern ich mir zwischendurch einfach ein Nickerchen gegönnt hätte. Liam schrie, ich weinte. Stundenlang. Ich weiß nicht, wie ich damit fertiggeworden wäre, hätte ich nicht unsere »Big-Moms«-Gruppe gehabt. Die beiden anderen gaben mir so viel Halt, einfach dadurch, dass auch sie immer wieder ihre Mama-Herausforderungen hatten und mir das Gefühl gaben, nicht allein zu sein. Es half so sehr, über diese Versagensängste und Schuldgefühle zu reden.

Genau deshalb ist es mir auch sehr wichtig, über diese schwierige Anfangszeit zu schreiben. Ich merkte dadurch nämlich besonders, dass manche Themen immer noch mit Tabus belegt sind. Kaum jemand spricht über diese Dinge. Zum Beispiel darüber, wie sehr man mit einem Neugeborenen an seine Grenzen kommen kann. Es steht dem dabei überhaupt nicht entgegen, dass ich es unendlich genossen habe, Mama zu sein. Ich war erfüllt von Freude und Stolz. Aber gerade weil ich dieses Buch schreibe, möchte ich nicht auslassen, wie anstrengend und herausfordernd es zur gleichen Zeit sein kann. Diese Empfindung macht einen aber nicht zur Rabenmutter oder bedeutet, dass man sich fühlen muss wie ein schlechter Mensch. Doch genau das passiert oft, weil man nicht darüber redet. Weil diese Konversation keine ist, die in unserer Gesellschaft immer ehrlich und laut genug geführt wird. Man liebt sein Kind nicht weniger, wenn man manchmal überfordert ist. Darüber zu reden, kann so sehr helfen. Einfach weil man sich weniger allein fühlt. Weil man dadurch erfährt, dass es für viele frischgebackene Eltern eine anstrengende Normalität sein kann – und dass diese Zeit auch vorbeigeht.

An eine Begebenheit aus der Anfangszeit werde ich mich immer erinnern. Liam war vier Monate alt und ich war mit ihm beim Arzt. Gerade kam ich aus der Tür der Praxis, als ich einige Meter entfernt eine Mutter beobachtete, die ebenfalls auf die Straße trat. Sie kam gerade aus einer Sparkasse und schob, genau wie ich, einen Kinderwagen vor sich her. Doch anders als meiner war ihr Kinderwagen einer für Drillinge. Als ich das sah, blieb ich wie angewurzelt stehen. Ich starrte sie an und konnte nur eine einzige Sache denken: »Das ist meine Heldin!« Wie schaffte sie das nur? Ich kam zu diesem Zeitpunkt mit meinem Leben kaum noch klar, war überfordert und hatte nur ein einziges Kind. Sie hatte drei! Ich musste den starken Impuls unterdrücken, sofort zu ihr zu rennen und sie zu drücken. Ich wollte ihr sagen, wie großartig es ist, dass sie das alles schafft. Ich weiß bis heute nicht, wer die Frau war, aber ich habe den allergrößten Respekt vor ihr. Noch stundenlang war ich tief beeindruckt und versuchte, mich in ihre Situation hineinzuversetzen. Ich konnte es nicht. Aber ich dachte noch lange daran, wie gern ich sie umarmt hätte.

Jedes Kind hat eigene Bedürfnisse und kann komplett anders auf Dinge reagieren. Was bei einem Kind funktioniert, muss beim anderen überhaupt nicht helfen. Als ich noch schwanger gewesen war, hatten wir uns eine Wunschvorstellung vom Elternsein zusammengebastelt. Wir hatten Freunde, die ihre wenige Monate alten Kinder ins Restaurant oder auf eine Veranstaltung mitnahmen. Sie schliefen in aller Seelenruhe in ihren Tragetüchern oder Kinderwagen. Die Freunde blieben meist nicht lange, aber sie nahmen weiter an allem teil. Wir wussten zwar, dass alles anders werden könnte, glaubten aber auch, dass wir vieles weiter so machen konnten wie bisher – nur eben zu dritt. Dass es so anders wurde, erwischte uns kalt. Wir konnten nie irgendwohin gehen. Entspannt spazieren gehen mit dem Kinderwagen? Nein. In ein Restaurant? Undenkbar. Liam konnte es nicht. Er schrie und weinte. Was er brauchte, waren Ruhe und sein Zuhause. Oder das Atelier, wo ich einen Raum nur für uns beide hatte. Liam kam an erster Stelle, und keine Einschränkung, egal worum es ging, wäre uns zu viel gewesen. Trotzdem war es eine große Umstellung, die auch sehr an uns als Paar zog und zerrte. Gerade weil wir mit Liam durch eine schwierige Zeit gehen mussten, wir beide viel arbeiteten und wenig Schlaf bekamen, fingen wir an, aus den kleinsten Mücken riesige Elefanten zu machen. Es entstanden Konflikte, obwohl wir das gar nicht wollten. Plötzlich standen völlig unsinnige Fragen im Raum: Wer macht mehr? Was ist anstrengender? Wir stritten über Dinge, über die wir sonst nie gestritten hätten, einfach weil wir müde, frustriert und verunsichert waren – und jeder von uns Angst hatte, etwas falsch zu machen.

Neben den Schwierigkeiten durch die Koliken gab es ja auch noch die ganz normalen Veränderungen, die schwerfallen können. Plötzlich konnte ich nicht mehr frei entscheiden, was ich tue. Alles drehte sich eben um Liam. Das ist auch total normal. Doch man muss sich daran erst gewöhnen. Er entschied, ob und wann ich arbeiten, schlafen, essen, duschen oder rausgehen konnte. Selbst wenn ich zehn Tage lang nicht richtig geschlafen hatte: Ich musste funktionieren und für Liam da sein. Das ist anstrengend, auch wenn man es gern macht. Ich hatte beinahe ständig das Gefühl, dass ich nicht genüge. Egal was ich tat, was ich versuchte, auch wenn ich mich komplett nicht mehr um mich selbst kümmerte, sondern nur noch um Liam: Es war nie genug, er weinte weiter. Ich weiß noch, wie ich fast im Sitzen einschlief, wenn es plötzlich einmal ruhig war. Dann trat die allumfassende Erschöpfung ein.

Eines Tages hörte es plötzlich auf. Ich kippte fast aus den Schuhen vor Glück und weinte Sturzbäche, als Liam das erste Mal so richtig lächelte. Es war, als würde er mich damit ganz fest umarmen und sagen: »Ich glaube, wir haben es geschafft!«

Obwohl wir die herausfordernsten ersten vier Monate durchgemacht hatten, die wir uns hätten vorstellen können, war Eltern zu sein auch das absolut Schönste, was es gibt. Das ist auch das leicht Irrsinnige daran. Du bist manchmal am absoluten Ende deiner Kräfte, dein Haar steht in allen Richtungen von deinem Kopf ab, deine Klamotten sind vollgekleckert, du solltest dringend mal duschen, du bist hungrig, aber du merkst es nicht, weil du viel zu müde dafür bist. Dann stehst du auf, der kleine Mann gluckst dich an – und alles, was du denken kannst, ist: »Oh Mann, ist der süß!« Die vollgekleckerten Klamotten sind vergessen, die Müdigkeit ist egal. Du bist hin und weg. Dich durchströmt die reinste Liebe. Du bist einfach nur stolz. Alle Zweifel und Schmerzen sind wie weggeblasen. Diese Extreme wechselten sich besonders in den ersten Monaten in einer Tour ab. Am Anfang gab es natürlich mehr von den schwierigen Momenten, doch mit der Zeit überwog das Schöne. Und in Erinnerung bleiben vor allem die schönen Momente.

Von denen gab es eine Menge. Denn jedes noch so winzige Meilensteinchen war für uns eine Offenbarung, die wir mit jedem teilen wollten, der uns über den Weg lief. Wir machten unendlich viele Fotos und Videos. Gerade weil ein Teil unserer Familie in Schweden lebt, dokumentierten wir jede Bewegung von Liam. Als er das erste Mal richtig lachte. Uns das erste Mal bewusst anschaute. Als er sich plötzlich rollen konnte.

Krabbeln. Genau wie man es frischgebackenen Eltern nachsagt, steckten wir im totalen Baby-Tunnel. Alles, was Liam tat, war wunderbar und absolut einzigartig. Wie jede Mutter dachte ich, dass alle anderen das natürlich genauso wunderbar und absolut einzigartig finden mussten. Ich wollte nur noch über Liam sprechen. Es schien für mich kein anderes Thema mehr zu geben. Ich kann mir vorstellen, wie so manche Freunde vielleicht innerlich mit den Augen gerollt haben. Das ist ganz normal – und im Rückblick auch sehr lustig. »Wir werden sicher ganz, ganz anders« stellt sich in den meisten Fällen eben einfach als unmöglich heraus. Weil man auch gar nicht anders sein will.

So schön all die Meilensteinchen auch sind und so stolz ich auf jeden einzelnen war, manchmal ging mir das alles auch viel zu schnell. Warum kann mein kleiner Mann denn jetzt schon stehen? Er ist doch gerade erst geboren! Gerade noch hatte ich mich gefreut, dass Liam nach etwas greifen konnte, schon war ich nur noch damit beschäftigt, dem flitzenden Formel-1-Krabbler hinterherzueilen. Liam hatte an allem seine Freude, ob es ein Grashalm oder ein Stück Pappe war. Er liebte es, die Welt zu entdecken, und wurde immer selbstständiger. Das hatte auch seine Vorteile, die ich sehr genoss. Er fing an, sich mitzuteilen. Auch wenn es noch eine Sprache war, die nur er verstehen konnte. Doch tatsächlich erkannten wir nun öfter, ob es Hunger, Bauchweh oder Müdigkeit war, wenn er quengelte. Manchmal war es auch die berühmte Gesamtsituation. Liam war nicht mehr aufzuhalten, was auf eine ganz neue Art anstrengend wurde. Doch zum Glück hatte ich ja schon die Steckdosenabdeckungen für unsere ganze Wohnung. Und die Ersatz-Steckdosenabdeckungen.

So wunderschön, überwältigend und unglaublich es war, Mutter zu werden: Für mich war die Umstellung vom Sanna-Sein hin zu Jetzt-auch-Mama-Sein schwer. Weil das eine nicht aufhörte, nur weil das andere begann. Ein Teil von mir musste sich nun eine Weile auf die Reservebank setzen. Egal wie spannend und toll ein Spiel ist: Die Reservebank ist die Reservebank. Man kann noch so viel Liebe in sich tragen, irgendwann kommt der Punkt, wo der Spieler unruhig wird, mit den Beinen wippt und sich zum Trainer wendet: Bin ich jetzt auch mal dran? Die anderen Spieler werden vielleicht die Augenbrauen hochziehen: Wie egoistisch, im Teamsport gibt es keine Einzelkämpfer! Aber ich bin überzeugt: Nur wenn jeder Einzelne glücklich ist, funktioniert das ganze Team. Mama werden, gleichzeitig weiter Unternehmerin sein, eine Partnerin bleiben und sich auch um sich selbst kümmern, ist eine neue Höhe, an die man sich erst gewöhnen muss. Man darf sich auch erst daran gewöhnen. Schwierig wird es, wenn man sich selbst dafür verurteilt. Was ich, so wie auch so viele andere Eltern, oft tat.

Ich bin ein Mensch, der es liebt, viel zu arbeiten. Wenn irgendetwas erledigt werden muss, dann tue ich das auch. Selbst wenn es 18 Stunden dauert: Ich arbeite, bis es fertig ist. Doch nun blieb vieles liegen, denn Liam ging und geht immer vor. Ich würde mich selbst belügen, wenn ich behaupten würde, dass dies nie an mir nagte. Ich war noch nicht an die neue Rolle gewöhnt. In der alten Rolle kannte ich mich aus, sie gab mir Sicherheit, sie erfüllte mich. Trotzdem gab es für mich die felsenfeste Regel: Wenn Liam wach ist und mich braucht, haben Laptop und Handy Sendepause. Für mich war glasklar, dass mein Sohn die volle Aufmerksamkeit bekommt. Hier war die Selbstständigkeit auch ein Vorteil. Als Angestellte hätte ich entweder arbeiten oder Elternzeit nehmen müssen. Bei mir ging auch das »oder«. Niemand – außer Liam – schrieb mir vor, wann ich arbeiten musste. Ich konnte es einteilen. Nur blieb oft nicht so viel Zeit zum Einteilen. Und je älter Liam wurde, desto schwieriger wurde es, allem gerecht zu werden: unserer Familie, *Sanna Lindström* und mir selbst. Doch wie heißt es so schön: Man wächst mit seinen Aufgaben.

Das Gute war, dass Simon und ich viele Monate gehabt hatten, uns auf die neue Situation vorzubereiten. Für die wichtigsten meiner Aufgaben hatte ich Mitarbeiterinnen eingearbeitet. Vieles konnte ich delegieren. Aber manches konnte ich nicht so leicht abgeben. Beispielsweise hatte ich während der Schwangerschaft die Skizzen für die neue Kollektion entworfen. Kurz vor der Geburt startete dann die Anfertigung. Im Normalfall wäre jetzt die Zeit gekommen, wo ich zur Produktion flog und mit dem Team vor Ort alle Details durchging. Wir besprechen in dieser Zeit jede Spitze und jede Naht, bevor es weitergeht. Nach einer Weile, wenn die Anfertigung in die nächste Stufe geht, fliege ich dann erneut zur Produktion. Zwischendurch gibt es zahllose Feedbackprozesse, Hunderte Fragen. Dieses Mal, mit Liam an meiner Seite, segnete ich die Designs von zu Hause aus ab. Dazu bekam ich täglich Hunderte Nachrichten, immer mit den zugehörigen Bildern im Anhang. Es ist ungleich schwieriger, alles nur auf Bildern zu beurteilen, ohne die Stoffe anfassen oder den Finger über die Nähte gleiten lassen zu können. In Kombination mit der knappen Zeit, die auf Liams Schlafphasen begrenzt war, verlangsamte sich das Arbeitstempo unglaublich. Deadlines waren kaum einzuhalten. Und dann waren da auch noch die allgegenwärtigen Schuldgefühle.

Ich bin sicher: Jede Mutter hat oft oder ständig damit zu kämpfen. Vielleicht gehören sie auch einfach zum Muttersein dazu. Das macht es jedoch nicht weniger schwer, mit ihnen umzugehen. Da ist das so viele Monate ersehnte Kind endlich da – und PUFF – sind auch die Schuldgefühle zur Stelle. Sie quälen einen mit den immer gleichen Fragen: Mache ich alles richtig? Hat Liam aufgehört zu schreien, weil er zufrieden ist? Oder ist er einfach zu erschöpft, um weiterzuschreien, aber in Wirklichkeit geht es ihm schlecht? Ich wollte alles richtig machen. Doch woher sollte ich wissen, ob es richtig ist? Ich hatte es ja noch nie gemacht. Ich las Tausende Artikel, Magazine, Bücher, bekam Ratschläge. Doch ständig widersprachen sich Punkte. Ist es besser, wenn das Kind auf dem Bauch oder auf dem Rücken liegt? Soll man sein Kind tragen oder ablegen? Manchmal wollte ich einfach nur schreien: »Was ist denn jetzt richtig?«

Zusätzlich saß ich die ganze Zeit zwischen den Stühlen. Eine komische Redensart eigentlich. Ich stelle mir immer vor, wie ich versuche, auf zwei Stühlen gleichzeitig zu sitzen, aber auf keinem Stuhl richtig. Doch warum bloß zwei? Es sind doch eigentlich viel, viel mehr. Es gab so viele Momente, in denen ich mir wünschte, einfach »nur« Mama sein zu dürfen. Mich zu Liam zu kuscheln, wenn er schlief. Die Zeit zu nutzen, um mich zu erholen, damit ich ausgeruht wäre, wenn er bespaßt werden wollte. Doch wenn Liam endlich in seinem Bettchen eingeschlafen war, ging es bei mir weiter. Teilweise arbeitete ich bis drei Uhr nachts, um die dringendsten Sachen abzuarbeiten.

Ständig dachte ich: »Er schläft. Wie viel kann ich schaffen?« Das war sehr belastend. Ich hatte keine Zeit mehr, mich um mich selbst zu kümmern. Das bemerkte auch mein Umfeld. Oft hörte ich Sätze wie: »Du musst auf dich aufpassen!«, »Du kannst so nicht weitermachen«, »Arbeite weniger«. Ich wusste, dass das gut gemeinte Ratschläge waren. Sie kamen von den Menschen, die mich lieben und sich um mich sorgten. Doch so einfach war es nicht. Ich konnte mich nicht ausklinken. Klar gab es Momente, in denen ich mir das gewünscht habe. Es war für meine Lieben oft schwer zu verstehen, warum ich trotzdem tat, was ich tat. Aber wie sollte ich erklären, wie viel von meiner Arbeit abhing? Erst heute kann ich es ganz gut auf drei Punkte herunterbrechen.

Der erste Punkt betrifft alle, die von uns und damit auch von unserem Unternehmen abhängig sind. Ich konnte als Unternehmerin nicht einfach sagen: »Tschüss, ich bin dann mal weg!« Ich trage eine Verantwortung meinem Team, unseren Bräuten und unserer Community gegenüber. Für jeden ist der Job die Lebensgrundlage, das Einkommen. Wenn ich beschließe, einfach aufzuhören, wie sollte das funktionieren? Wir waren größer geworden, aber wir waren immer noch ein junges Unternehmen, das sich am Markt beweisen musste. Wir steckten in einer Zeit, in der es auf jeden Schritt ankam. Dadurch wurde die Arbeit nicht weniger. Je größer das Unternehmen wurde, desto größer wurde auch die Verantwortung. Es war nicht die Zeit, die kreative Arbeit an den neuen Kollektionen auf Eis zu legen. Nicht ohne negative Auswirkungen. Was war dagegen schon Erschöpfung, verursacht durch die schönste

Sache der Welt, ein Baby? Ich hatte den Anspruch an mich, das alles zu schaffen. Wenn dabei einer zurückstecken sollte, dann am ehesten ich.

Der zweite Punkt war meine Leidenschaft. Meine Arbeit ist etwas, das mir Kraft gibt. Ich liebe meine Arbeit abgöttisch. Auf sie zu verzichten, ist für mich, wie mir selbst einen Teil meiner Luft abzuschneiden. Es gibt mir so viel, Bräute glücklich zu machen, für sie da zu sein und mein Versprechen einzulösen, Traumkleider zu finden. Jeder hätte Verständnis dafür gehabt, wenn ich eine Auszeit genommen hätte. Es war ja auch nicht so, dass ich Vollzeit weiterarbeitete. Ich fuhr meine Arbeit extrem zurück. Aber ganz konnte ich einfach nicht loslassen. Neben der Verantwortung wäre mir ohne meine Arbeit die berühmte Decke mit einem lauten »Krawumms« auf den Kopf gefallen. Ich muss raus, unter Leuten sein, etwas zu tun haben, sichtbare Ergebnisse produzieren. Andernfalls geht es mir schlecht. Was vor allem mit dem dritten – und vermutlich wichtigsten – Punkt zusammenhängt.

Sanna Lindström war am absoluten Tiefpunkt meines Lebens geboren worden. Das Unternehmen ist deshalb mehr als ein Unternehmen für uns. Für Simon und mich hat diese Firma eine große Bedeutung, die weit über den Begriff »Arbeit« hinausgeht. Alles ist auch eng mit meiner Krankheit verknüpft. Dazu muss man wieder einen Blick zurück auf meine Jugend und die Zeit danach werfen. Schon vor meiner Krankheit konnte ich nicht einfach entspannen oder ausruhen. Selbst wenn ich ein Buch lesen wollte, musste es mindestens auf Französisch oder Spanisch geschrieben sein. Ich konnte es nicht einfach lesen, weil es so schön ist. Nur wenn ich etwas dabei lernte, die

Zeit nutzte, war es in Ordnung. Schon immer hatte ich mich selbst unter diesen irren Druck gesetzt. Das hört sich verrückt und schlimm an. Und das war es auch. Es war einer der vielen Gründe, die mich erst in die Krankheit schlittern ließen, wie ein Bobfahrer auf einer Sommerrodelbahn. Die Arbeit an *Sanna Lindström* gab mir zum ersten Mal in meinem Leben eine echte Perspektive. Sie verband meine unerbittliche Rastlosigkeit mit einem Sinn. Die Arbeit erfüllte mich und war der ausschlaggebende Grund dafür, dass ich mich aus der Krankheit rauskämpfen konnte. *Sanna Lindström* hatte mir ein Ziel gegeben. War mein rettender Anker. Und einen Anker lässt man nicht so einfach los. Wenn man das tut, läuft man Gefahr, aufs Meer hinauszutreiben. Simon und ich arbeiten so hart an unserem Unternehmen, weil es unser tiefer, alles umfassender Wunsch ist, dass *Sanna Lindström* funktioniert und vor allem: bleibt. Weil wir es so lieben. Selbst wenn ich vielleicht auch ohne meine Arbeit irgendwann gesund geworden wäre, gibt es diesen Gedanken in uns: Wenn ich *Sanna Lindström* nicht gehabt hätte, wäre ich nicht da rausgekommen. Machen es diese Erklärungen verständlicher, warum ich lieber den Spagat wagte, als mich von der Arbeit zurückzuziehen? Ich hoffe es.

Wenn ich zur Arbeit gehen kann, geht es mir besser. Als Liam geboren wurde, lebten wir noch in unserer damaligen Wohnung. Die Wohnung, in der ich absolut wunderschöne, aber auch die schwierigsten Jahre meines Lebens durchlebt hatte. Tagelang allein in dieser Wohnung zu sein, setzte mir nun wieder zu. Ich glaube, mein Körper und Geist erinnerten sich an diese schlimme Zeit zurück, wenn ich den ganzen Tag dort verbrachte. Also fanden wir eine Lösung, wie ich – um auf die Redensart zurückzukommen – gleichzeitig auf mehreren Stühlen sitzen konnte.

Anfangs arbeitete ich meistens von zu Hause aus, vor allem wenn Liam schlief. Zweimal in der Woche aber spazierte ich mit Liam ins Büro. Hier hatte ich für uns ein eigenes Zimmer. So bekam Liam seine Ruhe und ich meinen Input. Ansonsten war ich nur im Büro, wenn ich unbedingt da sein musste. Zum Beispiel für *Zwischen Tüll und Tränen*. Hier war Organisation alles. Unsere Mädels halfen uns dabei sehr. Auch meine Mama kam mindestens einmal im Monat aus Schweden, um mich zu unterstützen. Stand ein Dreh an, schlummerte Liam auf Simons Arm, wurde von den Mädels umgarnt oder von meiner Mama umsorgt. Ich war immer in der Nähe. Ich war aufgeregt und unsicher, ob das alles klappen würde, doch es funktionierte super. Bis Liam acht Monate alt war, regelten wir alles mithilfe der Familie und unseren Mädels im Team.

Als Liam immer aktiver wurde, beschlossen wir, dass wir mehr Unterstützung brauchten. Vorher hatten wir uns auch deshalb allein um unseren Sohn gekümmert, weil er für unser Empfinden noch zu klein für eine völlig fremde Person war. Die Mädels im Büro kannten ihn seit seiner Geburt und sind ein ganzer Schwarm von liebenden Tanten, die ihn vergöttern. Doch jemand komplett Neues, das wollte ich Liam erst zumuten, wenn er etwas selbstständiger war. Nach einiger Suche fanden wir schließlich Christina. Sie ist die perfekte Liam-Babysitterin. Es wurde die beste Entscheidung überhaupt, sie in unser Familienleben zu involvieren. Wir begannen damit, dass Christina Liam zwei Mal in der Woche für zwei Stunden betreute. In diesen zwei Stunden konnte ich mich komplett auf die Arbeit konzentrieren. Das reichte mir völlig aus. Ich konnte mich in dieser Zeit darauf verlassen, dass er versorgt ist. Das Beste daran: Ich war nie weit weg. Denn hier zog glücklicherweise einer der großen Vorteile, ein eigenes Unternehmen zu haben: Wir richteten unseren »Liam-Kindergarten« einfach im Büro ein. Er war mit Christina in einem anderen Zimmer, und ich konnte jederzeit dazukommen, wenn ich gebraucht wurde. Liam konnte auch immer zu mir krabbeln, mich angrinsen und sich dann wieder um seine Spielsachen kümmern. Oder was er sonst gern tat. Zum Beispiel die *Lindström*-Mädels bezirzen. Nach und nach konnten wir mal eine Stunde dranhängen oder einen weiteren Tag dazunehmen. Immer mit dem Blick darauf, dass Liam glücklich war.

Insgesamt sagte mir mein Bauchgefühl, dass ich das Richtige machte. Natürlich auch weil Simon das ebenso empfand. Vor allem jetzt im Rückblick sehe ich, wie gut es Liam getan hat, mit all den lieben Menschen im Büro aufzuwachsen. Zu jedem hat er eine starke Bindung aufgebaut, und es ist ein wunderschönes Gefühl zu sehen, wie er von Menschen umgeben ist, die so liebevoll mit ihm sind. Wir sehen jeden Tag, wie wohl er sich fühlt und wie aufgeschlossen er hierdurch auch völlig Fremden gegenüber geworden ist. Auch für mich, unser Team und das Unternehmen war es das Beste gewesen, was ich tun konnte, nach und nach – in Babyschritten – wieder in meinen Arbeitsalltag zurückzukehren. Im wahrsten Sinne des Wortes. Wenn ich Liam heute betrachte, bin ich sehr stolz, was für ein fröhlicher Junge er geworden ist. Es macht mich jedes Mal glücklich, wenn er Leuten zuwinkt und sie mit einem breiten Grinsen anlächelt. Im Rückblick betrachtet, hätte ich wohl nicht so hart zu mir sein sollen. Es geht ihm so gut. Vielleicht ist er auch so, wie er heute ist, gerade weil er seine ersten eineinhalb Jahre so verbracht hat. Mit all den vielen liebevollen Menschen um ihn herum, die sich ohne Ausnahme immer freuen, ihn zu sehen.

Ganz nüchtern und mit ein wenig Abstand betrachtet, ist es nicht nur schlimm, wie streng man zu sich selbst ist. Mütter tendieren auch manchmal dazu, sich untereinander zu vergleichen. Es fallen dann Sätze wie: »Ach, so machst du das?« oder »Dein Kind krabbelt noch nicht?«. Wenn wir uns nicht selbst schon genug verunsichern, verunsichern wir uns auch noch gegenseitig. Dabei entwickelt sich jedes Kind in seiner Geschwindigkeit und hat auch andere Bedürfnisse. Nicht zuletzt das hängt auch mit dem gesamten Hintergrund der Familie zusammen. Wir alle haben eine andere Geschichte bis zu dem gemeinsamen Punkt, an dem wir Eltern werden. Und plötzlich soll alles gleich sein? Wir tragen jeder anderes Gepäck mit uns herum und gehen völlig individuell mit Situationen um. Doch uns alle treibt dasselbe an: Wir wollen alle das Beste für unser Kind. Das machen wir dann so, wie es für unsere Familie am besten funktioniert. Nur weil sich dieses »Beste« von Familie zu Familie unterscheiden kann, bedeutet das nicht, dass eines richtig und das andere weniger richtig ist. Solange man eine Umgebung schafft, in der ein Kind sich geliebt, geborgen und sicher fühlt, ist man auf einem sehr guten Weg. Es ist schon neu und herausfordernd genug, Eltern zu werden. Da sollte man sich das Leben nicht noch schwerer machen.

Das Vergleichen passiert nämlich ständig, nicht nur unter Eltern. In einer Zeit, in der das Internet es uns so einfach macht, noch viel mehr als früher. Es ist nie die ganze Wahrheit, die man dort sieht. In unserem Instagram-Kanal beispielsweise kommunizieren wir mit unseren Bräuten und unserer Community sehr persönlich. Dennoch gibt es einen Unterschied zwischen »persönlich« und »privat«, auch wenn wir unsere Community viel an unserem *Sanna Lindström*-Leben teilhaben lassen und auch private Einblicke geben. Es geht ums Heiraten, Brautkleider, Frauen, Lebensfreude und alles, was dazu gehört. Wir erzählen auf unserem Instagram-Kanal aber nicht, durch was für Schwierigkeiten wir in unserem Privatleben gehen. Es geht ja auch nicht um uns. Aus diesem Grund war dort auch bisher noch nie von den Herausforderungen des Mama-Werdens oder von meiner Krankheit die Rede. Dort war einfach nicht der richtige Platz dafür. Aber dieses Buch hier, das ist für mich ein guter Platz. Hier teile ich diese Erfahrungen gern. Vor allem mit all den Frauen, die mich von *Sanna Lindström* kennen und sich vielleicht vergleichen, weil sie in einer ähnlichen Situation sind. Ihnen will ich sagen: Auf Instagram sieht es vielleicht so aus, als hätte ich das alles mit links gemacht. Aber glaubt mir: So ist es nicht. Niemand soll denken: »Toll, ich arbeite nicht und verzweifle trotzdem manchmal an meiner Mama-Aufgabe. Sanna führt drei Ateliers, ist Mutter und hat gar keine Probleme.« Und wie ich Probleme habe! Wie oft saß ich heulend auf dem Boden und wusste nicht weiter. War zu übermüdet, um mir selber noch etwas zu essen zu kochen. Es ist unfassbar anstrengend, Mama zu sein und gleichzeitig zu arbeiten. Allein das Mama-Sein ist ja schon anstrengend genug. Die Wirklichkeit unterscheidet sich oft sehr von dem Bild, das man von anderen sieht. Ob auf Social-Media-Kanälen oder auf dem

Spielplatz beim Plausch mit anderen Müttern. Wir sind alle großartig, so wie wir sind. Das zu schreiben, war mir wichtig. Aber jetzt schauen wir mal, wie es bei mir weiterging. Nach dem kleinen Mann, der uns gleichzeitig so glücklich und fertigmachte, wartete nämlich schon das nächste »Baby« auf uns.

Simon und ich wären nicht Simon und ich, würden wir eine einmalige Chance ziehen lassen, wenn sie uns über den Weg läuft. Nicht einmal in einer Lebensphase, in der wir vor lauter Stress kaum noch wussten, wo unten und oben ist. Doch gerade große Projekte und neue Perspektiven erden uns. Vielleicht war, was dann folgte, also doch keine allzu große Überraschung. Diese Chance, von der ich jetzt erzählen möchte, war ziemlich alt, drei Stockwerke hoch und einfach phänomenal. Bis zu diesem Zeitpunkt war unser Atelier in Mönchengladbach zu einer Art Unternehmensmittelpunkt geworden. Hier liefen alle Fäden zusammen. Nur leider wurde es auch ein besonders enger Unternehmensmittelpunkt. Das Gebäude war schmal, die Treppen steil, und wir bekamen wieder Platzprobleme. Eine Zeit lang blendeten wir das noch aus. Es funktionierte alles irgendwie – und es war unser geliebtes Atelier! Die Wahrheit aber war auch: Es half nichts, weiter um den heißen Brei herumzureden. Was nicht passt, kann an irgendeinem Punkt nicht mehr passend gemacht werden. Es war wie früher, als man aus seinem Lieblingspulli rausgewachsen war. Eine Weile konnte man die Ärmel noch lang ziehen. Doch irgendwann musste man sich zähneknirschend trennen und das geliebte Stück an jemand anderen weitervererben. So weh es auch tat.

Genau das passierte mit unserem Lieblingspulli Mönchengladbach. Wir passten einfach nicht mehr rein. Die Bräute kamen mittlerweile von viel weiter weg zu uns. Aus der Schweiz, Österreich, aus Spanien, England und sogar aus Schweden, was mich persönlich über die Maßen freute. Es gab fast wöchentlich Bräute, die eine Anreise von acht Stunden oder mehr in Kauf nahmen, nur um zu uns zu kommen. Eine richtig große Ehre für uns. Doch leider standen die Bräute und ihre Begleitungen dann erst mal bei uns im Flur herum. Wir hatten zwar einen gemütlichen Empfangsraum, doch sobald sich eine Anprobe etwas in die Länge zog, zwei Gruppen gleichzeitig kamen, jemand etwas abholen wollte oder unangemeldet auftauchte, gab es keine weitere Sitzmöglichkeit, die wir hätten anbieten können. Es war mir peinlich. Im engen Flur herumstehen, wo sich ständig jemand vorbeiquetscht, gehörte meiner Vorstellung nach nicht zu einem perfekten Anprobeerlebnis. Auch bekamen wir in Mönchengladbach das Wartezeitproblem: Das Atelier war unser beliebtester Standort und deshalb schon Monate im Voraus ausgebucht. Das war für jeden, der anrief, sehr frustrierend. Wenn Liam schlief und Simon und ich abends noch wach im Bett lagen, begannen wir wieder herumzuträumen: »Die Nachfrage ist ja da, vielleicht sollten wir uns nach einem größeren Atelier umsehen?« Doch im Alltag fanden wir keine Zeit, uns damit zu beschäftigen. Wir hatten die Idee eines größeren Ateliers also im Kopf, unternahmen aber nichts, um sie da herauszuholen. Eines Tages wurde uns dann aus heiterem Himmel ein Haus zum Kauf vorgeschlagen. Eine Option, an die wir noch gar nicht gedacht hatten: Etwas kaufen. Doch unser Frust, immer wieder Bräuten absagen zu müssen, spielte bereits fröhlich mit unserer Unzufriedenheit über den Platzmangel täglich einige Runden Pingpong. Deshalb horchten wir auf und schauten uns an, worum es ging.

Es ging um eine Gründerzeitvilla in Mönchengladbach. Die schönste Villa, die ich kenne. Als ich davorstand und die Mauern hochblickte, spürte ich sofort ganz viel gute Schwingungen. Es war, als ob die Villa uns freundlich »Hallo« sagte. In Gedanken grüßte ich zurück: »Hej, du Schöne! Ich mag dich schon jetzt.« Das Eintreten ließ mich sogar innerlich verstummen: War das schön! Meterhohe Räume, überall Stuck an den Decken und Wänden, wunderschöne Böden und ein enormes Licht, das durch die bunten Bleiglasfenster bis in alle Winkel fiel. Jedes Detail sprang uns förmlich entgegen und raunte »*Sanna Lindström*«. Gleich im Eingangsbereich hing ein riesiger Kronleuchter. Eine große Holztreppe versprach wunderschöne Räume in den oberen Stockwerken. Ich war noch verliebter, als ich es bei jedem unserer bisherigen Ateliers gewesen war. Ich hatte keine Ahnung, wie wir so eine Villa kaufen sollten, aber ich sah das Blitzen in Simons Augen. Dieses Blitzen heißt so viel wie: Davon lasse ich jetzt nicht mehr ab. Wie ich es liebe, wenn Simons und mein Herz im gleichen Takt schlagen und wir uns von der Unternehmerlust packen lassen! Kaum etwas begeistert mich mehr.

Die Besitzer des Hauses waren eine Familie, die lange in der Villa gelebt hatten. Doch jedes Familienmitglied hatte mittlerweile einen anderen Lebensmittelpunkt, weshalb sie schweren Herzens übereingekommen waren, die Villa zu verkaufen. Es war unser absolutes Glück, dass die Familie *Sanna Lindström* bereits aus *Zwischen Tüll und Tränen* kannte. Weil ihnen die

Villa so viel bedeutete, gefiel ihnen, dass wir das Anwesen im selben Stil erhalten wollten. Die Vorstellung, dass es ein neues Zuhause für Brautkleider werden würde, machte sie froh. Auch dass sie durch meine regelmäßigen Auftritte bei VOX nach ihrem Auszug immer wieder einen Blick in ihre geliebten Räume würden werfen können. Obwohl Simon und ich viele schlaflose Nächte damit verbracht hatten, diese Entscheidung hin- und herzudrehen und immer noch einen enormen Respekt davor hatten, so einen großen Schritt zu wagen, nahmen wir das Kaufangebot an. Nun hieß es »nur« noch, auch unsere Bank von diesem recht mutigen Vorhaben zu überzeugen. Gerade wenn man bedenkt, dass *Sanna Lindström* noch nicht einmal drei Jahre auf dem Markt war. Einfach war es nicht, doch wir taten alles, um die kritische Anzugriege von unserer Marke zu überzeugen. Ein paar Wochen nervenaufreibendes Hin und Her später schüttelte uns der Bankdirektor die Hand. So kauften wir die Villa und tauften sie feierlich auf den Namen »Villa Lindström«. Zwölf Zimmer auf 420 Quadratmetern boten Platz für mindestens fünf Anprobesuiten, eine komplette Büroetage mit Küche und Meetingräumen, ein Kleiderzimmer mit viel Platz und wunderschöne Wartebereiche. Sogar ein Kaminzimmer gibt es. Auch wenn der Gedanke an diesen neuen Standort uns beflügelte und aufgeregt durcheinanderplappern ließ, sorgte er auch für einen riesigen Kloß in unserem Hals. Denn der Hauskauf bedeutete gleichzeitig den Abschied von unserem geliebten Mönchengladbacher Atelier.

Wenn ich zurückdenke, weiß ich bis heute nicht, woher wir eigentlich die Nerven genommen haben, neben der Gewöhnung ans Elternsein auch noch die Finanzierung für eine

Gründerzeitvilla zu stemmen. Doch wir taten es. Das ist vermutlich auch das Geheimrezept: Wenn du von etwas überzeugt bist, dann tu es! Mit ganzem Herzen! Wie damals bei unseren Familienausflügen an die schwedischen Seen. Rein ins kalte Wasser, auch wenn es Überwindung kostet. Wir waren uns natürlich die ganze Zeit darüber im Klaren, dass so etwas auch phänomenal in die Hose gehen kann. Wie immer verschlossen wir die Augen nicht vor den Risiken. So aufregend und schön das alles war: Am ersten Tag als Hausbesitzer überkamen uns noch einmal gewaltige Zweifel. Es war Winter, und die Villa hatte bereits einige Wochen leer gestanden. Die Räume waren dunkel und kalt, unsere Stimmung gedrückt. Wir spürten zwar noch immer den Zauber, der uns bei der Besichtigung gepackt hatte, dennoch stellten sich uns die Nackenhaare auf. War die Entscheidung wirklich die richtige gewesen? Wir schluckten beide und fuhren zurück in unser Atelier in Mönchengladbach. Auch hier war alles still, und wir wanderten durch die Räume, um Abschied zu nehmen. Tausend Dinge kamen uns dabei in den Sinn. Wir erinnerten uns an die erste Besichtigung und wie wir mit so viel Mühe alles eingerichtet hatten. Wir hörten das Echo all der Anproben, die hier stattgefunden hatten, in den Wänden steckte unser Lachen, und jeder Raum flüsterte uns von den vielen Ereignissen zu, die wir hier hatten erleben dürfen.

»Oh Mann«, presste Simon hervor.

»Ja«, sagte ich leise. Ich wusste genau, was er meinte. Zwei Jahre waren wir hier durch dick und dünn gegangen. Wir hatten uns so wohlgefühlt und hier mehr Zeit verbracht als in unserem eigenen Zuhause. Jeder Zentimeter des Ateliers steckte voller Erinnerungen. Hand in Hand standen wir auf der schönen alten Treppe und kämpften mit den Tränen. Es war ein endgültiger Abschied, das wussten wir beide. Es fühlte sich in etwa so an, wie die Trennung von einem Partner, den man immer noch liebt, aber weiß, dass es keine Zukunft hat. Dem man wünscht, dass ihm alles Glück auf Erden widerfährt, auch wenn man selbst nicht mehr Teil davon sein wird. Himmel, es tat so weh! Doch letztendlich wussten wir, dass es die richtige Entscheidung war. Es war Zeit, weiterzuziehen.

Nach diesem Abschiedsabend blickten wir nach vorn. Ich genoss es, diese herrliche Villa einzurichten. Wir brachten das Licht und die Wärme zurück in diese wunderschönen Räume. Liam bekam ein eigenes Spielzimmer. Wir genießen es, jeden Tag alle gemeinsam zu diesem schönen Haus zu fahren. Während Simon und ich arbeiten, spielt Liam, betreut von Christina, in der oberen Etage oder in dem wunderschönen Garten. Ich kann jederzeit einfach zu ihm gehen und ihn abknutschen. Wer hat schon diesen Luxus? Die Villa Lindström ist ein Haus voller Liebe und Leben geworden. Ein Haus, bei dem erwartungsvolle und glückliche Bräute ein und aus gehen. Hier verbringen wir alle gemeinsam – Simon, Liam, ich und alle unsere Mädels – so viele fröhliche Stunden. Mit jeder Faser meines Herzens kann ich heute sagen: Das war tatsächlich die absolut richtige Entscheidung gewesen! Bis heute haben wir sie keine Sekunde bereut.

Das ist der Stand heute. Nach wie vor haben wir unser erstes Atelier in Ratingen, bei dem morgens fröhlich die Türglocke klingelt, wenn unsere Store Managerin Nane aufschließt. Auch das Atelier in Krefeld begrüßt bis heute jede Braut mit seiner mintgrünen Tür, welche uns immer an unser altes Atelier in Mönchengladbach erinnern wird. Hier kümmert sich Steffi darum, dass alles läuft. In unseren alten Büroräumen, die wir ursprünglich nur übergangsweise anmieten wollten, wohnt jetzt unsere Schneiderei. Simon und ich arbeiten meistens in der Villa Lindström. Hier trifft sich auch unser ganzes Team einmal die Woche zu einem großen Teamfrühstück. Ich besuche regelmäßig die anderen Ateliers und bin immer auch dort vor Ort. Jetzt, da Liam ein bisschen größer geworden ist, klappt das auch wieder besser. Mir ist es wichtig, dass die Mädels dort wissen, dass wir immer für sie da und ansprechbar sind. Auch ich möchte involviert sein in alles, was in Ratingen und Krefeld passiert. Die Bräute, die dort zu den Anproben kommen, freuen sich immer, wenn ich vorbeischaue – das macht mich sehr glücklich. Ich liebe alle unsere Ateliers und kann mir deshalb nicht vorstellen, irgendwo länger nicht zu sein. Es ist jedes Mal wieder ein wunderschönes Gefühl, mit *Zwischen Tüll und Tränen* auch in Ratingen zu drehen, wo damals alles begonnen hat. Oder im Eingang vom Atelier in Krefeld zu stehen und die traumhaften Fliesen zu bewundern. Jedes Mal halte ich dort kurz inne, denn ich kann mir nicht vorstellen, dort einfach so durch die Tür zu gehen, ohne einen langen Blick auf sie zu werfen. Natürlich ist es unmöglich, immer überall gleichzeitig zu sein. Ich muss viele Kompromisse machen und verpasse dadurch auch schöne alltägliche Dinge in Ratingen, wenn ich gerade in Krefeld oder Mönchengladbach bin. Oder umgekehrt. Aber wer sagt überhaupt, dass man nicht auch bequem zwischen den Stühlen sitzen kann? Vor allem, wenn die Stühle, um die es geht, einen so unglaublich erfüllen.

Epilog

Das war meine Reise bis jetzt. Sie führte mich durch eine Kindheit, wie ich sie mir nicht schöner hätte ausmalen können. Mit Eltern, die mich in allem unterstützten, und zwei großen Brüdern, die bis heute meine besten Freunde sind. Die Zeit, in welcher der Großteil meines Tages aus Sport bestand, erscheint mir Ewigkeiten her. Doch noch immer erinnere ich mich gern daran zurück. Bis ins hohe Alter werde ich mit meiner Familie Smultron pflücken und auf schwedischen Feldern Fußball spielen. Ganz genauso wie damals in den Sommern bei meinen Großeltern. Ich bereue nichts, weder mein Studium noch die dunklen Zeiten, durch die ich gehen musste. Wäre das Studium und seine anstrengenden Semesterabschlussprüfungen nicht gewesen, wäre ich vielleicht nicht nach Asien gereist. Dann wäre ich Simon nie begegnet. Hätte es die dunklen Zeiten nicht gegeben, wer weiß, ob *Sanna Lindström* dann je entstanden wäre. Nicht dass man mich falsch versteht: Ich bin nicht dankbar für die dunklen Zeiten, und ich möchte sie nie wieder durchmachen müssen. Aber ich bin dankbar für die Erkenntnisse, die ich durch sie gewonnen habe. Ohne sie wäre ich nicht der Mensch, der ich heute bin. Die schwerste Zeit meines Lebens hat mir gezeigt, wie sehr ich geliebt werde. Das ist eine große Sache für jemanden, der sich so viele Jahre nicht selbst lieben konnte.

Wie geht es mir heute? Seit einigen Jahren betrachte ich mich als vollkommen gesund. Ich kann den genauen Zeitpunkt nicht nennen, an dem es so weit war. Es ist ein langsamer Prozess mit fließenden Übergängen. Aber ich merkte nach und nach, dass ich wieder ein ganz normales Leben führen und ganz normale Gefühle fühlen konnte. Ich war wieder traurig, wenn etwas traurig war. Und ich lachte von Herzen, wenn mich etwas amüsierte. Es gab keine grundlose Verzweiflung mehr und keine Leere. Erst als ich das bemerkte, fiel mir auf, wie lange ich schon keine ganz alltäglichen Emotionen mehr gespürt hatte.

Vorfreude, Freude, Langeweile, Ärger, Wut – all das ist heute zurück. Wie jeder andere auch habe ich gute und schlechte Tage. Aber es gibt keine Dunkelheit mehr. Dass sie weg ist, bedeutet nicht, dass die Krankheit mich nicht geprägt hat. Sie hat mich zu einem anderen Menschen gemacht. Ich sehe die Veränderungen in meiner Art, Entscheidungen zu treffen, in meinem Denken, in meinen Reaktionen auf unterschiedlichste Dinge und in meinem Mutter- und Unternehmerin-Sein. Die Krankheit hat viele Narben hinterlassen, die nie verschwinden werden. Sie hat mich beeinflusst, sie hat Simon beeinflusst – und auch uns als Paar.

Vielleicht hat nicht alles im Leben von Anfang an einen Sinn. Aber ich glaube fest daran, dass man jedem Erlebnis einen Sinn geben kann. Auch im Nachhinein. Ich gehe heute mit anderen Augen durch die Welt und genieße vieles umso mehr, einfach weil ich mich daran erinnern kann, wie es vorher war. Ich würde die dunklen Zeiten auch deshalb nicht aus meinem Leben streichen wollen, weil sie mir gezeigt haben, dass ich schon lange vorher nicht richtig gelebt habe. Viele Jahre lang hatte ich nur ein halbes Leben geführt. Jetzt aber genieße ich jeden Tag in vollen Zügen, ganz egal wie er aussieht.

Mein Leben hat mich von Schweden nach Deutschland geführt, wo ich eine neue Heimat gefunden und mit Simon eine Familie gegründet habe. Dennoch bleibt Schweden für immer ein Teil von mir. Genauso wie von *Sanna Lindström*. Was mit einer Idee begann, ist heute so viel mehr als das. Für uns, aber auch für so viele einzigartige Frauen, die sich auf die Suche nach ihrem Traumkleid begeben. Einem Kleid, das ebenfalls so viel mehr ist als nur das Kleidungsstück, in dem sie heiraten werden.

Die nächsten *Sanna Lindström*-Abenteuer werden nicht lange auf sich warten lassen, denn wir haben viel vor. Wir sind unglaublich dankbar und glücklich darüber, wie weit wir bisher gekommen sind. Das möchten wir zurückgeben und arbeiten deshalb jeden Tag an neuen Plänen und Visionen. Gerade durch unsere wunderbare und treue Community sehen wir so viel Potenzial in *Sanna Lindström*. So viel sei schon mal verraten: Wir werden unser Sortiment um ganz neue Kategorien erweitern. Unter anderem planen wir eine feminin-verspielte Mode für den Alltag mit floralen Elementen und Mustern. Wenn ich nur daran denke, hüpft mein Herz, so sehr freue ich mich darauf!

Und unsere Standorte? Auch hier gibt es tolle Neuigkeiten, denn wir planen auf jeden Fall weitere Ateliers. Und zwar nicht mehr nur in Nordrhein-Westfalen. Wir fühlen uns so unglaublich geehrt, dass so viele Bräute stundenlange Fahrtzeiten in Kauf nehmen. Diese langen Anreisewege möchten wir verkürzen, indem wir auch in anderen Städten vor Ort sind. Das sind große Pläne, die noch größere Herausforderungen mit sich bringen. Doch wie immer freuen wir uns auf jede einzelne von ihnen!

Mit der Geburt von Liam hat sich unser Leben komplett verändert. Er ist unser größtes Glück und unsere größte Verantwortung. Ich wusste nicht, wie sehr man lieben kann, bevor er da war. Für ihn begründen wir neue schwedisch-deutsche Traditionen, damit er seine beiden Wurzeln gleichermaßen entdecken kann. Und das machen wir nicht nur für ihn. Denn es gibt etwas, was ich in diesem Buch noch nicht erwähnt habe, aber was zum Zeitpunkt des Erscheinens unübersehbar sein wird: Liam bekommt im neuen Jahr eine kleine Schwester. Kann man vor Glück abheben und bis zu den Wolken fliegen? Wenn ja, dann sollte mich jemand schnell am Boden festbinden.

Es wird nicht mehr lange dauern, bis unsere Tochter unser großes Glück noch größer macht. Die ersten drei Monate, die übrigens genauso schlimm waren wie damals bei Liam, habe ich hinter mir. Auf mich warten jetzt noch einige wunderschöne Monate der Schwangerschaft. Wie es danach wird, wissen wir nicht. Wie unsere Tochter wohl sein wird? Mag sein, dass die erste Zeit wieder einiges von uns abverlangt. Dieses Mal gehen wir alles gelassener an. Wir können wenig beeinflussen, aber wir können im Vorfeld viel planen und so organisieren, dass ich in den ersten Monaten keine allzu stressigen Aufgaben habe. Ich freue mich darauf, mich ganz entspannt neben unsere Kinder legen zu können, wenn sie ihr Mittagsschläfchen halten. Ich werde das so sehr genießen. Simon und ich jedenfalls sind unendlich gespannt, wer da auf uns wartet. Und Liam erst!

Danksagung

Zuallererst möchte ich meinem Verlag Eden Books und allen voran der reizenden Julia Gommel-Baharov danken. Ohne ihr Interesse an meiner Geschichte, ihre einhergehende Vision für dieses Buch und das mir entgegengebrachte Vertrauen diese umzusetzen, würde es *Die Brautflüsterin* nicht geben.

Auch Anita Vetter, die mir mit ihrer leidenschaftlichen Sprachkunst und ihrem sensiblen Einfühlungsvermögen dazu verhalf, meine teils wirren Gedanken und suboptimalen Grammatikkenntnisse in ein lesbares Werk zu verwandeln, möchte ich danken. Unsere endlosen Telefonate und Sprachnachrichten erfüllen mich nur beim Drandenken mit purer Freude und Energie.

Mein größter Dank geht natürlich nachdrücklich an alle so liebevollen und engagierten Mitarbeiterinnen und Mitarbeiter von *Sanna Lindström.* Ohne ihre unerschütterliche Motivation, Lebensfreude und Passion für unser Unternehmen gäbe es keine Marke und ganz sicher auch keine Autorin.

Ein riesiger Dank gilt zudem meinem außergewöhnlich talentierten und so hilfreichen Freund Erik, mit dem Simon bereits seit seinem Studium unzertrennlich ist und der uns beiden zu jeder Tages- und Nachtzeit mit messerscharfen Ratschlägen, großer Geduld und Herzlichkeit zur Seite steht. Auch Fabian

Hintzen möchte ich hiermit danken. Mithilfe seiner kreativen Programmierkünste ist es ihm gelungen, *Sanna Lindström* in die digitale Welt zu übersetzen. Ebenso Malte Kosub, ein wahrlich inspirierender Mentor und Freund, der uns auf unserer *Sanna Lindström*-Reise von Anfang an als optimistischer und ermutigender Weggefährte begleitet hat, möchte ich danken.

Der bezaubernden Motsi Mabuse danke ich für ihr Vertrauen, das sie mir als junge, unbekannte Designerin für das vielleicht bedeutsamste Kleid ihres Lebens schenkte.

Und natürlich danke ich voller Herzlichkeit auch all den wundervollen SannaBrides da draußen, die sich in unsere Designs verliebten und verlieben und teils so weite Wege für ihr Traumkleid auf sich nehmen. Auch denjenigen, die unsere *Lindström*-Reise täglich über Soziale Netzwerke verfolgen und uns dabei stets mit so viel Liebe und Herzlichkeit begegnen, bin ich unendlich dankbar.

Für das unmittelbare Vertrauen in eine junge, naive und noch ahnungslose Brautmodendesignerin danke ich von ganzem Herzen meiner Produzentin Natalia – dafür, dass sie mich unter ihre Fittiche nahm, ihr Wissen mit mir teilte und mir selbst bei meinen verrücktesten Ideen vertraute.

Großer Dank gilt dem großartigen Bernd Schumacher, seinem wundervollen Team von 99Pro Media und dem TV-Sender VOX, die in einer Zeit an mich glaubten, in der nicht mal ich es tat und meine gesamte Reise von Anfang an begleiteten. Ihr habt meiner Geschichte und meinen Designs eine Bühne geschenkt, die ich mir nie zu hoffen wagte und niemals zugetraut hätte.

Dass sich Freundschaft wie Familie anfühlen kann, haben uns die reizenden Zwillinge David und Emanuel Dufour gezeigt. Als treue und liebevolle Unterstützer sind sie von unserer Seite nicht wegzudenken.

Den so herzlichen Vermietern meines ersten Ateliers in Ratingen, Ulla und Rolf Theißen, möchte ich von ganzem Herzen danken. Das beispiellose Vertrauen und Verständnis, welches sie mir in der so kritischen Phase meiner Gründung entgegenbrachten, haben meinem Traum den Weg geebnet.

In zufälliger Reihenfolge, ohne jegliche Priorisierung, möchte ich mich bei meinen vielen lieben Freundinnen bedanken, die mich immer unterstützt haben und es voller Geduld respektierten, wenn ich mich mal wieder nicht zurückgemeldet habe oder sie habe warten lassen. Vor allem Laura Bäumken, Anna Nöken, Lea Fabry und Alexandra Behrens danke ich für ihre so selbstlose und bedeutsame Hilfe bei meinen ersten Schritten mit *Sanna Lindström*. Insbesondere dafür, dass ich mich als junge und oft überforderte Mutter nie allein fühlte, ganz im Gegenteil, möchte ich Lisa Sussmann und Caro Dufour danken. Unsere vielen Treffen und WhatsApp-Chats haben mir immer wieder Kraft und ein Lächeln geschenkt, wenn es so dringend von Nöten war. Ein extra großes Dankeschön auch an meine zwei besten Freundinnen aus Schweden, Lisa Hildebrand und

Julia Lewin, die mich seit meiner Kindheit begleiten und die mir trotz der Distanz so viel Nähe schenken.

Auch der lieben Christina möchte ich hiermit von Herzen danken. Dass ich jemals einer Person mit einer derartigen Selbstverständlichkeit mein Kind anvertraue und es sich von der ersten Sekunde an für Liam und uns wie Familie anfühlt, ist ein wahres Geschenk. Danke!

Zu guter Letzt möchte ich meiner Familie danken, allen voran meinen Eltern Göran und Annika und meinen Brüdern Tobias und Andreas, deren Unterstützung und Liebe mir alles bedeuten. Insbesondere meiner Mutter danke ich dafür, dass sie mir in jeder erdenklich möglichen Art und Weise ihren Zuspruch schenkt und für mich all das verkörpert, was ich selbst als Frau und Mutter sein möchte.

Auch danke ich meiner neu gewonnenen Familie, Simons Eltern Xenia und Leonard, seiner Schwester Julia und dem Lebensgefährten von Simons Mutter, Achim. Nie bin ich derart offen empfangen worden. Ich bin so glücklich, euch an meiner Seite zu wissen und stolz darauf, ein Teil eurer Familie zu sein.

Aus ganzem Herzen und voller Liebe möchte ich meinem Simon danken, der mir die schönsten Momente meines Lebens beschert hat und in den schwersten Stunden nicht von meiner Seite wich. Ohne ihn hätte ich nie den Mut gehabt, die *Sanna Lindström*-Reise anzutreten und ohne seine leidenschaftliche Arbeit am Unternehmen würde ich nicht im Ansatz dort stehen, wo ich jetzt bin.

Simon, mit allem was du bist und tust, sei es eine Umarmung, deine beliebte Frage, ob ich auch genug Wasser getrunken habe, oder einfach auch nur die Zuversicht, die du mir schenkst, wenn du im gleichen Raum mit mir bist, liebe ich dich mehr, als ich es je mit Worten ausdrücken könnte.

Impressum

Sanna Lindström mit Anita Vetter
Die Brautflüsterin
Eine bewegende Reise durch Tränen und Träume
ISBN: 978-3-95910-301-5

Eden Books
Ein Verlag der Edel Verlagsgruppe GmbH

www.edenbooks.de | www.edel.com
2. Auflage 2023

Einige der Personen im Text sind aus Gründen des Persönlichkeitsschutzes anonymisiert.

Projektkoordination: Juliane Noßack und Julia Gommel-Baharov
Lektorat: Katharina Theml
Umschlaggestaltung: Katja Vogt
Covermotiv und Autorinnenfoto: © Sanna Lindström
Layout und Satz: Datagrafix GSP GmbH, Berlin | www.datagrafix.com
Druck und Bindung: GGP Media GmbH, Pößneck

Printed in Germany

Dieses Buch ist auch als E-Book erhältlich.

Eden Books unterstützt bei der Produktion dieses Buches das Projekt »Junge Riesen für die nächsten 100 Jahre«. Damit wird ein Anteil der unvermeidbaren CO2-Emmissionen im direkten Umfeld des Produktionsstandortes kompensiert.